오이 둘
풋고추 다섯

국립중앙도서관 출판시도서목록(CIP)

오이 둘 풋고추 다섯 : 김병래 산문집 / 글쓴이: 김병래. -- 서울
: 북랜드, 2019
p.320 ; 15.2×22.4cm
ISBN 978-89-7787-866-2 03810 : ₩12000
한국 현대 수필[韓國現代隨筆]
814.7-KDC6
895.745-DDC23 CIP2019020792

김병래 산문집

오이 둘 풋고추 다섯

인쇄| 2019년 6월 1일
발행| 2019년 6월 5일

글쓴이| 김병래
펴낸이| 장호병
펴낸곳| 북랜드
06252 서울 강남구 역삼동 832-7 황화빌딩 1108호
대표전화 (02) 732-4574 | (053) 252-9114
팩시밀리 (02) 734-4574 | (053) 252-9334

등 록 일| 1999년 11월 11일
등록번호| 제13-615호
홈페이지| www.bookland.co.kr
이-메 일| bookland@hanmail.net

책임편집| 김인옥
교 열| 배성숙 전은경

ISBN 978-89-7787-866-2 03810
ISBN 978-89-7787-867-9 05810(E-book)

값 12,000 원

오이 둘
풋고추 다섯

김병래 산문집

북랜드

책머리에

그동안 인터넷이나 동인지, 일간지 등에 실었던 글들을 추려서 산문집으로 묶는다. 여태껏 군대 3년을 제외하고는 제도권에 들거나 규율에 얽매여 산 적이 없었는데, 그런 삶을 반영하듯이 여기에 실린 글들도 대부분 일정한 장르에 속하지 않은 것들이다. 좋게 말하면 자유로운 글쓰기이고 냉정하게 말해서는 잡문 나부랭이가 될 것이다.

어릴 때 보았던 죽음의 민낯이 평생의 화두(話頭)였다. 내 삶은 인생의 끝인 죽음의 허망으로부터 되짚어 길을 찾는 여정이었다. 종교에도 의지해보고 책을 통해 동서고금의 여러 성인과 현철들도 만나 보았다. 그러나 더 많이 나를 깨우친 건 자연(自然)이었다. 산과 들과 하늘과 바다가 지금까지 나를 살아있게 한 품이고 원동력이었다.

자연은, 나처럼 재능이나 의지가 미약한 사람도 기죽거나 좌절하지 않고 꿋꿋하게 살 수 있도록 끊임없이 활력을 불어넣어 주었다. 작디작은 풀꽃 하나에도 이 세상 어떤 경전보다 더 생생한 생명의 메시지가 들어 있었다. 이 한 권의 문집을 통해서 내가 하고 싶은 말, 그리고 할 수 있는 말은 결국 그것뿐이다.

1부는 일종의 맛보기랄까, 산자락의 작은 목장에서 목부 일을 하던 시절의 단상들이다. 2부는 모일간지에 게재된 에세이 들이고, 3부와 4부는 수필동인지 등에 실었던 글들이다. 짧은 글들을 앞에다 놓은 것은 가독성을 높이려고 꾀를 내 본 것이고, 이것저것 섞다 보니 분량이 좀 많아져서 양으로 질을 대신한 셈이 되었다. 아무튼 형제 친지 친구 이웃들과 인사를 나누는 기회로 삼고자 한다.

2019년 봄

차례

1 초곡 엽서

2 보라고 봄이구나

3 보리밭이 있는 풍경

4 오솔길 따라

1

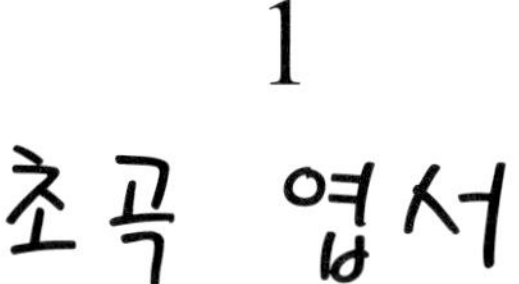

길가에 핀 코스모스
영접 나온 소녀들 같다

소들이나 돌보는
목부일이 고작인데

아 글쎄. 나는 날마다
귀빈 대접받는다니까

— 詩 「자족(自足)」

눈 나라

밤새 세상이 바뀌었습니다. 이른 아침 창을 열고 내다본 것은 진눈깨비 흩날리던 어제의 그 음산하고 질척한 세상이 아닙니다. 마당의 목련과 감나무도 앙상한 가지로 겨울을 나던 그 모습이 아닙니다. 이제 현관문을 열고 나가기만 하면 나는 저 눈부신 천지개벽 속으로 들어갈 수가 있습니다.

등산복에 장화까지 갖추고 집을 나섭니다. 마을을 벗어나자 눈앞에 전인미답의 신천지가 펼쳐집니다. 순백 일색만으로 을씨년스런 겨울 풍경을 이렇게 황홀한 비경으로 바꾸어 놓다니 참으로 놀라운 일입니다. 아직도 자욱하게 내리는 눈발은 저 순백의 세계로 들기 위한 세례의식 같습니다. 마치 방역(防疫)을 하듯, 눈 나라의 입국 절차라는 듯 눈 세례를 퍼붓습니다.

발목까지 빠지는 족적을 남기며 눈밭을 걷습니다. 저수지를 지나 논둑으로 이어진 발자국이 내 지나온 자취를 뚜렷이 보여줍니다. 이 순백의 세계에선 결코 제 흔적을 감출 수가 없습니다. 고라니 한 마리가 눈 쌓인 덤불 뒤에 숨었다가 내가 다가가자 후다닥 튀어 달아납니다. 고라니의 다급한 발자국도 눈 위에 또렷이 남습니다. 작은 새들이 나뭇가지의 눈을 털며 날아나닙니다. 그냥 까맣게만 보여서 멧새인지 참새인지 구별이 안 됩니다. 평소에 잘 보이지 않던 산짐승들이 보호색을 잃고 확연히 들키는 세상입니다.

눈 나라에는 길이 따로 없습니다. 이전의 길은 다 지워지고 내가 처음으로 길을 내며 갑니다. 전인미답 처녀지를 맨 처음으로 걸어가는 것은 여간 가슴 벅찬 일이 아닙니다. 그것도 푹푹 빠지는 발자국을 남기며 걷는 것은 기죽고 찌들지 않은 존재감이 뿌듯이 살아나는 경험입니다. 곧 지워질 흔적이지만, 오늘 아침 나는 더운 숨을 내뿜는 한 마리 산짐승처럼 순백의 설원에 푹푹 발자국을 찍으며 일터로 갑니다. 확실하게 갑니다.

자전거를 타고

차로 5분 거리인 일터로 자전거를 타고 반시간쯤 갑니다. 기름값 절약하고 운동도 되니 일거양득인 셈이지요. 국도로 가면 10분쯤 단축할 수 있지만 질주하는 차들이 내지르는 굉음과 매연에 질려서 들길로 둘러서 갑니다.

둘러가는 들길 옆에 작은 저수지가 있습니다. 여름이면 연잎이 수면을 다 덮어버리는 연못인데, 지금은 목이 부러진 마른 대궁 사이로 청둥오리들이 노닐고 있습니다. 방해가 되지 않으려고 조심스럽게 지나가는데도 그때마다 청둥오리들은 다급하게 소리를 지르며 일제히 날아오릅니다. 저들에게 사람은 위험한 존재라는 정보가 뇌리에 각인되어 있는 모양입니다. 사람들이 모르거나 곧잘 까먹는 인간의 정체를 저들이 일깨워주는 것이라고나 할까요.

인류의 가장 위대한 발명품 중의 하나가 자전거라 했던가요. 자전거를 타고 들길을 달려보면 그것이 단순한 이동수단만은 아니라는 걸 알게 됩니다. 별 훈련 없이도 몸의 일부처럼 익숙해져 적당한 속도로 주변의 온갖 것들을 해찰하며 다니기에 그만이지요. 들길을 느릿느릿 걷는 것도 좋지만 자전거의 경쾌한 속도감은 또 다른 묘미가 있습니다.

며칠 봄볕이 따사롭더니 마른 풀잎 밑에 어느새 파랗게 새싹이 돋아나 있습니다. 산자락의 진달래는 벌써 꽃망울을 터뜨린 것도 있고요. 가끔씩 자전거를 멈추고 그것들을 들여다보기도 합니다. 봄을 관리할 임무를 맡은 건 아니지만, 나도 모르는 사이에 이 봄이 지나가 버리면 왠지 직무유기가 될 것 같습니다. 아침마다 자전거를 타고 들길을 가면서 이 땅의 봄을 순찰하는 일이 요즘 내 새로운 일과 중의 하나랍니다.

풋감 한 알

풋감 한 알이 툭, 떨어져 내게로 굴러왔습니다. 가을에 감이 익을 때나 관심을 보이는 나에게 마당의 감나무가 오늘은 무슨 할 말이 있나 봅니다. 아니 오늘뿐만 아니라, 새 잎을 내면서 감꽃을 피우면서 감나무는 수시로 내게 말을 걸어왔지만 나는 귀담아듣지를 않았던 것 같네요.

내 어릴 적 살았던 두메산골 외딴집에도 마당에 감나무가 한 그루 서 있었습니다. 동무가 없는 나에게 한 아름이 넘는 그 감나무는 늘 좋은 벗이 되어주었지요. 옆으로 뻗은 굵은 가지에다 새끼줄을 매고 그네를 타기도 하고 감나무에 올라가 멀리 내다보며 한참씩 놀기도 했습니다. 여름 한 철 시원한 그늘을 만들어서 식구들의 휴식처가 되었고, 우물물에 보리밥을 말고 된장에 풋고추를 찍어 점심을 먹기도 했지요.

그리고 무엇보다 좋은 것은 감나무가 잇달아 먹을거리를 준다는 거였습니다. 감이 익기 시작하는 가을부터 겨울 동안 홍시와 곶감을 먹을 수 있는 것은 물론이지만, 늦은 봄의 감꽃도 빼놓을 수 없는 간식거리가 되었지요. 우리 집 감나무는 감이 열리는 떫은 꽃 말고도 작고 단맛이 나는 헛꽃을 많이 피웠습니다. 모든 감나무가 다 헛꽃을 피우는 것도 아닌데, 우리 집 감나무가 아침마다 헛꽃을 수북이 내려놓는 것은 먹을거리가 궁한 나를 위해 일부러 그러는 것 같았습니다.

여름철에는 풋감을 주워서 삭혀 먹었지요. 작은 항아리에 물을 붓고 풋감을 담가서 장독대에 놓아두면 쨍쨍한 여름 볕이 물을 데워서 풋감을 삭혔어요. 수시로 깨물어보고 단맛이 든 것을 골라 먹는 것이 여름 한 철의 즐거움이었습니다. 채송화와 봉숭아가 곱게 핀 장독대에서 떫은맛을 단맛으로 바꾸며 익어가던 풋감이 담긴 항아리가 내게는 보물단지나 다름없었지요.

감꽃과 풋감이 더없이 고마운 먹을거리였던 시절을 까맣게 잊은 채 살고 있는 나에게, 오늘 아침 마당의 감나무가 풋감을 한 알 던지면서 건네려 한 말이 무엇이었을까요. 초로에 접어든 지금의 나는 그 때 그 두메산골 소년에서 어디를 향해 얼마나 멀리 와 있는 걸까요. 이 여름의 나는 풋감을 삭히는 항아리 대신 무엇을 보물단지로 안고 있는지, 내 발끝에 굴러와 멈춘 풋감 한 알이 그걸 묻고 있는 것 같습니다.

오이 둘 풋고추 다섯

오늘 오이 두 개와 풋고추 다섯 개를 땄습니다. 모종을 사다 심고는 수시로 물을 주고 김매고 지주대 박고 두더지 구멍을 메운 대가로 달포 만에 얻은 첫 수확입니다. 오이 두 개 풋고추 다섯 개, 딱 그만큼 맛보는 기쁨입니다. 적지만 사소하지는 않은 기쁨이지요. 없어도 그만인 기쁨이 아니라 없어서는 안 되는, 이 세상을 떠받치는 기쁨입니다.

봄부터 밥상을 푸르게 했던 상추와 쑥갓은 이제 쇠어서 오이와 풋고추가 여름내 그 자리를 대신할 것입니다. 상추와 쑥갓도 그렇지만, 다른 반찬은 별로 없이 오이와 풋고추로 밥을 먹으면 몸에 필요한 만큼만 먹게 됩니다. 식욕과 포만감이 알아서 작동하기 때문에 과식이나 비만 걱정을 따로 할 필요가 없지요. 입맛도 첨부터 그렇게 길을 들여 놓으면 다른 음식이 먹고 싶어서 못 견디는 일도 없고요.

식욕뿐만 아니라 다른 욕심도 그렇습니다. 처음부터 소박한 것에 길이 들면 욕심 때문에 곤경에 처할 일이 없어집니다. 자동조절 기능을 갖게 되는 것이지요. 자연의 이치가 다 그러합니다. 맹수들이 아무리 힘이 넘쳐도 배가 부르면 더 이상 사냥을 하지 않는 것처럼 자연은 필요 이상을 욕심내는 법이 없지요. 치열한 생존경쟁을 하면서도 자연이 망하지 않는 것은 바로 그런 이유 때문이지요.

"자연은 극히 적은 것으로 만족하고 있다. 자연이 그러하므로 나도 그렇게 하리라." 네덜란드의 철학자 스피노자의 말이지요. 유럽 철학 사상 최대의 형이상학체계를 창시한 업적에도 불구하고 그는 평생 남의 집 다락방에 살면서 렌즈를 연마해서 호구지책을 삼은 것 외에는 어떤 재물이나 지위나 명예를 바라지도 갖지도 않았다고 합니다. 일찍이 이 땅 위에서 가장 바람직한 삶의 모습이 어떤 것인지를 통찰하고 실천한 것이었지요.

개헤엄

산골 집 앞으로 작은 내가 흘렀습니다. 내가 굽이치는 곳에 병풍바위가 있고 그 밑에 소(沼)가 있었습니다. 어른 한 길이 채 못되는 그 소가 어린 시절 여름 한 철 내 놀이터였지요.

나는 그 소에서 물에 뜨는 것과 자맥질을 익혔습니다. 누가 일러주어서 알게 된 게 아니라, 돌이 되기도 전부터 누나가 데려다 놓은 물가에서 첨벙거리며 놀다 보니 저절로 그렇게 되었지요. 두어 돌이 되면서부터 머리까지 물에 담그고 팔을 벌리면 몸이 둥둥 뜬다는 걸 알았고, 긴장을 풀고 적당히 허우적거리면 머리를 들어도 가라앉지 않는다는 걸 알았습니다. 물속에서 눈을 뜨면 햇살에 물결무늬 아른거리는 조약돌들이 보석처럼 영롱하다는 것도 알았지요.

사람이 저절로 배우게 되는 헤엄을 개헤엄이라고 한다는 건 나중에 알았습니다. 헤엄을 칠 것 같지 않은 개나 소나 돼지도 물에 빠지면 가라앉지 않고 곧잘 헤엄을 칩니다. 헤엄을 친다기보다는 허우적거리는 꼴인 동물들의 헤엄을 통틀어 개헤엄이라고 해도 되겠지요. 다른 동물들은 본능으로 알고 있는 개헤엄도 사람들은 대부분 잊어버려서 여름이면 별로 깊지 않은 물에서도 익사사고가 자주 납니다.

그때 그 집 앞의 내와 소 덕분에 나는 지금도 물에 대한 공포심이 별로 없습니다. 자유형이니 배영이니 하는 수영법을 배운 적은 없지만 개헤엄으로도 한참은 물에 떠 있을 수가 있게 된 것이지요. 수심이 시퍼렇게 깊은 소를 보면 겁이 나기보다 풍덩 뛰어들어 개헤엄도 치고 자맥질도 하고 싶어집니다.

나는 아직도 그렇게 어린 시절에 익힌 개헤엄으로 세상 풍파에 익사하지 않고 살아갑니다.

고라니

인기척에 놀라 후다닥 고라니가 달아납니다. 나도 덜컥 놀랍니다. 한두 번 마주친 것이 아닌데도 고라니와 조우는 매번 이렇게 극적이지요. 고라니뿐만 아니라, 나는 초곡의 다른 이웃들과도 더 이상 친해지고 싶은 생각은 없습니다. 그들과 마주치는 순간의 짜릿한 긴장감도 좋지만 자칫 저들의 질서에 끼어들어 훼방하는 일이 될 것 같아서이지요. 아니 인간과 야생의 적당한 거리가 생리적으로 좋아서라고 하는 편이 더 정확하겠네요.

방목장 풀밭을 가로질러 뛰어가는 고라니의 동작이 하도 날렵하고 경쾌해서 피겨 챔피언 김연아를 연상케 합니다. 하지만 고라니는 김연아처럼 피나는 훈련을 하지는 않았지요. 따로 연습을 하지 않아도 나비의 날갯짓은 숙달된 무용수의 동작보다 아름답습니다. 나는 워낙 문화적 감각이 둔해서 그런지 백조나 학의 춤보다 그것을 흉내 낸 발레리나나 춤꾼의 춤을 더 좋아하지는 않습니다. 피땀으로 이룬 결과도 감동적이긴 하지만 나는 그냥 자연 그대로가 좋습니다.

고라니가 뛰어든 방목장 건너편 숲은 사슴을 숨겨준 동화 속 나무꾼처럼 시치미를 떼고 있습니다. 고라니는 지금 저 숲 그늘에서 숨을 고르며 쉬고 있겠지요. 저 산의 숲에서 의식주를 다 해결하는 것이니, 숲은 고라니에게 집이요 밥상이자 놀이터인 셈입니다. 돈을 따로 찍어낼 필요도 없이 숲의 무성한 이파리들이 다 만 원권 지폐나 다름없지요. 사람이 온갖 꾀를 짜내고 노력을 해서 얻는 것이 과연 저 여름 숲의 고라니가 누리는 자유와 평온보다 나은 것일까요?

개망초꽃

길가에 지천으로 핀 개망초꽃을 한 줌 꺾어와 백자 항아리에 꽂아놓았습니다. 꽃꽂이를 특별히 좋아하는 건 아니지만 가끔씩은 들꽃 같은 걸 꺾어다가 어둑한 내 방의 분위기를 바꿔보기도 합니다. 오래 전 노점에서 산 백자 항아리가 그때마다 요긴하게 쓰입니다.

백자 항아리에 꽂아놓고 보니 개망초꽃이 눈을 의심할 정도로 달라 보입니다. 보잘것없는 들꽃에서 제법 세련되고 기품 있는 자태로 변신하는 게 아닌가, 논밭에서 일하던 시골 아낙네가 모시옷을 단정히 차려입고 대청마루에 앉아있는 청초한 여인으로 바뀐 것 같다고나 할까요. 흔해빠진 들꽃이라고 홀시하는 선입견을 가졌던 게 아닐까 돌아보게 됩니다.

북미대륙이 원산지라는 개망초꽃은 우리 토양에 잘 맞는지 여름 내내 들녘 어디에서나 흔하디흔하게 볼 수 있습니다. 한두 송이 따로 있을 때는 눈길을 끌 만한 것이 못 되는 꽃이지만 지천으로 무리를 지어 피었을 때는 그런대로 장관을 이루기도 합니다. 자잘한 꽃일수록 무리를 지어 있어야 진가를 드러내는 것이지요. 그래저래 이 땅의 갑남을녀 민초들을 떠올리게도 하는 꽃입니다.

외모지상주의란 말이 나올 정도로 겉치레에 집착하는 사람들이 많아진 세상입니다. 무엇이든 크고 화려하고 값비싼 것이라야 대접받고, 남보다 앞서고 튀어야 인정을 받는다는 생각이 만연해 있습니다. 그런 세상일수록 상대적 박탈감이나 좌절감에 빠지는 사람이 많게 마련이지요. 하지만 보기에 따라서는 한 줌의 개망초꽃에서도 얼마든지 성찰과 위안의 메시지를 발견할 수 있습니다.

개망초꽃은 꺾어서 바로 물에 담그지 않으면 금방 시들지만 꽃꽂이를 해두면 의외로 오래갑니다.

모성(母性)

해산한 지 갓 하루가 지난 어미 소는 노심초사 새끼 곁을 떠나지 못합니다. 멀찌감치 떨어져서 사료를 먹으러 오지도 않습니다. 따로 갖다주어도 조금 먹다가 말고 새끼에게 주의를 돌립니다. 수시로 핥아주며 새끼의 일거수일투족에 민감하게 반응합니다. 본능에 이끌려 하는 행동이겠지만, 어미가 입맛을 잃을 정도로 새끼에게만 전념하는 것이 안쓰러울 정도입니다.

새 생명의 어미가 된다는 것은 전심전력을 다해야 한다는 걸 보여줍니다. 한 생명은 적어도 사력을 다한 출산의 과정과 전심전력의 보살핌으로 양육된다는 걸 알게 합니다. 뱃속에서는 탯줄로, 출생해서는 모자(母子)라는 관계로 어미와 이어져야 송아지는 살 수가 있는 것이지요. 그 전심전력으로 형성되는 모자관계야말로 이 세상을 떠받치는 힘이라는 걸 알게 합니다.

지구 생태계는 유기적(有機的) 관계로 유지되는 것이고, 모든 유기적 관계의 시작은 모자관계라고 해도 지나친 말이 아닐 것입니다. 새끼가 어미로부터 맨 처음 받는 것은 초유(初乳)와 함께 관계의 시작인 것이고, 어미와의 원만한 관계가 일생동안 맺게 되는 다른 모든 관계의 원만한 바탕이 된다는 선 의심의 여지가 없는 것 같습니다. 원만한 관계에서 원만한 인격이 나오고 건강한 사회도 기대할 수 있는 것이지요.

그런데 인간사회에는 요즘 제 새끼를 유기(遺棄)하는 망종이 더러 있다는 소식입니다.

쇠백로를 기다리며

여름 철새인 쇠백로는 다른 백로보다 몸집이 작고 뒷머리에 갓깃이 있으며 무리를 지어 삽니다. 쇠백로들이 목장 풀밭에 소들과 어울려 있는 풍경은 참 평화로워 보이지요.

소들이 쇠백로를 귀찮아하지 않고 쇠백로가 덩치 큰 소들을 겁내지 않는 것은, 소에 붙어 피를 빨아먹는 진드기나 쇠파리를 쇠백로가 잡아먹는 공생관계이기 때문입니다. 진드기나 쇠파리들에게는 쇠백로가 천적인 셈이고요. 멀리서는 참 평화롭게만 보이는 소와 쇠백로 사이에도 그렇듯 먹고 먹히는 먹이사슬이 얽혀 있는 것이지요.

해마다 여름이면 찾아오던 쇠백로들이 올해는 웬일로 아직 보이지 않습니다. 제비들이 갈수록 보기 힘든 것처럼 쇠백로도 그 수가 줄어드는 건 아닌지 모르겠습니다. 작년에 왔던 쇠백로들은 다 어떻게 된 것인지, 환경오염이니 생태계 파괴니 하는 말들을 떠올리게 됩니다.

소와 쇠백로들이 어울려 있는 평화로운 풍경을 못 보게 된 아쉬움보다는 진드기를 소탕하는 일이 내게는 더 큰일입니다. 아침마다 소들을 가두고 진드기를 떼어내도 다음 날이면 어느새 콩알만한 진드기들이 수도 없이 달라붙어 있습니다. 쇠백로들이 왜 날마다 날아와서 소들을 따라다녔는지 알겠더군요. 쇠백로가 오지 않으니 약을 뿌려서 진드기들을 퇴치하는 수밖에 도리가 없게 되었습니다.

겨울이 가면 봄이 온다는 믿음처럼, 봄이 오면 제비가 올 거라는 믿음, 초여름의 숲에서 뻐꾸기가 울 거라는 믿음도 우리의 삶을 유지하는 바탕이 된다는 생각입니다. 언제부턴가 종달새 소리가 들리지 않고 솔개가 보이지 않는 것처럼 쇠백로도 오지 않을지 모른다는 생각이 마음을 어둡게 합니다.

원두막이 있는 여름

원두막이 있는 들녘은 여름방학 그림 숙제에 단골로 등장하는 여름 풍경이었지요. 참외밭이나 수박밭 머리에 허술하게 지어진 원두막은 밭일을 하다가 쉬는 곳이기도 하지만 호시탐탐 서리를 노리는 동네 악동들을 지키는 초소이기도 했지요. 청춘남녀들이 삼삼오오 참외나 수박을 사 먹으러 원두막을 찾기도 했고요. 요즘은 대부분 비닐하우스에서 재배를 하기 때문에 밭머리의 원두막은 사라지고 대신 음식점 같은 데서나 볼 수 있지만, 상업적 목적으로 주문 제작된 원두막에서 옛 시골의 정취를 찾을 수야 없는 일이지요.

산에서 나무를 베어다가 원두막을 지었습니다. 목장에 원두막이 필요한 것은 아니지만 문득 옛 생각이 나서 손수 지어보기로 한 것이지요. 톱으로 잘라 껍질을 벗긴 소나무로 골격은 그런대로 세웠는데 마루와 지붕이 난제였습니다. 짚으로 이엉을 엮어 지붕을 덮고 싶었지만 장마철이라 그럴 여유가 없어 비닐과 야외용 자리 등으로 지붕을 덮고 마루는 헌 널빤지와 장판을 주워다 깔았습니다.

못 외에는 돈 드는 재료를 쓰지 않고 옛날식으로 얼기설기 지어 보기로 한 것인데 기대했던 만큼 옛날 맛이 나고 운치가 제법입니다. 올여름은 내가 지은 원두막에 누워서 책을 읽거나 매미 소리를 들으며 흘러가는 구름을 바라볼 수가 있게 되었습니다. 벗이 찾아오면 오이와 풋고추를 안주로 막걸릿잔을 나누어도 좋겠지요.

환삼덩굴

축사 옆 빈터를 메귀리, 개비름, 쇠무릎, 소루쟁이, 환삼덩굴이 치열하게 영역다툼을 벌이고 있습니다. 어느 하나도 만만치 않은 기세와 전략으로 여름내 팽팽한 긴장을 유지합니다. 그러나 가을에 접어들면 그 세력 균형이 깨어지고 환삼덩굴이 대세를 장악합니다. 메귀리부터 일찌감치 씨앗을 떨고 쇠락해지면 개비름과 쇠무릎, 소루쟁이도 서둘러 한 생을 마감하지요.

곤충계의 무법자가 사마귀라면 초본계의 무적은 아무래도 환삼덩굴입니다. 칡넝쿨, 등넝쿨, 다래넝쿨, 능소화, 나팔꽃에 이르기까지 이웃에게 우호적인 덩굴식물을 본 적이 없지만, 놈은 여간 까칠하고 악독한 성질이 아닙니다. 스치기만 해도 피가 배어날 정도로 전신을 온통 적의와 독기로 무장했지요. 초본뿐만 아니라 웬만한 관목들도 놈의 거칠고 질긴 덩굴에 휘감기면 당해내지를 못합니다.

그 터에 구덩이를 파고 몇 년째 호박씨를 심었습니다. 파격적인 특혜가 아니라면 호박씨 따위가 비집고 들 여지가 없는 곳이지요. 하지만 일단 뿌리를 내리고 자라기 시작하면 호박도 나름의 전략이 없는 것은 아닙니다. 호박의 장기는 타의 추종을 불허하는 성장 속도에다 굵은 줄기와 넓고 무성한 잎입니다. 몇 구덩이만 심어도 백여 평 땅을 뒤덮을 정도니까요.

하지만 떼로 달려드는 환삼덩굴을 당하기엔 역부족입니다. 덩치 큰 초식동물이 하이에나 떼를 당하지 못하는 것과 같다고 할까요. 수시로 낫을 휘둘러 지원을 하지 않고는 아무것도 기대할 수 없는 형편입니다. 좋아하는 호박잎과 애호박을 먹기 위해서 어쩔 수 없이 나도 그들의 싸움에 끼어들곤 하지만, 생사를 건 그들의 악착스러움엔 늘 기가 질립니다. 오늘도 반바지 차림으로 호박잎을 따다가 환삼덩굴에 종아리를 잔뜩 긁혔습니다.

매미소리

축사 청소를 하느라 한바탕 땀을 쏟고는 벌거벗고 찬물을 몇 바가지 뒤집어쓰고 원두막에 앉아서 매미 소리를 듣습니다. 여름 숲에서 매미 소리는 선택 사항이 아닙니다. 듣기 싫다고 꺼버리거나 볼륨을 낮출 수도 없지요. 하지만 누구 하나 싫어하거나 불평하는 기색이 없이 짧은 지상 나들이 동안 절박하게 펼치는 매미의 구애(求愛) 이벤트에 기꺼이 동참을 하게 되는 것이지요.

아름드리 미루나무가 매미소리를 쏟아냅니다. 매미소리가 아니면 미루나무 수만 이파리가 침묵할 것이고 여름날이 그만큼 답답하겠지요. 미루나무가 수액으로 매미를 키우는 것은 실은 소리를 키우는 것이지요. 매미가 미루나무 수액을 빨고 내는 소리는 그러니까 절반은 미루나무의 소리인 셈이고요. 미루나무는 잎만 있고 입이 없어서 온갖 새소리와 매미소리, 바람소리를 키웁니다.

매미소리는 엿장수 가위소리를 닮았습니다. 끈적끈적한 엿 덩이를 가위로 탁탁 쳐서 떼어내듯이 청량한 톱날로 더위를 켭니다.

산비둘기

산자락에 목장을 하면서 산비둘기를 자주 봅니다. 사료 부스러기를 주워 먹으러 축사 안에 들어왔다가 출구를 찾지 못하고 비닐창에 부딪치며 푸드득거리는 산비둘기를 붙잡았다 놓아준 적도 여러 번입니다. 처음 산비둘기를 산 채로 붙잡았을 때의 흥분과 긴장을 잊을 수 없습니다. 두 손 그득 전해지는 날짐승의 생명감은 신선한 충격이고 전율이었지요. 그러나 차츰 비닐창이 출구가 아니라는 것을 산비둘기들은 알게 되고, 나 역시 산비둘기의 존재에 대해 별로 흥미를 갖지 않게 되었습니다.

다른 산새들처럼 산비둘기도 인기척만 나면 놀라서 다급하게 날아오릅니다. 덩치가 큰 소들은 무서워하지 않으면서 유독 사람에게는 예민하게 경계심을 갖는 이유가 뭔지 모르겠습니다. 산비둘기뿐만 아니라 고라니, 멧돼지, 꿩, 너구리, 산토끼 … 어느 하나 사람을 경계하지 않는 짐승이 없지요. 인간이 자연친화적인 동물이 아니란 걸 본능적으로 아는 것 같습니다. 자연에 대해 인간이 어떤 존재인지 새삼 깨닫게 되는 일입니다.

목장 주변의 산비둘기들이 사람을 경계하는 정도가 전과는 많이 달라졌습니다. 먹이의 일부를 사료 부스러기에 의존하면서부터 목장의 환경에 어느 정도 적응해가는 모양입니다. 사람인 나 또한 저들에게 그다지 위험한 존재가 아니라고 느끼는 것 같고요. 축사 문을 열고 들어가도 전처럼 놀라서 후다닥 날아오르지는 않고 저만큼 피하는 게 고작입니다. 그런데 산비둘기들이 나를 경계하지 않는 만큼 더 가까워지는 게 아니라 오히려 관심 밖으로 멀어지는 것은 왜일까요.

얼마 전부터 산비둘기 한 마리가 발길에 채일 정도로 다가가도 전혀 피하지 않습니다. 어디 다친 것 같지는 않는데 손으로 붙잡아도 순순히 붙잡힙니다. 창밖으로 날려 보내니 저만큼 날아가다 내려앉습니다. 다음 날 보니 아예 거처를 축사 안으로 정한 듯 종일 떠나지 않고 제집처럼 태연히 걸어 다닙니다. 그러다가 사고가 나고 말았습니다. 축사바닥을 걸어 다니다가 소발에 밟혀 한쪽 날개 깃털이 수북이 빠져버린 것이지요.

'소발에 쥐잡기'라는 속담은 있지만 산비둘기가 소에 밟히다니, 살다가 참 별일을 다 보게 됩니다. 그런데도 녀석은 도망갈 생각을 않고 여전히 축사 안을 어정거리고 다닙니다. 한 쪽 날개 깃털이 없으니 이젠 제대로 날 수도 없을 터입니다. 밟혀 죽을 것 같아서 쇠똥 치는 삽으로 축사 밖으로 몰아냈지만 어느새 다시 들어와 한 쪽 구석에 웅크리고 있습니다. 녀석이 왜 그렇게 되었는지 모르겠네요. 이젠 사료 부스러기라도 주워 먹지 않고는 살아갈 수 없을 것 같은데, 그 꼴이 보기 싫어 외면을 하게 됩니다.

알밤을 줍다

질긴 껍질 날카로운 가시로 무장을 하고 한사코 남의 손길을 거부하던 밤송이들이 스스로 벌어져서 알밤을 내려놓습니다. 청설모와 다람쥐들이 잽싸게 주워가고 방목하는 소들도 우르르 달려와 주워 먹고 몰래 울타리를 넘어와 사람들도 주워 갑니다. 나는 제법 주인행세를 하면서 한 톨이라도 덜 뺏기겠다고 아침마다 서둘러 밤나무 밑으로 갑니다.

가을이 되도록 잘 기다렸다고 내 손아귀에 그득 알밤을 쥐어주는 밤나무, 토실토실 알밤 줍는 재미 여간 쏠쏠한 게 아닙니다. 장대로 후려쳐서 밤송이를 떨기도 하지만 알밤을 주우려면 밤송이가 벌어질 때까지 기다렸다가 밤나무 아래서 깊숙이 허리를 굽혀야 합니다.

싸리비를 매다

싸리비로 쓸어본 사람은 합성수지로 만든 빗자루가 영 성에 차지 않을 것입니다. 시멘트 바닥이면 몰라도 흙 마당은 싸리비로 쓸어야 제맛이지요. 비질하는 일에 맛은 무슨 맛이냐고 하겠지만, 낚시꾼들이 고기 낚는 것을 두고 손맛을 본다고 하듯이 비질에도 분명 맛이 없지 않습니다. 싸리비로 흙 마당을 쓸어본 사람은 알 겁니다. 싸리의 잔가지들이 흙바닥을 긁으면서 낙엽이나 검불을 말끔히 쓸어내는, 그 거친 듯 섬세하고 예민한 탄력이 저릿하게 전해져서 마음의 허섭스레기까지 쓸려나가는 듯한 정갈함을. 그래서 스님들은 싸리비로 절집 마당을 쓸어내는 것도 좋은 수행이 된다고 하지요.

방바닥을 쓸기에는 갈대 이삭으로 만든 빗자루만 한 것이 없지만, 여의치 않으면 수수비로 대신하기도 했지요. 수수비는 그러나 재래식 부엌바닥을 쓸어야 제격이지요. 그리고 수수비와 싸리비 중간쯤에 댑싸리비가 있습니다. 담 밑에 심은 댑싸리를 통째로 베어 말려 몇 개씩 묶은 댑싸리비는 섬세해서 부엌바닥이나 안마당을 쓸기에 안성맞춤이지요. 그밖에도 타작마당에 주로 쓰던 대나무빗자루가 있는데, 넓은 마당이나 골목길을 쓸기에도 좋지만 싸리비보다는 거친 편이지요.

겨울 산에 들어가 싸리를 한 아름 베어왔습니다. 한 움큼 싸릿대의 잔가지 끝을 가지런히 하고 노끈으로 줄기를 몇 군데 동여매면 간단히 빗자루가 되지요. 다른 사람이 쓰던 합성수지 빗자루를 던져버리고 완성품 싸리비로 축사 주변을 쓸었더니 기가 막히게 잘 쓸립니다. 바로 이 맛입니다. 무슨 일이든 맛을 잃지 않아야 일할 맛이 나는 것인데, 잠시의 수고로 잃어버린 맛 하나를 되찾았습니다.

입동(立冬)

얇은 물에 살얼음이 낀 오늘 아침, 노랑나비 한 마리를 보았습니다. 아직 무슨 일이 남았는지 이리저리 날아다니는 나비를 물끄러미 보고 있다가 나는 오싹 한기를 느꼈습니다. 기온이 영하로 내려간 지난밤 나비는 어디서 추위를 견딘 것일까요? 그러고 보니 산과 들엔 아직도 풀꽃들이 더러 피고 있고, 꽃이 있으니 벌 나비들의 할 일도 남은 것이겠지요.

가을이 깊어 찬바람이 불면 몸보다 마음이 더 오싹해지는 한기를 느낍니다. 모든 살아있는 것들의 혹독한 시련인 겨울의 예감으로 그렇습니다. 이 땅에서 삶을 이어가는 생명들은 모두가 어떻게든 겨울을 견뎌낸 것들이고 사람들도 대부분 그렇습니다. 사람들 중에는 겨울이 춥고 배고픈 계절이 아닌 사람들도 있겠지만, 우리 민족의 역사는 모진 겨울을 견뎌온 역사이기도 합니다.

문익점이 중국에서 목화씨를 몰래 가져와 재배하기 시작한 것이 고려 말이라는 걸 알았을 때 참 아득한 생각이 들었습니다. 그때까지 백성들은 솜도 무명천도 없이 어떻게 겨울을 났을까요. 혹시 삼베옷으로만 겨울을 난 게 아닌지, 여기저기 찾아보아도 평민들의 겨울 복식에 대한 자료는 없네요. 입동 날 아침 겨울의 예감으로 오싹 한기를 느끼는 것도 어쩌면 오랜 세월 삼베옷으로 겨울을 견뎌온 조상의 유전자가 내 몸속에서 먼저 감지를 한 때문이 아닐까요.

남한의 가장 추운 곳이 북한의 가장 덜 추운 곳과 잇대어 있다는 것을 생각하면 마음이 시립니다. 북녘 동포들에게 이 겨울은 또 얼마나 가혹한 시련이 될 것인지요. 그런데 춥고 배고픈 것이 왜 인간에게 가장 참혹하고 절박한 것인지를 모르는 사람들이 남한에는 많은 것 같습니다. 주사파니 간첩이니 김일성 부자를 찬양하고 충성하겠다는 자들이지요. 백성들은 헐벗고 굶주려 죽어가는데, 휘황찬란한 아방궁에서 수입산 상어알을 안주로 최고급 양주를 마시며 기쁨조와 환락을 즐기는 김일성 부자가 민족의 위대한 지도자라고 우기는 자들은 아마도 심각한 정신장애를 갖고 있는 것 같습니다.

오늘 아침

올겨울 들어 가장 춥다는 오늘 아침, 차도 자전거도 두고 걸어서 일터로 갑니다. 저수지가 얼어붙어 청둥오리 사열은 생략합니다. 기온이 영하로 한참 내려가도 저수지에는 한 군데 얼지 않는 곳이 있습니다. 흔히들 숨구멍이라 하는데, 저수지도 살아서 숨을 쉬는 거라고 생각하는 것이지요.

그 숨구멍과 주위에 청둥오리들이 오글오글 몰려있습니다. 그렇게 저희들끼리 몰려있는 것이 추운 밤을 견디는 방법인가 봅니다. 언제 왔는지 청둥오리보다 몸집이 열 배나 커 보이는 고니들도 보입니다. 일제(日帝)의 영향으로 백조라는 이름이 더 익숙해진 고니는 아무데서나 흔하게 볼 수는 없는 천연기념물이지요.

청둥오리 무리 속의 고니들은 얼핏 보아서는 운집한 열성팬들에 둘러싸인 무슨 스타들 같습니다. 그러나 그 크고 흰 몸집의 우아한 자태를 선망하고 환호하는 청둥오리는 아무도 없나 봅니다. 전혀 그런 분위기가 아니라는 걸 알 수 있습니다.

얼음 낀 논바닥을 가로질러 갑니다. 지름길이기도 하지만 서릿발과 얇은 얼음장 부서지는 소리를 밟고 가는 것이 재미있습니다. 도랑을 건너뛰고 언덕을 올라가기도 하지만, 신호등도 정체(停滯)도 없는 나만의 출근길입니다.

겨울나무

겨울나무 앙상한 잔가지들이 실핏줄처럼 찬 하늘에 뻗쳐있습니다. 그 세세한 가지 속을 흐르는 수액이 영하 수십 도 혹한에도 얼지 않는 건 수액의 농도가 진해서 빙점이 낮기 때문이라는군요. 겨울이 오기 전에 나무들이 수분을 내보내기 때문에 그런 것이라고요.

인류만 과학을 아는 게 아니었네요. 과학을 인류의 위대한 발견인 양 기고만장하는 것이 얼마나 어리석은 착각인지요. 인류의 과학문명이란 결국 지구 생태계에 백해무익한 잔꾀에 지나지 않는다는 걸 저 겨울나무들이 가르칩니다. 맨몸으로 혹한에 맞서는 겨울나무들이 인간들보다 어리석고 미련한 게 아니라는 사실을 배웁니다. 온갖 수단을 동원해서 난방과 보온을 하고 겨울을 나는 모습이 그냥 맨몸 하나로 월동하는 저 나무들에 비해 결코 늠름한 모습이 아니라는 것이지요.

또 한 해를 맞이하는 겨울 숲을 봅니다. 너무 쉽사리 좌절하고, 너무 어처구니없는 착각을 하고, 너무 터무니없는 욕심을 부리는 일이 인간사회에는 참 많았습니다. 그 때문에 지난 한 해도 싸우고 죽이고 절망하는 일들이 끊이질 않았지요. 나 역시 어리석고 게으르고 옹졸한 일이 많았습니다. 그럼에도 생명이란 참으로 엄연하다는 걸 삭풍을 견디는 겨울나무 산가시들이 깨우칩니다.

아무것도 이루고 가진 게 없다고 너무 낙담할 필요는 없는 거라고, 오로지 맨몸으로 밀고 가는 삶이 가장 절실한 삶이라고, 가진 것이 없으면 없는 대로 스스로 빙점을 낮추어 겨울을 견디는 일이 못나고 어리석은 일만은 아니라고 가르칩니다.

모닥불

한파가 닥친 날 아침, 언 손을 녹이려고 불을 피웠습니다. 구멍을 숭숭 뚫은 양철통에 솔가리와 삭정이를 넣고 성냥을 그어 대자 기다렸다는 듯 불꽃이 피어오릅니다. 추위에 얼었던 몸과 마음이 이내 따뜻해져 옵니다. 생명과 습기가 다 빠져나간 마른 솔잎과 삭정이에 이토록 뜨겁고 황홀한 인화력(引火力)이 들어 있다는 게 놀랍습니다.

자연에는 삶과 죽음이 동전의 양면처럼 반반으로 공존하고 있습니다. 모든 죽음이 모든 생명을 키우는 것이지요. 동물의 먹이나 식물의 자양이 곧 주검인 것이고, 집이나 가구나 의복의 재료도 주검이고, 이렇게 언 몸을 녹여주는 땔감도 주검입니다. 그런데도 죽음이 공포와 절망과 허망이 아니라 모태처럼 따뜻하고 아늑한 것으로 인식되지 않는 까닭은 무엇일까요.

살아있는 동안 생명이란 측면에 너무 집착하다 보니 몸에 붙은 삶의 관성 때문이 아닐까 싶네요. 인간들이 자행하는 모든 끔찍한 일들도 그런 불균형이 초래한 게 아닐까요. 불가(佛家)에서 말하는 선(禪)이란 그런 관성에서 벗어나 사물의 진면목을 보려는 노력일 테고요. 해탈이란 것도 그 관성에서 벗어난 경지를 말하는 것이겠지요.

모닥불을 쬐고 있는 동안은 영하의 추위도 얼마든지 견딜만합니다. 한 아름 마른 삭정이의 위력이 맹수 같은 혹한의 접근을 거뜬히 막아내지요. 죽어서 마른 나뭇가지라고 모든 에너지가 다 빠져나간 빈껍데기가 아니라 뜨겁고 찬란한 불꽃을 내장한 새로운 존재로 변신을 한 거랄까요. 생나무엔 불이 잘 붙지 않습니다.

봄 마중 가자

동무들아 오너라 봄맞이 가자
나물 캐러 바구니 옆에 끼고서
달래 냉이 씀바귀 모두 캐보자
종다리도 봄이라 노래하잔다.

나는 오늘 이 동요를 흥얼거리며 냇둑에서 냉이를 캐었습니다. 무심결에 흥얼거린 이 동요의 노랫말이 정확한지는 모르겠지만, 수십 번의 봄이 지나도록 기억에 남아있는 그대로 옮겨 보았습니다.

이 동요의 '봄맞이 가자'란 노랫말이 새삼 마음을 끕니다. 집을 떠났던 가족이나 반가운 손님처럼 봄을 맞이하자는군요. 요즘처럼 관광버스 타고 꽃구경 가는 봄놀이가 아니라, 바구니 옆에 끼고 동무들과 봄을 캐러 가는 마중이라고 하네요.

귀한 손님이거나 한시라도 빨리 보고 싶은 사람일수록 앉아서 기다리지 못하고 서둘러 마중을 나가는 것이지요. 그렇게 계절을 삶 속으로 맞아들였던 옛 시절을 생각합니다. 삼라만상과 더불어 절실하게 봄을 살았던 사람들을 생각합니다.

냉난방 시설이 잘된 콘크리트 구조물 속에 사는 사람들은 겨울이 가고 봄이 온다고 달라질 것이 별로 없을 것 같네요. 계절과는 별 상관없이 봄이 와도 춘래불사춘(春來不似春)인 거지요. 봄볕에 새잎이 나고 꽃이 피는 생명현상과 멀어진 삶이랄 밖에요.

나는 오늘 호미를 들고 나가 봄을 캐다가 무쳐 먹었습니다.

인동꽃

초여름 숲에 그윽한 향기가 감돕니다. 아카시아 꽃도 지고 찔레꽃도 보이지 않는데 무슨 향기인가 했더니 인동꽃이 한창입니다. 이른 봄 매화로부터 시작한 꽃의 릴레이는 진달래, 산수유, 개나리, 목련, 벚꽃, 등꽃, 아카시아꽃에 이어 지금은 싸리꽃과 인동꽃이 배턴을 넘겨받았습니다. 밤꽃과 칡꽃이 저만치서 기다리고 있고요.

인동은 다년생 덩굴식물인데 겨울에도 잎이 지지 않고 견딘다고 인동(忍冬)이라는 이름이 붙은 것 같습니다. 인동 잎이 겨울을 견디는 모습은 비장(悲壯)합니다. 다른 덩굴식물처럼 잎을 떨어버리고 겨울을 나면 한결 쉬울 텐데, 초록 잎이 적갈색이 되어 오그라드는 것이 이를 악물고 견디는 모습입니다.

차가움이 뼈에 사무쳐서 매화 향기가 되는 것이라 하지만 인동꽃 향기도 그래서 유난히 진하고 그윽한 것 같습니다. 여름 숲의 넓고 무성한 잎들은 모릅니다. 작은 인동 잎이 어떻게 겨울을 지나왔는지를. 아니 눈보라 몰아치는 삭풍의 계절이 있다는 것조차 모를 수밖에요. 세상의 전부인 것 같은 이 여름도 머지않아 끝나고 찬바람 불고 낙엽 지는 계절이 온다는 것도 물론 모르겠지요. 굳이 설명을 해 봐야 망령이 나서 헛소리한다고 핀잔이나 듣게 마련이고요.

근황

봄이 지나가고 여름이 오는 동안 송아지가 여섯 마리 출생했습니다. 그중 네 마리는 초산(初產)이라 애를 좀 먹었습니다. 어미가 젖을 물리려 하지 않아 일주일 동안 어미를 붙들어 매고 젖을 먹여야 했던 놈도 있었지요.

늦어도 일주일쯤 지나면 출생의 긴장과 충격이 가라앉고 평온을 회복합니다. 잔잔한 수면이 던져진 돌멩이를 삼키며 잠시 파문을 일으키는 것과 같다고 할까요. 출생의 긴장과 충격이야말로 지구 생태계를 싱싱하게 하는 파동(波動)이라는 생각을 하게 됩니다.

내가 하는 일이 소들을 돌보는 것이니 내 삶의 내용이 그런 긴장과 충격에 맞물려 있게 마련입니다. 푸른 풀밭에 한가로이 풀을 뜯는 풍경이 아니라 억센 뿔과 거친 숨결의 소들을 다루고 키우는 일이지요. 태를 뒤집어쓰고 나와 버둥대는 신생의 전율이 있는가 하면 질퍽한 쇠똥의 퀴퀴한 냄새를 꺼리지 않는 노동이 있습니다.

감나무 그늘에 앉아 땀을 식히며 새순이 한 뼘쯤 키를 높인 숲을 바라봅니다. 만발한 밤꽃이 비릿한 향기를 흘리고 뻐꾸기가 애절하게 웁니다. 짝을 찾는 소리라는데, 녀석들은 이 여름의 산과 들과 햇볕과 바람을 제 소리에 끌어들여 구애(求愛)의 이벤트를 할 줄 아는 것 같습니다. 사람들의 연애도 저렇게 대명전지 환한 것이면 좋겠습니다. 개망초꽃도 지천으로 피어서 하마 유월입니다.

송아지는 숨는다

낳은 지 사흘째 되는 날, 어미를 따라 나온 송아지가 방목장 울타리 밖으로 나가 풀숲에 납작 몸을 숨깁니다. 배가 고파서 스스로 젖을 먹으러 나가기 전에는 어미가 아무리 애타게 불러도 들은 척을 않지요.

사람이 없을 때 나서 산속으로 들어가 숨는 바람에 한나절이 지나도록 찾아다닌 적도 더러 있습니다. 늦가을 이후에는 낙엽 색깔과 구별이 되지 않는 데다 누가 다가가도 절대로 움직이지를 않아서 바로 옆에 두고도 모르고 지나치기 일쑤이지요. 억지로 안아서 일으키지 않으면 꼼짝하려 들지 않고요.

초식동물의 갓 태어난 새끼가 몸을 숨기는 것은 야생 상태에서 살아남기 위한 본능이겠지요. 사지가 튼튼해져서 달릴 수 있을 때까지 포식동물에게 잡아먹히지 않으려면 그렇게 숨는 것밖에는 다른 방법이 없기 때문이지요.

하지만 가축이 된 소들은 그럴 필요가 없게 된 지 수천 년이 지났는데도 아직도 그 본능이 그대로 보존되어 있다는 것이 신기합니다. 수억 년의 진화과정에서 유전자에 각인된 본능이 수천 년이 지나도록 상실되지 않았다는 사실은 놀라운 일이지요. 갓 태어난 송아지 한 마리가, 그런 유구한 생명의 계통을 면면하게 이어온 존재라는 사실에 자못 숙연해지기도 합니다.

남새밭

열무와 상추, 쑥갓이 한창입니다. 두어 평에 심은 상추는 끼니때마다 먹어도 남아서 친구네 집에도 갖다 줍니다. 비료와 농약을 사용하지 않은 유기농 채소라고 좋아하지요.

열무김치와 상추, 쑥갓을 썰어 넣고 비빔밥을 하면 다른 반찬이 필요 없지요. 아침저녁 비빔밥을 먹어도 물리지가 않습니다. 완두콩 꽃이 피기 시작했는데, 완두콩을 넣으면 비빔밥이 한 맛 더 나겠지요.

머지않아 풋고추와 오이도 따먹을 수 있습니다. 가지와 호박과 들깨도 심었습니다. 단호박도 한 구덩이 심었지요. 오이냉채는 빼놓을 수 없는 여름 별미고 가지무침이나 풋고추와 애호박을 썰어 넣은 된장찌개도 일미지요. 스무 평 정도의 남새밭이면 이렇게 봄부터 가을까지 찬거리가 풍성합니다.

돈 많이 없어도 잘 살 수가 있습니다. 어떻게 사느냐에 달렸지요. 많이 벌어서 많이 쓰는 것도 좋겠지만 없으면 없는 대로 사는 것도 그리 나쁘지는 않습니다. 아이들 내보내고나면 우리 부부는 더 깊은 시골에 들어가 조그맣게 농사나 지으며 살려고 합니다. 일할 때 입으라고 누가 갖다 준 헌옷이 부대로 쌓였으니 죽을 때까지 옷 걱정도 없고, 몇 푼 안 되는 국민연금만으로도 굶어죽을 염려는 절대로 없을 것 같습니다.

남에게 권할 것까진 없지만 나는 그렇게 사는 것이 분수에 맞고 마음 편합니다. 지구 생태계에 부담도 덜 주고 심신 건강에도 좋은 일이지요. 중병에라도 걸리면 돈이 많이 들 거라는 걱정도 있지만 이제 육십이 넘었으니 당장 죽어도 그리 아쉬울 게 없는 자연사로 받아들여야지요. 병도 자연이니까요.

그렇게 살아서 무슨 재미냐고요? 재미야 찾으면 얼마든지 있지요. 푸성귀 심어놓고 자라는 걸 보면서 뜯어먹는 재미도 여간 쏠쏠한 게 아니고요, 계절 따라 변하는 산천초목을 바라보는 것도 더없는 낙이지요. 벗이 찾아오면 개울물에 발 담그고 앉아 오이와 풋고추 안주로 막걸리를 마시는 재미도 물론 있을 테고요.

송알송알 싸리잎에

송알송알 싸리잎에 은구슬
조롱조롱 거미줄에 옥구슬
대롱대롱 풀잎마다 총총
방긋 웃는 꽃잎마다 송송송

초등학교 시절 음악 시간에 배운 '구슬비'란 동요입니다. 이 동요가 갑자기 생각난 것은 아침에 산길을 걷다가 싸리잎에 맺힌 하얀 물방울을 보았기 때문입니다. 그 순간 저절로 '송알송알 싸리잎에 은구슬'이란 동요의 구절을 떠올리게 된 것이지요.

주변의 다른 나뭇잎에는 물방울이 맺히지 않았는데, 싸리잎은 표면에 잔털이 많아서 빗물이 그야말로 '은구슬'처럼 '송알송알' 맺힌다는 걸 알았습니다. 그러니 위의 동요는 적당히 꾸며서 쓴 것이 아니라 정확한 관찰을 바탕으로 한 표현이라는 걸 알 수가 있지요.

‘조롱조롱’ ‘대롱대롱’ ‘총총’ ‘송송송’ 같은 의태어들이 얼마나 정확하고 절묘하게 사물을 묘사하는지 놀라울 따름입니다. 의태어라고는 하지만 포함하고 있는 운율은 또 얼마나 경쾌한 것인지, 우리말이 아니고는 흉내조차 낼 수 없는 동요입니다.

‘구슬비’ 라는 말 또한 얼마나 아름다운지요. 이런 아름다운 세상과 노래를 모르는 요즘 아이들은 얼마나 불행한 걸까요. 겨우 서너 살짜리 아이들까지 성인가요를 흉내 내는 것을 어른들이 좋아라 하는 걸 보면 딱하기가 짝이 없습니다. 그게 순진무구한 동심을 오염시키는 일이지 어찌 방송에까지 내보내며 손뼉 치고 부추길 일인가요. 아이가 기침만 해도 호들갑을 떠는 부모들이 정서가 그렇게 오염되고 황폐해지는 것에는 도무지 관심들이 없지요.

우리나라 아이들이 이런 아름다운 동요를 부르며 자라기를 이제는 기대도 하지 말아야 할까요?

찔레꽃

찔레꽃이 피었습니다. 묵혀둔 밭에 저절로 찔레 덤불이 우거져 꽃밭을 이루었습니다. 밀물처럼 밀려왔던 온갖 봄꽃들이 지고 나면 초여름의 신록 사이로 아카시아꽃이 피고, 뒤를 이어서 찔레꽃이 피지요. 수수한 꽃에 비해 향기는 어느 꽃에도 못지않게 진한 것이 찔레꽃이지요.

채전을 일구려고 작정을 하고 자루가 긴 전지가위까지 빌려다가 가시에 찔리고 긁히면서 찔레 덤불을 걷어냈습니다. 땅속에 깊이 박힌 뿌리까지는 어쩌지 못했는데, 이듬해 봄이 되자 전보다 더 왕성하게 새순이 돋아서 다시 찔레밭이 되고 말았습니다. 어찌나 기세가 등등한지 세상이 온통 찔레 덤불로 뒤덮이지 않은 게 이상할 지경이었지요.

덕분에 요즘은 찔레꽃 향기에 묻혀 지냅니다. 뻐꾸기 소리와도 그렇게 잘 어울릴 수가 없어서 초여름의 녹음과 함께 그야말로 진경을 이룹니다. 초여름의 짙어가는 녹음 아래서 찔레꽃 향기를 맡으며 뻐꾸기 소리를 듣노라면, 슬픔도 아픔도 그리움도 한 줄기 아련한 강물이 되어 흘러가곤 합니다.

뻐꾸기는 꼭 이맘때쯤 웁니다. 신록이 제 무게를 가누지 못하고 녹음으로 몸을 바꿀 때, 아카시아 꽃이 찔레꽃에게 향기의 배턴을 넘겨 줄 때, 이른 봄부터 울던 산비둘기가 목이 쉴 때, 초여름 숲의 적막을 깨뜨리고 뻐꾸기 소리가 터집니다.

뻐꾸기 소리로 초여름 숲이 목청을 틉니다. 그 득음을 위해 이른 봄부터 숲은 적막의 유정란을 품어온 것이지요. 뻐꾸기 소리는 적막을 깨고 부화하는 것이니까요. 그래서 어딘가 적막하게 들리는 것이겠고요. 아무튼 이맘때쯤 뻐꾸기 소리가 없다면 숲이 아무리 무성해도 무성영화처럼 답답하고 찔레꽃 향기조차 숨이 막히겠지요?

추어탕

방목장 아래 도랑에다 통발을 놓았습니다. 비가 많이 와서 큰물이 지고 난 다음이 통발을 놓을 적기지요. 홍수에 떠내려가지 않으려고 하류의 미꾸라지들이 여기까지 올라오니까요. 그물과 철사로 만든 통발에다 깻묵을 넣어 미꾸라지가 꾈만한 곳에 넣어두는 것이 방법이지요. 한꺼번에 많이 잡히지는 않아서 며칠을 모아야 추어탕을 끓일 양이 됩니다.

추어탕을 끓이려면 우선 소금을 뿌려 미꾸라지를 죽여야 합니다. 소금을 뿌리면 숨이 끊어질 때까지 미꾸라지들은 단말마의 고통으로 몸부림을 칩니다. 아비규환이 따로 없지요. 사람의 식생활이란 게 그렇듯 남의 생명을 빼앗는 일임을 안다면 식도락(食道樂)이니 하는 걸 그다지 고상한 취미로 볼 수는 없겠지요. 꿈틀거리는 산 낙지를 날로 씹으며 희희낙락하는 모습도 그렇고요.

죽은 미꾸라지는 거친 호박잎으로 치대어 씻은 다음 된장을 한 줌 넣고 살이 뭉개지도록 푹 끓입니다. 채로 밭아서 뼈를 걸러도 되지만, 믹서로 뼈째 갈아서 물을 더 붓고 삶은 시래기와 간장을 넣고 끓이면 추어탕이 됩니다.

추어탕 끓이는 방법은 지방마다 차이가 있겠지만 이 방법이 가장 간단할 것 같습니다. 그리고 추어탕에 빼놓아서는 안 되는 것이 바로 초피열매 가루지요. 마늘과 매운 고추 다진 것과 함께 미꾸라지의 비린 맛을 없애고 얼얼하고 칼칼한 국물 맛이 되게 하니까요.

추어탕은 농민들의 여름 보양식이었습니다. 삼계탕이나 개고기 같은 보양식은 꿈도 못 꾸는 사람들도 대소쿠리 하나 들고 들판으로 나가면 추어탕거리는 잡아올 수가 있었지요. 미꾸라지는 가을에야 제맛이라고 하지만, 그 때문에 일부러 가을까지 기다릴 형편이 아닌 사람들에게는 배부른 소리지요. 여름 땡볕에 논바닥에 엎드려 콩죽 같은 땀을 흘려야 하는 농부들에게는 추어탕이야말로 더없는 보양식이었지요.

그 씁쓸하고 얼얼한 추어탕 맛이 요즘 아이들 입맛엔 맞지를 않는지 자식놈들은 별로 좋아하는 기색이 아니더군요.

바람과 나무

어제 오늘 거센 바람이 붑니다. 미친 듯이 부는 바람입니다. 세상을 온통 휩쓸어갈 기세입니다. 멀리서 바라보면 숲이 너나없이 한 덩어리로 바람에 휩쓸리는 것 같습니다. 바람 앞에 몸을 내맡겨 부는 대로 춤추고 날뛰는 것 같습니다. 바람을 타고 바람을 확대재생산 하는 것 같습니다. 그러나 가까이 가보면 나무들은 제각각 제 생긴 대로 다른 모습입니다. 소나무와 상수리나무가 다르고 미루나무와 아카시아가 바람 앞에서 다릅니다. 큰 나무와 작은 나무가 다릅니다. 이파리와 가지와 줄기가 다른 나무들이 다양한 모습으로 바람을 맞고 있습니다.

바람도 여러 가지가 있습니다. 미풍이나 산들바람에서 태풍이나 폭풍에 이르기까지 위력이 다르고, 훈풍과 열풍이 있는가 하면 살을 에는 삭풍이 있습니다. 바람에 따라 부는 계절이 다르고 대처하는 나무들의 모습이 다릅니다.

태풍에 나무가 뿌리째 뽑히는 경우도 있지만 바람과 나무가 늘 적대관계인 것은 아닙니다. 바람이 비를 몰아오기도 하고 우거진 잎의 속속들이 햇빛이 스며들게 합니다. 나뭇잎들은 대부분 작은 바람에도 잘 흔들리도록 만들어졌습니다.

바람이 거셀수록 나무는 더 깊이 더 멀리 뿌리를 뻗고 억센 악력으로 땅을 움켜잡습니다. 바람이 뿌리를 튼실하게 하는 것이지요. 비바람 눈보라를 견디며 수백 년을 견뎌온 나무는 신령스럽습니다. 기껏해야 백년을 살기 어려운 사람에 비할 바가 아니지요. 마을 어귀에서 동네사람들 할아버지의 할아버지들까지 지켜본 정자나무를 어찌 무심히 지나칠 수 있겠습니까.

나무들은 어떤 바람 앞에서도 너나없이 한통속으로 휩쓸리지는 않습니다. 거센 바람에 휘어지고 꺾일지라도 제 자리와 제 모습을 잃어버리는 일이 없지요. 오늘 이 바람도 지나가고 나면 숲은 언제나처럼 그 자리에서 푸르고 무성할 것입니다.

추수

개발 예정지로 경작이 금지된 논에 벼가 영글었습니다. '경작금지' 팻말을 무시하고 모내기를 한 것이 아니라, 작년에 벼를 베어낸 그루터기에서 싹이 나와 마치 모를 심은 것처럼 이삭이 패고 결실을 한 것입니다. 육십 평생에 처음 겪어보는 희한한 일인데, 문제는 이 벼를 어떻게 하느냐 입니다.

봄부터 모른 척 방치를 해둔 탓에 잡초가 많이 섞인 데다 지난번 태풍에 더러 눕기도 해서 기계를 들여 추수를 할 형편은 아니고 그대로 버려두기도 아까운데, 낫으로 베자니 탈곡을 할 방법이 떠오르지 않아 고심 끝에 일단 이삭만을 칼로 자르기로 했습니다.

지금도 동남아지방에선 영근 벼의 이삭을 자르는 걸 텔레비전에서 본 적은 있지만, 낫으로 밑동을 베어 논바닥에 발가리를 쳐 두었다가 벼가 마르면 탈곡기로 낟알을 떨어내는 게 우리의 추수방법이었지요. 그 전 과정을 콤바인 하나로 대신하는 요즘에 나는 상당히 원시적인 방법으로 추수를 하고 있는 셈입니다.

기왕에 원시적으로 시작을 했으니 아예 절구에다 찧어서 현미를 만들어 먹을까 생각 중입니다. 어린 시절엔 참 지겹게도 절구질이나 디딜방아를 찧었지요. 디딜방아 돌확 밖으로 튀어나온 곡식을 쓸어 넣다가 다친 손가락이 지금도 불구로 남아있어서 수시로 그때 생각이 떠오르곤 합니다.

추수철이 되어도 들판에 사람이 필요 없을 정도로 세상 참 편리해졌는데, 고된 노동과 함께 삶의 과정까지 상당부분 생략되어진 느낌이랄까, 뭔가 잃어버린 것 같은 허전함이 없지가 않습니다. 딱히 어떻게 하겠다는 작정이 서지 않은 채 하루에 한 포대씩 추수를 하다 보니 까마득히 먼 원시로 거슬러 올라간 듯한 기분이 들기도 합니다.

내 삶과 영혼에 낀 수천 년 문명의 더께를 일깨우듯 하늘은 참 구름 한 점 없이 맑고 푸릅니다.

황금길에서

소나무 숲 오솔길에 노랗게 황금바늘이 쌓였습니다. 수북이 쌓인 낙엽이 적갈색으로 변하기 전의 며칠간, 아무도 밟지 않은 황금길을 걷는 호사를 누립니다.

황금길의 산책에선 무슨 고매한 상념에 젖을 법도 하지만 나는 그저 솔가리가 중요한 땔감이었던 때를 떠올립니다. 연탄이 가정용 연료가 되기 전에는 다들 산으로 땔나무를 하러 다녔지요. 이 산 저 산을 다니며 삭정이를 줍거나 낙엽을 긁어 땔감을 했는데, 인근 산은 임자가 있거나 피가 나도록 낙엽을 긁어낸 때문에 읍내 사람들은 땔감을 구하러 삼십 리 산길을 걸어가야 했지요.

학교를 파하면 지게를 지고 나무마중을 가곤 했습니다. 나뭇동을 이고 줄지어 산등성이를 넘어오는 동네 아주머니들 사이에 작은 키에 가장 작은 나뭇동을 인 어머니 모습이 지금도 선합니다. 이 눈부신 가을날 높고 청명한 어디에도 닿을 것 같은 황금길에서, 하필이면 땔나무 하러 간 어머니 마중 가던 일 떠오르는 것은, 그것이 무엇보다 내 삶의 가장 절실함에 닿아있기 때문이겠지요.

억새의 계절

바람에 씨앗을 날려 보낸 억새가 겨울 들판에서 노후를 보내고 있습니다. 아무도 눈여겨보는 사람 없지만 계절이 바뀌어 새 잎에 묻힐 때까지가 억새들의 노후인 셈이지요. 겨울바람 앞에 무엇 하나 거칠 것이 없는 홀가분한 자세들인데, 아직 씨를 다 떨어내지 못한 억새들은 그렇지가 못한 것 같습니다. 아무 할 일이 없는 빈 들인 것 같지만, 삭풍을 피해 온 새들이 깃들기도 하고 눈이 내려 제법 운치 있는 설경을 만들기도 합니다. 억새가 없다면 겨울 들판을 내닫는 바람도 무척 심심하겠지요.

다 비워낸 허허로움이 겨울 들판에는 어울립니다. 겨울 햇살에 의지해서 초록을 놓지 않고 월동하는 풀들이 없지 않지만, 그것은 노후가 아니라 새 봄을 기다리기 위해서이지요. 한 점 초록도 수액도 남김없이 비워낸 억새에겐 아무런 미련이나 회한이 없어 보입니다. 노욕(老慾)을 버리지 못해 온갖 추태를 부리는 일도 물론 없겠지요. 노쇠해진다는 것도 인생의 어느 시절 못지않은 소중한 과정이라는 것을, 주름살제거수술 같은 거 하지 않고도 아름답게 늙어갈 수 있다는 것을 겨울 억새에게서 봅니다. 또 한 해가 저뭅니다.

어느 성탄전야

"까막까치 다 얼어 죽겠다"

살을 에는 삭풍에 문풍지 우는 밤이면, 할머니는 그렇게 짐승들 걱정을 잊지 않았다. 요즘처럼 방음이 되는 이중창문 안에서는 밖에 태풍이 불거나 난리가 나도 모르겠지만, 옛날 창호지문으로는 낙엽 지는 소리 달빛에 수런대는 댓잎 소리도 환히 들렸다. 방안에 누워서도 한 호흡으로 자연과 소통하니 어찌 날짐승들 안부인들 궁금하지 않겠는가.

단칸셋방에 신접살림을 차려 첫 아이를 얻은 해 겨울이었다. 한파가 닥쳐 밤새도록 전신주가 울부짖고 깨어질 듯 창문이 덜컹대는 밤이었다. 무심결에 '까막까치 다 얼어 죽겠네' 중얼거리다 문득, 낮에 본 시장 바닥의 모자(母子)가 생각났다. 정신이 온전치 못한 듯한 여자가 두어 돌이 되었을까 싶은 아이와 함께 누더기를 뒤집어쓰고 시장 땅바닥에 웅크리고 있었다. 어린것이 이 밤을 넘길 수 있을까, 생각하니 하얗게 잠이 달아났다. 내 아이는 기침만 해도 안고 병원으로 달려가는데…….

> 혹한을 몰아오는 삭풍에/ 밤새도록 전신주가 울부짖고/ 깨어져라 창문이 덜컹댄다
>
> "문 열어라 이놈들아, 너희만 살면 다냐."

시장 바닥에 실성한 그 여자/ 두어 돌이 되었을까 싶은 어린것과 함께/ 이 밤 무사할까, 얼어 죽지나 않았을까

이튿날 아침에 찾아가 보니 먹을 것을 얻으러 갔는지 여자는 보이지 않고 아이 혼자 사시나무처럼 떨며 그 자리에 앉아 있었다. 생각나는 대로 읍사무소 사회과로 전화를 해봤으나 아무 대책이 없다고 했다. 몇 군데 교회에 전화를 해서 겨울 동안만 데려다 놓을 수 없겠느냐고 했지만 역시 안 되겠다는 대답만 돌아왔다.

교회 청년들을 불러 의논을 했다. 장모님의 간곡한 청을 거절할 수 없어 결혼 후 건성으로 다니던 교회였다. 텐트가 좋겠다는 결론이 났다. 히말라야 눈 속에서도 텐트로 야영을 하지 않던가. 주머니를 털어 시내로 텐트를 사러 갔다. 사정을 얘기했더니 텐트 값을 많이 깎아주었다.

시장 귀퉁이에 텐트를 치고 바닥에는 두꺼운 스티로폼을 깔았다. 오줌에 절은 누더기도 버리고 깨끗한 이불로 갈았다. 따끈한 호빵을 한 봉지 사서 안겨 주었더니 세상에서 가장 행복한 표정을 지었다. 어둠이 내리고 희끗희끗 눈발이 날렸다. 성탄전야였다.

촌놈

초곡에서는 사람 만나는 일이 별로 없습니다. 소들을 돌보거나 채소를 가꾸는 게 나의 일이니 나무와 풀, 짐승과 벌레들이 이웃입니다. 햇볕과 바람과 비를 나누어 맞으며 각자 제 삶에 열중하는 이웃들이지요. 자연에는 과욕이니 태만이니 하는 개념은 없고 언제나 최선을 다하는 모습입니다. 나만 게으르고 어정쩡하게 끼어들어 있습니다.

초야에 묻혀 있으면 문화적 감각이 둔해집니다. 한마디로 단순무식한 촌놈이어서 세련된 인간관계에는 서툴게 마련이지요. 대신 자연의 감각이 회복된다고 할까요, 인간사 잡다한 시비곡직에 단순명료해집니다. 사색 따위가 따로 필요 없도록 자명한 것이 자연의 이치지요. 변화무쌍 불가사의하고 무궁무진한 자연현상도 그저 자연스럽게 받아들여집니다. 어부가 바다를 바라보듯, 농부가 들판을 바라보듯 무덤덤해진다고 할까요. 아, 물론 삶의 현장으로서의 절실함이야 없지 않겠지만요.

촌놈이란 문화적 혜택(?)을 적게 받은 사람을 일컫는 말이지요. 문화적 감각이 세련되지 못한 것을 촌스럽다고 하고요. 나는 너무 촌스러워서 인간의 위대한 업적이라는 문화유산이나 예술품 같은 것에도 잘 감동하지를 못합니다. 인간의 한계를 벗어난 듯한 상상력과 기술과 노력이 놀랍지 않은 것은 아니지만, 그것이 대단한 감동이나 위대함으로 다가오지는 않습니다. 소위 인류의 불가사의로 꼽히는 문화재들에 대해서도 인간의 위대함을 느끼기보다는 왜 그런 무모한(?) 짓을 했을까 하는 의문이 먼저 듭니다. 그걸 완성하느라고 얼마나 많은 사람들의 희생이 있었을까를 떠올리게 되지요. 높은 산꼭대기 같은데서 내려다보면 문명의 흔적이란 한갓 부스럼딱지에 불과한 것인데 말이지요.

세계적인 팝 가수라는 마이클 잭슨의 죽음을 극성스럽게 애도하는 군중들도 나는 잘 이해하지 못합니다. 매스컴을 통해 본 그의 음악활동이나 사생활도 전혀 감동적이지가 않았습니다. 몇 번이나 뜯어고쳤다는 그의 얼굴이 내게는 인간미라고는 찾아볼 수 없는 섬뜩한 가면으로 보일 뿐이었습니다. 소위 극성팬들이 이 말을 들으면 나를 때려죽이고 싶어 할지도 모르지만, 나는 그러는 그들의 광분도 이해하지 못합니다. 아니 별로 이해하고 싶지가 않습니다. 그게 나 같은 촌놈의 정서입니다. 촌에서 살다 보니 저절로 촌놈이 되었다는 것이지 그게 뭐 어떻다는 소리는 아닙니다.

소나무와 나

지나다니는 길 옆에도 소나무들이 서 있고 일터 주변에도 소나무숲이 있어서 나는 날마다 소나무를 봅니다. 눈보라 한파가 몰아닥친 날 아침에도 태풍이 지나가는 날에도 그다음날도 소나무들은 언제나 그 자리에 그대로 서 있습니다. 사는 일이 참담하고 막막할 때, 사람의 일로 괴롭고 슬플 때는 그게 다 무엇이냐고 묻고 있는 듯 늘 그 빛으로 그 자리에 있는 소나무숲을 봅니다.

야산에 저절로 자란 솔숲이고 내가 이 땅의 주인도 아니라서 심고 가꾸는 수고를 보태지도 않은 나와는 일점 무관인데, 겨울이면 솔가리와 삭정이로 불을 지펴 언 손을 녹이고, 필요하면 베어다 방목장 울타리 말목으로 쓰기도 하면서 나는 소나무에게 무엇인지 생각하게 됩니다.

소나무는 또 피톤치드라는 방향을 내어서 사람이 마시면 스트레스가 해소되고 장과 심폐기능이 강화되며 살균작용도 한다는데, 나에게도 혹시 그런 소나무에 이로운 방향(芳香)이라도 있을까, 궁색한 생각을 해봅니다.

전에 다른 사람이 사슴을 먹이면서 소나무 껍질을 보호한다고 둘러놓고 방치한 철망이 살 속으로 파고드는 것을 한나절 기를 쓰고 뜯어냅니다. 살을 파고들며 목을 죄던 철망을 걷어냈으니 소나무들이 얼마나 시원할까. 모처럼 나도 뭔가 제 구실을 한 것 같아 덩달아 마음이 후련합니다.

나와 이웃

고라니, 산토끼, 멧돼지, 너구리, 청설모, 두더지, 들쥐, 뱀, 산비둘기, 꿩, 뻐꾸기, 까치, 청둥오리, 쇠백로, 꾀꼬리 … 이상은 초곡리 산 37번지와 주변에 살거나 자주 찾아오는 이웃들입니다. 그 밖에도 새들과 벌레들이 수도 없이 많지만 대충 굵직한 것들만 나열한 것이지요. 이 일대의 임야는 국유지와 개인 명의로 된 꽤 값나가는 부동산이지만 사실상 주인은 그들이지요. 돈 주고 샀다고 소유권을 주장하는 것은 말할 것도 없거니와, 뒤늦게 끼어든 소들과 내가 주인인 양 행세를 하는 것이 저들에겐 어떻게 보일까요. 잘 봐줘야 반갑지 않은 이웃이요 아니면 침입자나 점령군이겠지요.

소들은 아닌지 몰라도 나와 그들의 관계는 물과 기름처럼 섞이지를 못합니다. 나만 보면 다들 놀라서 후다닥 달아나기 일쑤니까요. 내가 그들을 해치거나 싫어하지 않아도 그들은 본능적으로 사람을 천적으로 인식하는 유전자를 타고난 것 같습니다. 하기야 우리의 조상들이 수렵을 주로 하던 시절이 있었고 지금도 그 피가 다 식지 않아서인지 야생동물만 보면 잡고 싶어 하는 기질이 없지 않지요.

경계심이 유난히 많은 고라니나 산토끼, 쇠백로들도 육중한 몸과 사나운 뿔을 가진 소들은 전혀 무서워하지 않는 걸 보면 저들을 해칠 이유가 없는 초식동물이라는 걸 본능적으로 아는 것 같고 사람은 호랑이, 늑대, 여우, 살쾡이처럼 천적인 육식동물로 분류하는 것 같습니다.

그리스 철학자 소크라테스가 '너 자신을 알라'고 했다지만, 사람은 자신의 정체성에 대한 의문을 갖는 동물이기도 합니다. 다른 동물과 구별되는 이성적 존재라는 것이지요. 인류가 문명화되면서 본능이 감퇴한 만큼 그것을 대신할 이성의 발달을 가져온 것이 아닌가 싶습니다. 그것은 곧 인간은 자신의 정체성이나 행위의 당위성에 대한 질문과 판단을 놓지 말아야 하는 이유이기도 합니다.

아무튼 사람이 '나는 누구인가'를 알고 싶으면 사람들에게만 물어볼 것이 아니라 종(種)이 다른 동물이나 식물에게도 물어보아야 한다는 생각입니다. 고라니에게도 물어보고, 쇠백로와 청둥오리에게도 물어보고, 소나무나 민들레에게도 물어보아야 인간의 정체성에 대한 온전한 답이 나온다는 것이지요. 인간이 인간에게만 스스로를 묻고 인간을 위주로만 행동을 한 결과 환경오염이나 생태계 파괴라는 엄청난 재앙을 초래했기 때문에 그렇습니다. 내가 얼씬거리기만 해도 후다닥 달아나기 바쁜 온갖 야생의 동물들이 끊임없이 인간인 내 정체성을 환기하는 초곡의 이웃들이지요.

초가삼간

십 년을 경영하여 초려삼간 지어내니
나 한 간 달 한 간에 청풍 한 간 맡겨두고
강산은 들일 데 없으니 둘러두고 보리라

신축 아파트 분양신청을 하려는 사람들이 모델하우스 앞에 2km도 넘게 장사진을 이루었다고 합니다. 내 집 마련의 꿈을 이루려는 사람들도 있겠지만 투기가 목적인 사람도 적지 않겠지요. 신문에 난 사진 속에 길게 늘어선 사람들의 얼굴에서 이 시대의 표정을 읽습니다.

대도시의 아파트값이 천정부지로 치솟아 몇 억에서 몇 십억에 이른다고 합니다. 바닥은 아랫집 천정이고 천정은 윗집 바닥이어서 온전히 제 것이라곤 공중의 몇십 평 공간뿐인 셈인데, 그것이 천문학적인 값에 거래된다니 참으로 희한한 세상입니다.

온갖 수단과 방법을 동원했는데도 정부의 집값 안정 정책은 실패로 돌아갔다고 합니다. 정부가 나서서 무슨 짓을 해도 재산증식의 수단으로 아파트 투기만 한 게 없다는 걸 모르는 사람이 없기 때문이겠지요. 갈수록 사람이 줄어 빈집이 늘어나는 시골에선 까마득히 딴 세상의 일로나 들리는 이야깁니다.

살아보진 않았지만 구중궁궐이니 아흔아홉 간 저택이니 하는 집들은 그 규모가 어떻든 뭔가 막히고 닫힌 느낌을 주는 데 비해, 송순의 시조에 나오는 초려삼간은 더없이 청량하고 탁 트인 느낌입니다. 법정스님이 칠십 고령에도 강원도 산골 화전민이 버리고 간 초옥에서 손수 밥을 지어 먹고 산 것도 그래서겠지요.

정2품 벼슬에까지 올랐던 송순이나 불교계의 큰스님으로 추앙받는 법정스님이나 생활고에 쪼들리는 형편은 아니라서 그런 여유를 즐길 수 있는 게 아니냐고 할 수도 있겠지만, 오히려 그렇기 때문에 그런 삶을 택하기가 더 어려울 수도 있겠지요. 어쨌거나 마음먹기에 따라서는 초가삼간 집을 짓고 청풍명월과 강산을 벗하며 사는 일이 지금도 영 불가능한 일은 아닙니다.

사는 싸움

넓은 풀밭에 소들이 한가로이 풀을 뜯는 풍경이 참 보기 좋다고들 합니다. 지방 신문 기자가 사진을 찍어가서 신문 일 면에 넣기도 하지요. 사진작가란 사람들도 더러 찾아옵니다.

그런 목가적인 풍경 뒤에는 물론 또 다른 면이 있습니다. 소를 방목하다 보면 진드기들이 달라붙어 오늘 아침에는 콩알만 한 진드기를 한 움큼씩이나 뜯어내고 약을 뿌리느라 땀깨나 흘렸습니다. 설사를 하는 송아지들을 붙잡아 주사를 놓는 것도 여간 일이 아니었고요.

농약을 사용하지 않는 유기농을 자연친화적 영농이라고 하는데, 그게 생태계를 덜 파괴하는 것은 맞지만 그렇다고 '친화적'이기까지 한 것은 아니랍니다. 농작물에 해가 되는 벌레는 일일이 손으로 잡아 죽여야 하니까요.

산짐승을 막기 위해 남새밭 주위에 말뚝을 박고 그물을 둘러 울타리를 만들었습니다. 호박구덩이까지 그렇게 할 수는 없어서 제발 멧돼지들이 파헤치지 않기를 바랄 뿐이지요.

그보다 더 골칫거리는 두더지입니다. 땅속을 온통 헤집고 다니는 바람에 애써 심어놓은 모종들이 시들기 일쑤지요. 며칠 전에는 마침 땅속에서 꿈틀거리는 것을 삽날로 내리찍었지요. 죽었는지 파내서 확인을 해보지는 않았습니다.

자연과 함께 살아간다는 것은 이렇듯 어쩔 수 없는 생존경쟁입니다. 푸성귀 한 줌 식탁에 올려놓기 위해서는 봄부터 잡초와 싸워야 하고, 벌레들과 싸워야 하고, 산짐승과 싸워야 합니다. 생존경쟁이니 먹이사슬이니 하는 것이 교과서에나 나오는 말이 아니라는 것이지요.

세상에 싸우지 않고 살아남는 법은 없습니다. 불가의 승려들은 불살생을 실천한다고 고기를 먹지 않지만 식물도 엄연한 생명이니 불살생이 아니지요. 동물이든 식물이든 남을 먹이로 하지 않고서는 사는 수가 없도록 되어 있는 것이 지구생태계의 시스템입니다. 생존을 위한 싸움이 활발할수록 생태계가 더 건강해지는 것이지요.

파멸로 가는 싸움이 아니라 사는 싸움인 것인데, 나무도 풀도 다 아는 것을 온갖 잘난 척을 하는 사람들만 모르는 것이지요. 치열하게 싸우면서 무성해지는 여름 숲의 이치를.

오리의 발

오리가 물 위에 한가롭고 우아하게 떠 있는 동안 오리발은 물속에서 바쁘게 움직인다는 말이 몇 편의 시와 인용구에 나오면서 '호수에 떠 있는 한가로운 오리 떼' 같은 표현은 피상적이고 진부한 것이 되었습니다. 그리고 오리발은 늘 허겁지겁 바빠야 하는 게 되었지요.

그런데 헤엄에 익숙한 사람들은 알겠지만 오리가 물 위에 떠 있기 위해서는 그렇게 바쁘게 발을 놀려야 하는 것은 아니지요. 끊임없이 버둥거려야 하는 것이 아니라 긴장을 풀고 물결에 몸을 맡겨야 오히려 편안한 부력을 얻게 되는 것이니까요.

먹이를 쫓거나 날아오를 때가 아니고는 오리는 물 위에서 한가로이 휴식을 취하고 있는 것이지요. 물갈퀴 달린 오리발은 그저 유유자적 물결을 타면 되는 것이고요.

분골쇄신 노력을 다하여 대단한 업적을 쌓은 사람을 위대하다고 칭송하고 존경합니다. 보통 사람들은 할 수 없는 일을 해낸 입지전적 인물들의 이야기는 감동을 줍니다. 그러나 한편으로는 모든 사람이 꼭 그렇게 하는 것만이 바람직한 일인가 의구심이 들기도 합니다.

한 번의 사냥으로 배를 채운 사자가 나무 그늘에서 종일 빈둥거린다고 나무랄 수 없는 것은, 힘이 있다고 필요 이상으로 부지런을 떨며 사냥을 하는 것이 바람직한 일은 아니기 때문이지요. 인간의 위대한 문화유산이란 대부분 착취와 과욕의 산물인 것인데, 인간도 자연의 일부라면 어디까지나 과유불급(過猶不及)이 아닐까요. 오리발을 그냥 한가롭게 놔두는 편이 좋은 까닭입니다.

감나무에 감이 열리고

감나무는 다른 과실나무에 비해 해거리가 심한 편입니다. 열매를 너무 많이 단 다음 해에는 힘이 부치는지 결실을 하지 못하거나 영 적게 열리는 걸 해거리라 하지요. 그러니까 나무들도 사람처럼 조절이 잘 안 되는 욕심 같은 게 있나 봅니다.

유난히도 감이 많이 열린 해였지요. 어느 하늘 맑은 공일, 산골 우리 집에 학교 선생님 몇 분이 들렀습니다. 골짜기를 따라 놀러왔다가 감나무에 감이 하도나 탐스럽고 고와서 와본 거라 했지요. 어머니는 찢어지게 휘늘어진 감나무 가지를 뚝뚝 분질러 선생님들에게 선사했습니다. 선생님들은 감나무 가지를 하나씩 받아들고 아이들처럼 좋아했지요.

나는 감나무에 감이 많이 열린 것을 보고 어른들이 그렇게 감탄하고 좋아하는 것이 여간 신기하지 않았습니다. 바닷가에 사는 사람들이 바다를 보고 감탄하지 않는 것처럼, 산골 소년인 나에게는 해거리 다음 해에 감이 많이 열리는 게 하나도 새삼스러운 일이 아니었지요.

반백년이 지난 지금에야 나는 모든 자연이 신기하고 감격스럽습니다. 감나무에 해마다 감이, 밤나무에 밤이 열리는 것이 어찌나 신기하고 감격스러운지요. 지난 가을에 떨어진 씨앗에서 어떻게 코스모스가 다시 싹을 틔우고 자라서 저토록 꽃물결 장관을 이루는 것인지 눈물겹도록 신비롭고 황홀합니다.

두메산골 소년 시절보다 감성이 더 여리고 풍성해졌다는 얘기가 물론 아니지요. 그때는 그냥 자연과 내가 둘이 아니었지요. 그야말로 신토불이(身土不異) 한 몸이었으니 따로 감탄하고 말고가 없었던 거지요. 인생이란 자연에서 부지런히 멀어져 갔다가 나이 들면 수구초심 다시 자연으로 돌아가는 것이지요. 그러다가 마침내 다시 자연과 한 몸이 되는 것이고요.

2
보라고 봄이구나

캄캄한 땅속에서 오랜 세월 꿈꾸어 온
이 세상 얼마나 찬란한 곳이냐고
매미는 온몸을 떨며 온종일 노래한다

살 떨리고 치 떨리는 세상사 너무 많아
차라리 눈 감고 귀 막고 싶은 세상인데
생이란 떨리는 거라고, 목청껏 노래한다

— 詩 「매미소리」 중에서

꺼병이와 고양이

풀숲에서 웬 삐약삐약 소리가 들립니다. 들여다보니 깬 지 얼마 안 된 것 같은 꿩병아리들이 오글거리고 있습니다. 닭병아리보다 몸집은 작지만 야생답게 반짝이는 눈빛과 삐약거리는 기세가 여간 아닙니다. 꿩병아리를 지칭하는 '꺼병이'가 '겉모양이 잘 어울리지 않고 거칠게 생긴 사람'이라는 뜻으로도 쓰이는 이유를 알 것 같습니다. 인기척에 숨어버린 것인지 어미는 보이지 않습니다. 앙증맞은 것들을 붙잡아보고 싶은 충동을 누르고, 어미와 만나도록 얼른 자리를 피해 줍니다. 삐약삐약삐약 … 소리가 한동안 귓가를 떠나지 않습니다.

저만치 고양이가 한 마리 지나갑니다. 한눈에도 사람의 손길이 닿지 않은 고양이라는 걸 알 수 있습니다. 군살이 없는 몸매와 경계심이 잔뜩 밴 행동이 그렇습니다. 요즘은 고양이를 집안에서는 잘 기르지 않아서 동네 골목에 길고양이로 살거나 아니면 아예 산짐승으로 살기도 합니다. 호랑이나 늑대 같은 맹수들이 없는 숲에서 야생 고양이는 먹이사슬의 꼭대기를 차지하는 포식자(捕食者)

인 셈입니다. 사뿐한 몸동작과는 달리 숲을 팽팽한 긴장감으로 몰아넣는 놈이지요. 아까 그 꺼병이들이 무사할지 걱정입니다.

사람의 발길이 닿지 않는 곳이 낙원입니다. 인간이 개입하지 않은 자연상태, 즉 오염과 파괴가 안 된 생태계가 바로 정토낙원이지요. 땅 위에 그 이상의 파라다이스는 존재할 수가 없으니까요. 반세기 넘도록 사람의 발길이 통제된 휴전선 비무장지대가 동식물들에게는 낙원인 까닭이지요.

그것은 그러나 인간이 꿈꾸는 이상향과는 거리가 멉니다. 문명과 격리된 타잔이나 로빈슨 크루소를 꿈꾸는 게 아니니까요. 하지만 지구상에서 건강한 생태계 이상의 낙원을 꿈꾼다는 것은 결국 욕심과 어리석음이 지어낸 망집(妄執)일 뿐입니다. 문명이란 자연의 질서를 거스르는 것이고 생태계를 파괴할 수밖에 없는 것이니, 일시적인 성과는 몰라도 소위 '지속 가능한' 삶의 형태일 수는 없는 것이지요.

자유라는 것도 그렇습니다. 종교적 구원이나 해탈이 아니라면 자유의 본질은 자연스러움 이상일 수가 없습니다. 사람 역시 생태계를 떠나 살 수 없는 자연의 일부이기에 그렇습니다. 자연스러움이란 인위적 간섭이 없는 자연생태계의 균형과 질서를 말하는 것이지요. 사자나 하이에나 같은 포식동물이 없는 초원이 얼룩말이나 가젤영양의 낙원이 아니라는 얘깁니다. 포식동물이 수시로 잡아먹어 개체수를 조절해주지 않으면, 과잉번식으로 인한 먹이의 고갈로 초식동물도 더 이상 생존할 수 없게 되는 것이니까요.

생태계의 먹고 먹히는 긴장관계를 벗어난 자유를 꿈꾼다는 것은 과욕이고 오만이고 오산입니다. 문명화된 인간사회라 할지라도 자유에는 반드시 대가가 따르기 마련입니다. 나 아니면 남이라도 그 값을 치러야 하는 것이지요. 세상에 남을 억압하지 않는 자유란 환상일 뿐이지요.

인류는 그동안 문명이라는 꾀를 동원하여 생태계의 균형과 질서를 파괴하면서 과잉번식을 해왔습니다. 칠십억이 넘는 개체수는 생태계는 물론 인류 자신에게도 재앙일 수밖에 없는 것이지요. 먹이사슬의 정점에 있는 다른 동물에 비해 수천 배나 많은 숫자니까요. 인류의 직접적인 훼손이나 배출하는 공해로 인해 멸종되는 동식물만도 해마다 100여종이나 된다고 합니다. 이제 인류에게 남은 과제는 파괴하고 오염시킨 자연에 대해 참회하는 일밖에 없습니다. 그것이야말로 닥쳐올 종말을 멈추고 지속가능한 삶이 되게 하는 유일한 길일 것입니다.

꺼병이들을 걱정하는 나보다는 고양이가 훨씬 이 숲에 잘 어울릴지 모릅니다. 벌써 숲의 일원으로 먹이사슬의 한 축을 이루고 사는 것 같으니까요. 고양이가 꺼병이들을 잡아먹어도 꿩의 개체수는 아마도 적당 선에서 유지될 것입니다.

개구리 소리

개구리 소리를 들으러 간다. 마을의 불빛과 소음을 벗어나 멀리 들판 가운데로 간다. 모내기철이라 물을 가득 실은 논배미마다 개구리 소리가 요란하다. 초여름 밤 무논에서 개구리 소리가 들리는 건 당연한 일인데, 그 당연한 것이 너없이 반가운 것은 부당한 일들이 너무 많은 세상 탓일까.

개구리 소리를 들으러 가는데 술을 빼놓을 수 없다. 초여름 밤의 흥취를 돋우는 데는 아무래도 막걸리가 제격이다. 먹다 남은 오이나 풋고추에 된장 한술, 가다가 가게에 들러 막걸리 한 병을 사면 준비 완료다. 벗이 있어 동행을 해도 좋지만 혼자서 쓸쓸함을 벗하는 것도 못지않은 일이다.

오늘은 그믐밤이라 아쉽지만, 때마침 휘영청 달이 밝으면 그야말로 금상첨화다. 동서고금에 달을 쳐다보며 한숨짓고 하소연한 사람은 무릇 기하며 달을 벗하여 술잔을 기울인 사람인들 얼마나 많을까. 그러니까 달은 동서와 고금을 잇는 무선 인터넷인 셈이다. 사람의 기술이 아무리 발전한들 세상 온갖 사연들이 담긴 달의 메

모리용량을 어찌 따를 것인가. 그 옛날 이태백의 술벗이었던 달이야말로 마주하고 술잔을 기울이기에 더없는 벗이 아닌가.

들판 적당한 곳에 신문지를 깔고 멀리 보이는 마을의 불빛을 등지고 앉는다. 어차피 그믐밤에도 이제는 옛날처럼 칠흑의 어둠이 아니지만 가급적이면 인공의 불빛을 보지 않는 게 여름밤의 운치를 덜 깨는 일이다. 인기척에 잠시 멈칫했던 개구리 소리가 하나둘 살아나서 갈수록 구성지다. 달이 없는 대신 더 총총하고 영롱한 별빛이 대형 멀티비전 같은 무논에 얼비친다.

비록 풋고추 몇 개에 막걸리 한 병의 술자리지만, 나는 시방 어느 왕후장상이나 재벌의 호화찬란한 주연(酒宴)이 부럽지 않다. 아무리 많은 돈과 기술을 동원해서 연출한 분위기라 한들 이 초여름 밤 들녘의 정취에 미칠 것인가. 나는 지금 저 하늘과 무논의 별빛, 풀냄새 흙냄새를 실어오는 훈풍과 수천수만 개구리들의 코러스에 물아일체로 어우러져서 우주적으로 한 잔하는 것이다.

실의와 방황의 젊은 날에는 개구리 소리를 맞으러 다니기도 했다. 삭신이 결리고 찌뿌드드할 때 폭포수 아래로 물을 맞으러 가는 것처럼, 밤새도록 들판을 쏘다니면 개구리 소리에 실컷 두들겨 맞곤 했다. 그 시절에는 개구리 소리가 참으로 무성하고 우렁찼다. 온 들녘이 떠내려갈 듯 악을악을악을악을 …… 악을 써대는 듯한 개구리 소리에 몸과 마음을 내맡기고 있으면, 방망이질에 흠씬 두들겨 맞고 찌든 때를 게워낸 빨래처럼 마음이 한결 개운해지는 거였다.

개구리 소리를 한갓 단조로운 가락의 소음쯤으로 생각하는 사람도 있겠지만, 나에게는 그것이 때론 이 땅이 들려주는 질책의 소리였고 한편으론 더없는 위무의 소리이기도 했다. 내가 나약하고 소심할 땐 꾸짖고 나무라는 소리였고 아프고 슬플 때는 다독이고 위로하는 소리였다. 그리고 때론 좌절과 자괴감과 허망과 무력감에 빠지게 하는 세상의 온갖 논리와 위세들을 무산시켜버리는 무진설법이기도 했다.

초로에 접어든 지금까지 나는 매년 초여름 밤중에 들판으로 나가 개구리 소리를 들으며 술잔을 기울이는 걸 연중행사로 해오고 있다. 방황과 고뇌의 젊은 날을 지나 불혹과 지천명과 이순의 세월을 살아오는 동안 개구리 소리도 많이 달라졌다. 공해 때문에 그 수가 현격히 줄어들기도 했지만 개구리 소리를 듣는 내 귀도 전과 같지는 않을 것이다. 이 들판의 개구리 소리도 나와 함께 늙어가서 수명을 다하는 게 아닌지 모르겠다.

밤공기가 서늘하게 식고 술병도 바닥이 났다. 인생을 이해하러 온 것이 아니라 취하러 왔다는 어느 시인의 말처럼, 나도 오늘 밤 막걸리에 취하고 하늘과 들판과 개구리 소리에 취한다.

유월의 노래

유월의 아침 공기를 깨치며 뻐꾸기 소리 들린다. 도라지꽃 산나리꽃이 마침내 꽃망울을 터뜨리듯, 초여름 이 산 저 산에서 뻐꾸기 소리가 터져 나오기 시작한다.

시골에서 오래 살다 보면 사람의 오관(五官)이 자연의 변화에 민감해진다. 초여름의 한낮은 뭔가 팽팽한 긴장감이 감돈다. 섭씨 30도를 육박하는 열기와 숨 가쁘게 부풀어 오른 녹음방초들로 산과 들의 한껏 고조된 분위기가 그대로 전해질 즈음, 드디어 터질듯한 긴장감과 조바심을 깨뜨리며 뻐꾸기가 울기 시작하는 것이다.

뻐꾹 뻐꾹 뻑뻐꾹 뻑꾹 ……

동양화의 여백이 그림 속의 풍경을 더욱 그윽하고 운치 있게 하듯, 뻐꾸기 소리는 녹음 우거진 유월의 풍경을 한결 고즈넉하고 시정(詩情)이 넘치게 한다. 태양의 열기와 녹음의 울창함에는 반드시 뻐꾸기 소리를 더해야만 하나의 완성된 여름풍경이 되는 것이다. 마치 조명과 배경이 아무리 좋아도 음향효과가 빠져서는 완전한 무대가 될 수 없는 것처럼.

뻐꾸기 소리는 수컷이 짝을 부르는, 그러니까 연가(戀歌)인 셈이다. 대개의 조류들처럼 뻐꾸기도 수컷이 노래를 불러 암컷들을 유혹한다. 암컷들은 고작 '뿃, 삣, 삐이' 정도의 소리를 내는 것이어서 우리가 통상 알고 있는 뻐꾸기 소리는 모두 수놈들의 소리인 것이다.

녹음 우거진 여름 한낮을 짝을 찾는 수컷들의 애절한 노랫소리가 이 산 저 산을 메아리 칠 때, 암컷들은 숨을 죽이고 그 연가들에 담긴 사랑의 메시지에 귀를 기울이리라. 그리고는 마음을 끌고 영혼을 뒤흔드는 노랫소리의 임자를 찾아가 아름다운 사랑을 완성하리라.

여기까지는 얼마나 낭만적인가! 짝을 찾고 선택하는 기준이 오로지 한 소절의 연가뿐이라고 할 때, 그 얼마나 순수하고 아름다운 사랑일 것인가. 인간 세상에도 그 제도(?)를 도입해서, 남자는 결혼 적령기가 될 때까지 자신의 모든 것을 기울여 한 편의 시를 짓고 여자는 또 시를 보는 안목을 길러서, 그 한 편의 시에 담긴 사랑과 진실과 아름다움을 배우자 선택의 기준으로 삼는다면 ……?

그런데, 뻐꾸기가 스스로 둥지를 짓지 않고 다른 새들의 둥지에다 탁란(托卵)을 해서 새끼를 키운다는 건 잘 알려진 사실이다. 뻐꾸기 새끼의 유모로 선택되는 불행한 새들은 주로 개개비, 때까치, 멧새, 할미새, 종달새 …… 등인데, 그들이 둥지를 틀고 산란할 때를 엿보고 있다가 주인이 둥지를 비운 사이에 그 알 중에 하나를 먹어버리고 제 알을 대신 낳아 놓는다.

그런 줄도 모르는 가짜 어미는 열심히 알을 품는데, 제일 먼저 알에서 깨어난 뻐꾸기 새끼는 나머지 알들마저 둥지 밖으로 밀어내어 떨어뜨려 버리고 가짜 어미가 물어오는 먹이를 독식하면서 무럭무럭 잘 자란다는 것이다.

무려 3, 4주 동안이나 자기보다 몇 배나 덩치가 커지도록 남의 새끼를 위해 허겁지겁 먹이를 물어다 나르는 유모의 정성과 수고를 정작 어미 뻐꾸기는 모른 체하고 있다니 세상에 이런 파렴치가 있는가. 해도 너무한다는 생각이지만, 일찍이 老子는 천지불인(天地不仁)이라 했던가. 그것에도 우리가 다 헤아리지 못하는 섭리가 있는 거라고 믿을 수밖에.

아무튼 뻐꾸기의 구애 이벤트에 산천초목이 다 가담을 했으니 모두가 공범이라고나 할까.

여름밤

요즘은 가끔씩 밤중에 자리를 들고 들로 나간다. 시멘트로 포장된 들길 적당한 곳에 자리를 깔고 앉거나 누워서 두어 시간 여름밤을 보낸다. 후텁지근한 열대야에도 들판으로 나오면 그다지 더운 줄을 모른다. 사방이 탁 틔어 어디선가는 산늘바람이 불어오게 마련이고 농약 때문인지 신기하게도 여름밤의 무법자인 모기가 별로 없다.

들판에 누워 밤하늘의 별과 달을 쳐다보면 나는 우주인이 된다. 그까짓 장난감 같은 우주선을 타고 고작 달에나 가는 우주인이 아니라 지구라는 행성을 타고 무한천공을 떠가는 우주적 존재가 된다. 지구는 초속 약 30km로 태양을 돌고 태양은 또 대략 초속 230km 속도로 은하계를 공전한다니 지구는 결국 초속 260km나 되는 속도의 우주선인 셈이다. 나는 지금 총알보다 수백 배나 빠른 속도로 우주를 날아가는 중이다.

대다수 사람들은 자신이 우주의 일부라는 것을 까맣게 잊고 산다. 눈앞의 현실에만 코를 박고 온갖 번뇌와 망상에 사로잡혀 무궁무진한 우주의 일부라는 자신의 정체성을 잃어버린 것이다.

이 세상 어느 하나 우주 아닌 것이 없고, 나를 제외한 우주가 따로 있는 게 아니라, 내가 바로 무궁무진하고 불가사의한 우주의 본질 그 자체임을 안다면 쉽사리 절망하고 포기하거나 물고 뜯고 싸울 일이 없지 않겠는가.

우리의 태양계가 속해있는 은하계에만도 이천억 개의 항성이 있고, 그 은하계와 같은 우주가 다시 수천억 개가 있고 ……, 그 밖에는 또 뭐가 있는지도 모르는 게 우주다. 그런 우주의 일부고 본질인 내가 지금 잠시 인간의 모습으로 존재하고 있는 것뿐이다.

길옆의 밭에 옥수숫대가 달을 등지고 어둑한 실루엣으로 서 있다. 낮 동안 열심히 광합성을 해서 옥수수 알갱이를 영글게 했을 것이다. 어느 존재나 각자 이 우주 속에서 뭔가 조화로이 실현할 일이 있을 것이다.

남이 나를 알아주지 않아도 노여워하지 말아야 군자라는 말도 있지만, 나는 내가 우주적 존재라는 사실에 추호의 의혹이나 망설임이 없다. 남이 나를 어떻게 보든 말든 그것은 만고불변의 진리고 엄연한 사실이니까.

옛날에는 여름밤 들판에 더러 사람이 있었다. 밤새워 물꼬를 지키거나 미꾸라지 통발을 놓기도 했다. 이제는 물 사정이 좋아지고 미꾸라지는 다 사라졌는지 나 말고는 밤중에 들판에 나오는 사람이 없는 것 같다. 수십만 평 너른 들판을 독차지한 기분을 누가 또

알란가. 텔레비전도 컴퓨터도 없으니, 오늘은 들고 온 막걸리나 한 잔 마시고 수천만 벼포기들을 관중삼아 리사이틀을 벌인다. 동요 메들리에서 가곡을 거쳐 뽕짝으로 …… 그야말로 독무대다.

박수갈채는 없지만, 그렇다고 야유하는 소리도 없으니 이 들판의 벼들이 내 노래를 싫어하는 것은 아니라고 간주한다. 그런즉 내 노래의 흥겨운 기를 받은 '흥해 안들' 쌀은 스트레스 해소에 좋은 기능성 식품으로 특허를 내도 좋으리라. 후텁지근한 열대야(熱帶夜)를 흥겨움 열 대야로 바꾸는 이 노하우도 …….

라면 한 개

라면 하나에 물을 좀 넉넉하게 붓고, 된장 반 술과 파와 풋고추를 썰어 넣고 끓인 다음, 둘로 나누어 찬밥을 한 술씩 말면 우리 내외 단란한 한 끼 식사가 된다. 쌀이 모자라서가 아니라, 가끔씩 별미로 먹는 소박한 식단이다. 돈으로 치자면 천 원쯤 될 터이니 소위 '천원의 행복'인 셈이다. 기아에 허덕이는 인구가 십억이 넘는다는데 무얼 먹든 굶어죽을 염려는 없는 경제대국 대한민국에 산다는 게 얼마나 다행한 일인가.

배를 채웠으니 식후경, 들판으로 나간다. 더도 덜도 아니게 쾌적한 가을의 볕과 바람, 차츰 황금빛을 띠며 영글어가는 벼들, 높푸른 하늘에 유유히 떠가는 흰 구름처럼 몸과 마음이 더없이 자유롭고 한가하다. 이만큼이면 족하다는 생각이 든다. 돈과 권력, 명예를 움켜쥔 사람들은 지금 이 순간 어디서 무얼 하는지 모르겠지만, 그 무엇으로도 바꾸고 싶지 않은 평온이요 여유로움이다.

재벌들은 벌여놓은 돈벌이에 노심초사할 것이고, 권력자들은 치열한 권력다툼에 혈안일 것이며, 혹자는 자칫 멍에가 되는 명예에 집착하겠지만, 그 어느 것도 갖지를 못했으니 나는 무엇에도 얽매이지 않는다. 세상에는 소위 갑질을 일삼는 많이 가진 자들과 그 횡포에 기죽고 멍드는 을들도 많지만, 갑을의 논리를 벗어난 병이나 정도 없지는 않은 것이다.

행복을 추구하는 것은 인간의 본능이자 삶의 궁극적 목표라는 것에 이견을 가진 사람이 있을까. 그런데 그 행복이 무엇인지는 사람마다 기준과 조건이 다른 것 같다. 행복이란 말의 사전적 정의는 '욕구가 충족되어 충분한 만족과 기쁨을 느끼는 상태'라고 한다. 행복감이란 다분히 주관적이고 심리적인 것이라는 의미가 내포된 말이다. 바라는 기대치가 높을수록 그만큼 도달하기 어려운 것이 행복이고, 반대로 욕구가 아주 소박한 사람에게는 그다지 어렵지 않을 수도 있다는 얘기다. 인생사 모든 것이 그렇듯 행복이니 불행이니 하는 것도 결국 마음먹기에 달린 것이다.

그렇다고 행복에 대한 객관적인 기준이나 조건이 아주 없는 것은 아니다. 의식주나 건강에 문제가 없고 가족은 물론 이웃이나 동료들과 원만한 관계를 유지하는 것이 대다수 사람들이 바라는 행복의 기본조건일 것이다. 일견 대수로울 것이 없는 조건인 것 같지만, 실은 그것을 고루 잘 갖춘 사람이 드물 정도로 어려운 조건이기도 하다. 호사다마(好事多魔)란 말도 있듯이 세상은 어디에나 행복과 불행이 공존하기 마련이다. 다만 악조건 속에서도 그것을 극복하려는 의지와 용기를 잃지 않는 긍정의 마인드(mind)가 행복을 보다 확장할 수 있는 것이다.

'나는 자연인이다'란 텔레비전 프로그램이 요즘 사회에 시사하는 바가 적지 않다. 대개 사업에 실패하거나 중병에 걸려서 모든 걸 버리고 홀로 산속에 들어와 사는 사람들인데, 의식주가 열악한 환경에서도 모두가 지금의 생활에 만족하고 행복감을 느낀다고 했다. 회생할 수 없도록 실패와 좌절이었던 처지도 마음먹기에 따라서는 전혀 다른 반전의 삶으로 바뀔 수 있다는 예를 보여주었다.

행복이란 주어지는 것이 아니라 만들고 찾는 것이다. 기왕에 있거나 가진 것 중에서도 찾고자 한다면 얼마든지 발견할 수 있는 것이 행복의 요소다. 무궁무진한 삼라만상이 그렇고, 그중에 살아있는 내 생명이야말로 세상 무엇보다 엄청나고 소중한 행복의 요소다. 그것은 최고의 부와 권력을 가진 자가 그 모두를 내놓고도 바꾸거나 연장할 수가 없는 것이다. 그래서 누구라도 결국에는 빈손으로 병들고 죽어갈 수밖에 없는, 진시황의 부와 권세로도 바꿀 수 없는 그 생명을 내가 지금 가지고 있다는 것만으로도 행복의 조건 팔 할은 충족이 된 거라는 생각이다.

가뭄과 태풍이 비껴간 들판은 올해도 풍년이다. 보릿고개를 넘어온 세대에게는 황금물결 넘실대는 들판을 바라보는 것만으로도 마음이 흐뭇하고 넉넉해진다. 수로에 물옥잠이 자라고 있어서 기대를 했는데, 오늘 드디어 청초한 남청빛 꽃이 피어서 또 한 기쁨을 더한다.

늙어간다는 것

나무는 나이를 먹을수록 우람하고 기품이 있다. 오래된 시골마을에는 으레 그 마을과 유래를 함께한 나무가 한두 그루씩은 있다. 마을 어귀의 정자나무나 당집 옆에 선 노거수들은 마을의 수호신이기도 하다. 오랜 세월 갖은 풍상을 이겨내며 꿋꿋이 살아온 내력이 공경과 숭배의 대상이 되는 것이다.

나무뿐만이 아니라, 오래된 건축물이나 유물들도 그 담아온 세월에 값하는 대접을 받는다. 대단한 예술적 가치를 지닌 물건이 아닌 단순한 생활용품도 오랜 세월의 무게가 실리면 골동품으로서의 가치를 갖는다. 세월이란 한갓 덧없기만 한 것이 아니라 생성 소멸하는 삼라만상의 내력인 것이다.

사람도 한때는 노인을 공경하던 시절이 있었다. 농경사회가 그렇듯이 노인이 가진 노하우야말로 그대로 삶의 지혜가 되었던 시절이었다. 살아온 세월만큼 축적된 삶의 내용이 그만큼의 의미와 가치로 인식되던 시절이었다.

눈부신 과학의 발달을 가져온 산업화시대를 거쳐 동서고금을 하나로 잇는 정보화시대가 되면서 노인의 위상은 급격히 추락했다. 시시각각 변화하고 새로운 것이 만들어지는 세상에선 노인은 그저 구닥다리에 불과한 존재가 되었다. 지혜보다는 지식이 우선인 현실, 경륜보다는 첨단이 우위인 사회에서 노인들이 설 자리란 좁을 수밖에 없는 것이다.

그런데도 경제사정과 의술의 발전으로 평균수명은 늘어나서 바야흐로 노령인구가 사회적 골칫거리가 되는 지경에 이르렀다. 정년퇴직을 하고도 수십 년이나 남은 생을 어떻게 설계할 것인가가 새로운 문제로 대두된 것이다. 자식들까지 외면을 해서 경제적 노후대책조차 막연한 처지가 되면 실로 처량하고 우울한 말년이 될 수밖에 없는 일이다.

우선은, 청장년기에 못지않게 노년기도 인생의 한 중요한 시기라는 인식이 있어야겠다. 나는 노인들도 젊게 살아야 한다는 말에 별로 동의하고 싶지가 않다. 화사한 옷차림에 머리염색을 하고 주름을 없애고 젊은 아이들 흉내를 내는 것이 노인들이 할 바람직한 행동이라고 생각하지 않는다. 아이는 아이다워야 하고 청년은 청년다워야 하듯이 노인은 노인다워야 자연스러운 것이다. 봄날의 신록이 싱그럽듯이 가을의 단풍도 찬란하고, 잎을 다 지운 겨울나무 역시도 그 나름의 품격과 아름다움이 있다. 늙어가는 것도 엄연하고 종요로운 인생의 한 과정인 것이고, 성장기의 풋풋함과 청년기의 무성함 못지않게 노년기의 쇠락과 허허로움도 아름다운 모습이고 절실한 정서일 수 있는 것이다.

갈수록 머리카락은 성글어지고 치아는 부실해져서 생의 일차적인 쾌락인 맛과 멋은 거의 포기를 하게 된다. 폭삭 늙어버린 외모로 남의 시선을 끌 일도 없어지고 제대로 씹을 수가 없으니 먹는 것도 즐거움이 되지를 않는다. 그렇다고 무슨 낙으로 살까 고민할 필요는 없다. 대신 외모보다는 내면으로, 사람보다는 자연에 가까워지는 거라고나 할까. 남의 시선을 의식하지 않는 편안함이 있고, 거칠고 소박함에서 오는 불편함이 오히려 삶의 절실함에 닿게 한다.

정상을 향해 올라갈 때는 보이지 않던 꽃을 내려올 때 보았다는 시구처럼, 인생의 내리막길에도 풀꽃이 있고 새소리가 들리고 바람에 나부끼는 잎사귀들이 보이는 것이다. 늙음을 특별히 예찬하고 싶은 심정은 아니지만, 그렇다고 청춘을 돌려달라고 외치고 싶은 마음도 없다. 인생이 아름다운 거라면 자연스럽게 늙어가서 담담하게 죽음을 맞이하는 것도 아름다운 일인 것이다.

겨울나무처럼

잎을 다 떨군 나무들이 겨울바람 속에 묵묵히 서 있다. 나무들에게도 어떤 느낌 같은 게 있는지는 모르겠지만, 매서운 삭풍을 온몸으로 맞으며 앙상하게 서 있는 모습은 어딘가 쓸쓸해 보인다.

사람들도 좀 적막해져서 한 해를 보내고 새해를 맞아야 할 것 같다. 망년회니 해맞이니 부산을 떨고 몰려다니는 것은 겨울의 분위기에 어울리지가 않는다. 한 해가 기울고 새해가 시작된다는 것은 대자연의 섭리에 따른 일월성신의 운행에서 비롯된 시간개념이다. 초목과 금수(禽獸)가 그 법칙에 따라 생육과 소멸을 되풀이하고 있는 것처럼, 사람도 계절의 변화에 맞추어 삶의 모습과 태도를 바꾸어 가는 것이 가장 자연스럽고 적절한 일이 될 것이다.

올해는 여느 해보다 어둡고 어수선한 연말이다. 가뜩이나 불황의 늪에 빠진 경제사정으로 다들 아우성인데, 대통령과 그 측근들의 국정농단 사실이 드러나면서 백만 군중이 촛불을 들고 거리로 몰려나오는 초유의 사태가 벌어졌다. 그 광경을 지켜보면서 우선 생각하게 되는 것은 대통령의 자질에 대해서다. 한 나라를 다스리는 국가원수의 자리에는 적어도 건강하고 정상적인 식견과 품성을 가진 사람이 앉아야 하는 것인데 지금 대통령의 행동에는 상식적으로 납득할 수 없는 점이 한두 가지가 아니었다. 피를 나눈 형제들과는 담을 쌓고 희대의 사기꾼이라는 최태민과 그 가족들에게 전적으로 의존해서 살아온 것도 그렇고, 막중한 국정의 운영에까지 상당 부분 비정상적이고 비상식적인 행태를 보여서 국민들의 크나큰 실망과 분노를 샀다.

다음으로는 아직도 우리나라는 대통령 측근이란 자들의 호가호위와 국정농단이 먹혀들어가는 사회라는 것이다. 정계와 재계는 물론 법조계, 학계, 문화계, 스포츠계 할 것 없이 권력의 위세에는 맥을 못 추고 한통속으로 놀아났다는 것이다. 소위 강남아줌마 하나가 국정전반을 농단할 수 있을 만큼 허술하고 부패한 것이 바로 우리 사회의 민낯이고 실상이란 점도 솔직하게 인정을 해야 할 것이다.

그러나 무엇보다 특기할 만한 것은 촛불을 든 백만 군중의 평화적 준법 시위였다. 최루탄과 무력진압이 없어지고 화염병과 쇠파이프가 사라진 것은 우리 사회가 그만큼 성숙했다는 것이고 희망적이라는 것이다. 그래서 조롱과 비하를 일삼던 외국 언론들도 놀라운 눈으로 바라보게 된 것이다.

이제 우리나라는 더 이상 정치적 혁명이 필요한 게 아니다. 그것은 과도기의 후진국에나 필요한 격변인 것이고, 우리에게 필요한 것은 혁명보다는 내실과 성숙이기 때문이다. 내실을 다지고 보다 성숙해지기 위해서는 무엇보다 먼저 법질서를 바로 세우는 것에서 시작되어야 한다. 지금 우리가 당면한 정국의 혼란도 법과 제도가 부실해서가 아니라 엄정하고 정의롭게 시행하지 않은 데서 야기된 것이다.

아무튼 국내외적으로 산적해 있는 당면문제들은 우리를 기대와 희망으로 새해를 맞을 수 없게 한다. 갈수록 도를 더해가는 북핵(北核)의 위협과 오리무중인 경제 불황, 엎친 데 덮친 격으로 조류독감까지 전국으로 확산되고 있는데 정치꾼들은 하나같이 당리당략이나 개인의 잇속 챙기기에만 혈안이 되어 있다.

열망도 좋고 혁신도 좋지만 그 바탕에는 가장도 냉철하고 신중한 분별력과 진정성이 어느 때보다 절실히 요구되는 시점이다. 국정을 농단한 자들과 동조를 한 자들은 이제 엄정한 법의 심판에 맞기고 이 세밑에는 저 겨울나무들처럼 저마다 쓸쓸하고 적막해져서 묵은해를 보내고 새해를 맞아야겠다.

다시 십이월에

다시 12월이다. 달랑 한 장 남은 달력이 오 헨리의 '마지막 잎새'를 떠올리게 한다. 무술년 벽두가 엊그제 같은데, 세월이 쏜살같다는 말을 실감한다. 총이 없던 시절에는 시위를 떠난 화살보다 빠른 것은 없었을 터이니 옛 사람들이 최상급의 속도감을 표현한 말인 셈이다. 삶이 덧없고 산 날보다 살 날이 적은 사람일수록 세월에 대한 감상은 더 절실하게 마련이다.

올해 스크랩해둔 신문을 대강 훑어본다. 매년 이맘때면 한 해를 정리하고 마무리하는 의미로 해오는 연례행사다. 중앙지와 지방지를 같이 보다 보니 사설과 칼럼 등 필요한 기사들만 모아도 한 달이면 적지 않게 쌓인다. 하루 한 편씩 감상평과 함께 실리는 시(詩)를 모아둔 것만도 시집으로 백여 권이 넘는 분량이다. 이사를 할 때도 사과박스로 몇 박스나 되는 신문 스크랩을 신주단지처럼 가지고 왔다. 아마도 다시는 뒤적여볼 일이 없을 텐데 차마 버리지를 못하는 이유가 뭘까.

사회적 활동이 별로 없었던 세월 동안 나는 주로 신문을 통해 세상을 내다봤다. 시골구석에 묻혀 살면서도 세계 곳곳에서 일어나는 정치, 경제, 사회, 문화 등 온갖 현상들을 날마다 전해들을 수가 있는 게 신문이었다. 한 가지 사안이나 사건에 대해서도 다양한 시각과 논리가 있다는 것, 세상을 보는 안목과 균형감각을 기르는 데 신문만큼 유용한 것이 없었다. 자연과 책에서 습득한 정보와 더불어 내 사유와 식견의 바탕이 되어준 것이 신문의 기사였다.

인간사회에서 시시각각 발생하는 복잡다단한 사건들에서 우주 삼라만상의 현상에 이르기까지, 왜곡이나 편견이 없는 인식의 체계를 갖는다는 것은 쉬운 일이 아니다. 오랜 세월에 걸쳐 세상의 다양한 측면을 살펴보고 어떤 사건과 현상의 진행과 결말까지를 지켜보는 것으로는 신문만 한 것이 없었다. 그러는 동안 자연스럽게 몸에 밴 것이 균형감각이다. 어떤 사안이나 사태에 대해서든 편파적이거나 충동적이고 감상적인 대응보다는 원인과 전말을 미루어 헤아려보는 객관성과 합리성을 가질 수가 있게 된 것이다.

부문별로 철해놓은 신문 스크랩을 뒤적이며 한 해를 돌아본다. 올해 우리나라의 가장 큰 이슈는 남북문제였다. 지난 2월에 열린 평창 동계올림픽에 북한이 선수단과 응원단을 보내면서 급물살을 타게 된 남북 화해 분위기는 두 정상의 판문점 회담에 이어 싱가포르에서 열린 미북 정상회담에 이르러 절정에 달했다.

그러나 그 후 몇 달이 지나도록 달라진 건 아무것도 없었다. 북한의 김정은은 핵을 포기하지 않았고, 미국의 트럼프와 유엔은 대북제재를 풀지 않았다. 대한민국의 대통령만 온갖 수단과 방법을 동원해서 오로지 김정은에 매달리고 있는 실정이다. 그가 왜 그토록 굴욕과 원성까지를 불사하고 김정은에게 '올인'하는지 의구심을 갖지 않을 수 없다.

김정은이 과연 핵을 포기할 수 있을까? 이 단계에 와서는 당연히 가져야 할 의문이다. 트럼프와 유엔의 경제제재에 견디지 못하고 밖으로 나온 김정은이 왜 핵은 포기를 못 하는 걸까? 핵을 포기하면 모든 제재가 풀리고 경제적 지원이 쏟아져 들어갈 텐데 왜 그걸 가로막고 있는 것일까. 대한민국의 대통령과 소위 친북좌파들은 왜 그런 의문을 가지지 않는 걸까?

요즘 '확증편향'이란 말이 자주 오르내린다. 자기의 주장이나 이념을 관철하려고 보고 싶은 것만 보고 믿고 싶은 대로 믿는 경향을 말한다. 지금 대한민국을 장악하고 있는 좌파이념의 정권과 그에 동조하는 무리들이 노정하고 있는 실상이다. 균형감각을 상실한 정권에 바람직한 결과를 기대할 순 없는 일이다. 무엇을 모르는지를 아는 것이 앎의 근본이라 했거늘 확증편향 무리들은 자신의 무지나 오류를 인정하지 않는다. 그래서 결국 파탄으로 갈 수밖에 없다. 좌로 한껏 기울어졌던 민심이 조금씩 무게중심을 바로잡아가고 있는 것 같아 그나마 다행이다.

여생(餘生)의 첫날

오늘은 특별하고 중요한 날이다. 무슨 특별한 행사나 중요한 약속이 있어서가 아니다. 집안의 경조사가 있거나 가족의 기념일도 아니고 건강검진의 결과나 복권 추첨을 기다리는 날도 아니다. 하다못해 국경일이나 공휴일도 아니다. 그런데도 오늘이 특별하고 중요한 것은 바로 내 여생(餘生)의 첫날이기 때문이다.

죽을병이라도 걸려서 시한부 인생을 사는 게 아니라면 새삼스럽게 무슨 소리냐고 할 사람도 있겠지만, 사실 곰곰이 따져보면 남은 생의 첫날보다 더 소중하고 절실한 날도 없을 것 같다. 더구나 살아온 날보다 살아갈 날이 적게 남은 사람들일수록 그 첫날인 오늘이 어찌 사소하거나 예사로울 수 있겠는가.

오늘이 내 남은 삶의 첫날이라고 일상을 전혀 다르게 바꾸어야만 한다는 건 아니다. 가족의 생계를 위해서 여전히 땀 흘려 일해야 하는 하루임에는 변함이 없을지라도 그 일에 임하는 마음과 자세는 다를 수가 있는 것이다. 새해 첫날 떠오르는 태양을 바라보며 헛된 꿈이나 악하고 추한 마음을 먹는 사람이 없는 것처럼 내 여생의 첫날부터 사악한 일이나 나태와 방종으로 허송할 수는 없지 않는가. 오늘이 첫날인 만큼 모든 것이 새로운 일인 것이고, 비록 힘겹고 초라한 육체노동이라 할지라도 마음먹기에 따라서는 얼마든지 다행하고 보람 있는 일이 되기도 하는 것이다.

널리 알려진 금언 중에 '메멘토 모리'란 말이 있다. '죽음을 기억하라'는 라틴어이다. 언젠가는 죽을 수밖에 없는 것이 인생임을 생각한다면 보다 겸허하고 진실한 삶이 될 거란 교훈이다. 오늘이 자기 생의 마지막 날이라고 생각하라는 말도 있다. 그러면 그 하루를 결코 허투루 살지는 못할 거라는 얘기다.

오늘이 내 생의 마지막 남은 하루라면 어떻게 함부로 허송을 할 수가 있겠는가. 오늘이 마지막 날인데도 전혀 예상을 하지 못하고 있다가 불의의 사고로 졸지에 아무런 준비도 없이 생을 마감해야 한다면 얼마나 억울하고 안타까운 일인가. 혹시 모를 사고에 대비해서 매일 속옷을 갈아입는다는 사람도 있다지만 죽음에 대비한 마음의 준비도 삶을 보다 의미 있게 할 것이란 생각이다. 그렇지만 오늘이 내 생의 마지막 날일지도 모른다는 생각보다는 남은 생의 첫날이라는 생각이 훨씬 더 긍정적이고 희망적이다. 달력에 있는 어느 날이든 남은 생의 첫날이 아닌 날이 없지만 사람들은 그 사실에 별로 괘념치 않고 사는 것 같다. 특별한 의미가 없이 주어지는 수많은 날 중의 하나로만 치부하기 일쑤다. 그래서 타성에 젖어 따분하고 무의미하게 보내거나 심지어는 탐욕에 몸을 맡겨 자신과 남을 해치는 일을 자행하는 짓도 서슴지 않는다.

마지막 날이라는 것보다는 첫날이라는 게 얼마나 희망적이고 가슴 설레는 일인가. 이미 지난 것에 연연하지 않고 새로 시작하는 마음으로 하루를 산다는 것보다 바람직한 일이 어디 있겠는가. 아침에 잠자리에서 눈을 뜨면서 아, 오늘이 내 남은 생의 첫날이구나, 라고 생각하면 하루가 더없이 종요로워지고 뭔가 새로운 다짐으로 의미 있고 보람 있게 하루를 살고 싶어진다. 첫사랑, 첫 만남, 첫날밤처럼 '첫'이란 글자가 들어가는 말은 뭔가 신선하고 소중하고 설레고 떨리는 느낌을 주지 않는가.

하루를 맞이하는 처지와 기분은 사람마다 천차만별 다를 것이다. 그야말로 꿈인지 생신지 꼬집어볼 정도로 행복과 환희에 벅찬 사람도 있을 것이고, 차마 눈을 뜨고 싶지 않을 만큼 고통과 절망에 처한 사람도 있을 것이다. 날마다 개미 쳇바퀴 돌 듯 지겹고 따분하게 반복되는 삶도 있을 것이고 하루하루가 너무나 아깝고 소중한 시한부 인생도 있을 것이다. 그 모두에게 행복하고 희망찬 하루가 될 수는 없을 것이지만, 그 누구든 여생의 첫날이라는 사실을 상기하는 것보다 더 바람직한 생각은 없지 않을까. 내 인생의 모든 하루가 다 개벽의 첫날이다.

산책은 산 책이다

산책을 하려고 날마다 들로 나간다. 마을 주변에 너른 들이 있어 발길 가는 데로 이리저리 걸어 다니다 오는 산책이다. 몸의 건강을 위해 걷기운동을 하는 사람들은 양팔을 크게 흔들며 빠른 걸음으로 걸어야 효과가 크다고 하지만, 별다른 목적이 없이 이것저것 해찰을 하며 느릿느릿 걷는 게 나의 산책이다.

산책은 말마따나 살아있는 책이다. 달마다 철마다 새로이 출간되는 계간지나 월간지다. 하루하루 촘촘히 들어있는 건 월간지이고 가끔씩 듬성듬성 읽는 사람에겐 계간지이다. 나는 거의 매일 빼먹지 않는 월간지 구독자다. 하루라도 밥을 먹지 않으면 허기가 지는 것처럼 어쩌다 산책을 하지 못한 날은 마음이 헛헛하다. 하루도 독서를 하지 않으면 입에 가시가 돋는다는 안중근 의사의 경구를 실감하게 된다.

산책은 어렵지 않다. 삼척동자도 까막눈도 읽을 수 있고 백세 노인도 걸을 수만 있으면 읽을 수 있다. 걸을 수 없는 사람은 휠체어로 읽기도 한다. 요즘은 전동 휠체어까지 나와서 더 편리해졌다. 산책은 난해하지는 않지만 누구에게나 똑같이 읽히는 건 아니다. 아무것도 감추거나 속이지 않지만 시간과 장소와 사람에 따라 천차만별 내용이 다르다. 주마간산 건성으로 읽는 사람도 있고 자세히 정독을 하는 사람도 있다. 바쁘고 급한 사람에게는 잘 보이지 않지만 눈과 마음을 열어놓은 사람에게는 무궁무진 읽을거리가 많다.

산책은 어느 경전보다도 생생한 생명의 말씀이다. 과장이나 왜곡이나 허위가 없는 진리의 말씀이다. 병이 든 몸과 마음을 치유하는 말씀이고, 지치고 좌절하는 사람에겐 용기와 활력을 불어넣는 말씀이다. 악성(樂聖)이라 불리는 베토벤은 비가 쏟아지는 날에도 거르지 않은 산책으로 귀가 들리지 않는 절망을 이겨내었고, 철학자 칸트도 날마다 일정한 시간에 산책을 하는 것으로 위대한 사유체계를 이루었다.

지난겨울에는 겨울마다 새로 연재하는 청둥오리와 겨울보리를 감명 깊게 읽었다. 해마다 비슷한 내용이지만 읽을 때마다 새로운 게 산책이다. 오로지 맨몸 하나로 먼 하늘을 날아와 얼어붙은 들판에서 겨울을 나는 청둥오리는 걸핏하면 죽네 사네 엄살을 부리는 인간들에 비해 얼마나 씩씩하고 꿋꿋한가. 겨울보리의 어처구니없는 막무가내는 또 어떤가. 남들은 겨울을 나기 위해 단단히 준비를 하는 늦가을에 도리어 싹을 틔우고, 발가벗은 어린아이 같은 여린 싹으로 겨울을 견디는 모습은 오소소 소름이 돋는 전율이요 충격이었다.

새로 나온 3월호 오늘의 페이지에는 연못가 버드나무가 눈길을 끈다. 앙상한 가지에 언제부턴가 보일 듯 말 듯 봄빛이 감돌기 시작하더니 이제는 제법 연둣빛이 짙어졌다. 누군가가 날마다 묽은 연두색 물감을 조금씩 덧칠하는 모양이다. 마치 한 폭의 담채화를 보는 듯 가슴 설레는 이른 봄의 정경이다.

봄까치꽃과 광대나물도 한층 생기를 띠었다. 보통은 한해살이풀로 알려져 있지만 상당수는 죽지 않고 월동을 한다. 그냥 죽은 듯이 동면을 하는 것이 아니라, 명주실 같은 겨울 햇살을 붙잡고 꽃을 피우기도 하는 걸 보면 그 맹목의 생명력에 아연하고 숙연해진다. 한갓 보잘것없는 풀꽃까지도 사는 데까지 살아있는 일에 도무지 핑계나 엄살이 없다는 걸 시리게 읽는다.

거대한 딱정벌레 같은 트랙터가 봄갈이를 하고 있다. 겨우내 묵혔던 벼논을 갈아서 햇볕과 공기를 쐬어 주면 굳어 있던 땅이 부드럽고 싱싱해진다. 완고하고 거칠어진 사람의 마음밭도 수시로 반성과 성찰의 쟁기로 갈아주어야 이해와 포용의 토양이 될 것이다. 그러고 보니 어제 그제가 경칩이었다. 옛날에 소가 끌던 쟁기와는 달리 트랙터의 쟁기질은 사납기 그지없다. 땅속에서 동면하던 개구리들이 저 무지막지한 기계의 횡포에 얼마나 살아남을 수 있을까. 이 들판의 살아있는 읽을거리가 점점 줄어드는 것이 못내 안타까운 마음이다.

보라고 봄이구나

“봄이 쳐들어오는구나. 혁명처럼, 목련이 피고 목련이 후두둑 지고, 동백과 개나리 진달래 잇달아 피고, 복숭아꽃 살구꽃 수수꽃다리 …… 차례를 기다리고, 눈부신 봄볕에 부드럽고 은밀한 봄바람에 천지가 꿈틀대며 기지개를 켜는구나. 아아, 봄이 불가항력으로 진주해 와서 구악과 폐습을 무찌르는구나. 천지는 시시각각 혁명이로구나. 그래서 언제까지 늙지를 않는구나.

모든 감았던 눈까풀이 열리고, 눈부시게 눈부시게 보는구나. 나무줄기마다 수액이 흐르는 소리, 보리밭 푸른 갈기를 흔들며 달려가는 바람, 높이 떠 지저귀는 종달새, 밭 어귀 샛노란 배추꽃 유채꽃, 노랑나비 흰나비… 이십 년 전 삼십 년 전 사십 년 전 봄이, 온갖 그리움과 설렘과 아픔과 회한으로 물밀어 오는구나. 내 눈에 흙이 들어가기 전에 한 줌 잿가루가 되기 전에 밝게 눈부시게 보라고 봄이구나. 인생이여 천지여 무얼 감추고 숨기겠느냐. 명명백백 백일하에 드러나는구나. 껍질을 벗고 알을 깨고 나오는구나. 생명의 신비의 비밀들이 낱낱이 열리는구나. 부화하는 길이여 보라고, 봄이구나.” ― 拙詩 「보라고 봄이구나」

다시 4월입니다. 4월은 가장 잔인한 달이라는 시인도 있었지만 잔인한 것은 4월이 아니라 사람일 뿐입니다. 눈부시게 꽃들이 피고 연초록 광휘의 새잎이 돋는 4월은 가장 찬란한 달입니다. 눈 있는 자들은 누구나 보라고 다투어 꽃들이 피고 가지마다 새 움이 돋습니다.

보라고 민들레가 핍니다. 세상에 낮고 천한 것이 어디 있느냐고, 골목길 담장 밑에도 피고, 오폐수가 흐르는 시궁창 가에도 피고, 아스팔트나 보도블록의 틈에서도 핍니다. 자신의 처지가 바닥이라고, 사는 일이 고달프고 치욕이라고, 비관하고 절망하는 사람들이 보라고 민들레가 핍니다. 그래도 생명이란 은총이라고 민들레가 활짝 웃고 있습니다.

거창한 것만이 행복은 아니라고 양지꽃이 핍니다. 크고 화려한 것들에 기죽고 초라해질 필요가 없는 거라고, 상대적 박탈감 따위로 의기소침해서 어둡고 우울한 사람들은 보라고 봄볕에 반짝이며 양지꽃이 핍니다. 작다고 사소한 것이 아니며 흔하다고 천한 것이 아니라는 걸 보여줍니다. 봄볕 하나면 족하다고 무덤가나 봄 언덕에 양지꽃이 피어서 세상 한 귀퉁이를 환하게 밝힙니다.

양지꽃 이웃에 제비꽃도 핍니다. 오랑캐꽃, 앉은뱅이꽃, 병아리꽃, 장수꽃, 반지꽃, 여러 이름으로 불려도 아랑곳하지 않고 제 생긴 모습대로 핍니다. 키가 작다고 비관하지 않고 누구를 닮으려고 애쓰지 않습니다. 보라색이면 보라색인 대로 하얀색이면 또 그런 대로 염색을 하거나 성형을 할 필요를 느끼지 않습니다. 이웃인 양지꽃과 많이 달라도 서로 다투거나 배타적인 감정 따위 가지지를 않습니다.

봄꽃 중에 상당수는 장다리꽃입니다. 무 배추로 담근 김치는 날마다 먹으면서도 무와 배추의 장다리꽃은 모르는 사람들이 많습니다. 봄에 심은 무 배추를 그대로 두면 장다리가 나와서 꽃이 피지요. 그 씨를 받아서 다시 심으면 가을의 김장거리 무와 배추가 되고요. 사람들은 무 배추를 채소로만 생각하지만 정작은 장다리꽃이야말로 본연의 모습입니다. 아지랑이 아롱거리는 봄날 밭머리에 노랗게 핀 장다리꽃이 가장 배추다운 모습이라는 걸 모르는 사람이 많습니다. 명성이나 감투에 가려진 것이 사람의 참모습이 아니란 것도 잊고 살지요. 부와 권세와 명예를 좇다가 자기를 잃어버린 사람들이 보라고 장다리꽃이 핍니다.

모든 나쁘고 아픈 기억과 상처들을 지우고 다시 시작하라고, 겨우내 삭막하고 앙상했던 산과 들을 온통 신록이 뒤덮고 있습니다. 얼어붙었던 대지를 뚫고 일제히 폭죽처럼 터져 나오는 신생의 함성에 귀 막고 눈 감은 사람은 누구입니까. 온갖 꽃과 신록이 형형색색 광휘를 내뿜는 생명의 축제를 한사코 외면하고 비탄과 절망에 빠져 있는 사람은 누구입니까. 눈 있는 자들은 보라고, 다시 봄입니다.

다행(多幸)

바닷가 방파제에서 발을 헛딛는 바람에 이마를 크게 다쳤습니다. 동네 의원과 시내 병원을 거쳐서 대도시 큰 병원으로 옮겨가는 도중에 의식이 혼미해지기도 해서 가족과 친지들이 적잖이 놀라고 걱정을 한 모양입니다.

불행 중 다행으로 뇌손상을 입지는 않아서 찢어진 이마를 꿰매고 손목에 깁스를 하는 것으로 일차적인 치료를 마쳤습니다. 좀 더 경과를 지켜보자는 가족들의 권유를 뿌리치고 후속치료는 집 근처 병원에 다니며 받기로 하고 이튿날 퇴원을 했습니다. 단 하룻밤인데도 링거를 꽂고 병원 침대에 누워있는 일이 그렇게 고역일 수가 없었습니다.

소식을 듣고 문병을 온 친지들은 모두가 그만하기 다행이라고 했습니다. 뇌진탕을 일으키거나 눈을 다치지 않은 것만도 얼마나 다행한 일이냐는 거였지요. 오른쪽 눈썹 위에 길게 흉터가 남기는 했지만, 몇 주가 지나면서 몸은 차츰 원상태로 회복되어 갔습니다. 통증과 불편을 참으며 한 손으로 세수를 하고 운전을 하고 목장 일을 하면서 새삼 두 손의 소중함을 깨달았습니다. 멀쩡한 신체로 살아있다는 것 자체가 얼마나 다행한 일인지를 불의의 사고를 당하고 나서야 절감한 것이지요.

초라하고 고달픈 삶일지라도 살펴보면 다행한 일이 참 많습니다. 눈이 있어 아름다운 세상과 사랑하는 사람들의 모습을 볼 수 있어서 다행합니다. 살다가 시력을 잃은 사람도 그렇지만 태어나서 한 번도 하늘과 바다와 산과 들, 나무와 꽃과 새는 물론 가족들의 얼굴조차 본 적이 없는 사람들은 얼마나 캄캄하고 안타까울까요.

입으로 하고 싶은 말을 할 수가 있고 귀로 온갖 소리를 들을 수 있는 것도 그에 못지않은 행복입니다. 평생에 단 한 번도 사랑한다는 말을 하지도 듣지도 못한다는 건 얼마나 슬픈 일일까요. 음악 소리는 물론 물소리 바람 소리 새소리 풀벌레 소리도 들리지 않은 침묵의 세계는 또 얼마나 답답할까요.

팔다리가 온전한 것도 얼마나 큰 행복인지 모릅니다. 혼자서 밥 먹고 세수하고 대소변을 보는 것이 세상에서 가장 큰 소원인 사람도 있다는 걸 우리는 곧잘 잊고 삽니다. 사지가 다 없는 사람에 비한다면 키가 작다거나 몸이 뚱뚱하다는 것쯤은 사치스러운 고민에 불과한 것이지요.

범사(凡事)에 감사하라고 기독교 성서는 가르칩니다. 무얼 새로 더 얻고 이루어서가 아니라 지금 이대로의 상태와 처지를 은혜로 생각하라는 것이지요. 지금 나에게 이만큼 주어진 것만으로도 고맙고 다행하게 생각한다는 것은 얼핏 무기력하고 소극적인 현실안주로 보일 수도 있지만, 역경을 당해본 사람들은 그것이 가장 적극적이고 긍정적인 삶의 태도인 것을 압니다. 범사에 감사할 줄 아는 사람은 어떤 어려움을 당해도 결코 좌절하거나 자포자기하는 일이 없을 테니까요.

영재들만 모인다는 대학에서 올 들어 학생이 네 명이나 자살을 했다고 합니다. 보통 아이들은 꿈도 못 꾸는 일류대학에 진학을 한 것만으로도 대단한 성취를 한 것인데 스스로 목숨을 끊을 만큼 자존감과 정체성을 잃었다는 것이 사람들을 놀라게 합니다.

물론 영재들만 모인 곳에서는 경쟁이 더 치열할 수밖에 없고, 그런 경쟁에서 낙오된 아이들은 더 큰 열패감과 좌절감에 빠지게 될 거라는 짐작은 갑니다. 하지만 그것이 전부는 아니라는 생각은 왜 못 했을까요. 비록 영재들끼리의 경쟁에서는 뒤처졌지만 자신들보다 못한 아이들도 얼마든지 있다는 사실에는 왜 눈감은 것일까요. 일류대학에서는 낙오하고 낙제를 했다고 할지라도 찾아보면 다행한 일이 얼마나 많았을까요.

자라나는 아이들에게 성적을 잣대로 한 경쟁력을 키워주는 것이 능사가 아니라는 걸 알게 됩니다. 일류대 학생이 되기까지 불철주야 매진해온 경쟁력으로 얻어진 자신감은 저보다 더 우월한 상대를 만났을 땐 여지없이 무너지고 마는 상대적인 것이기 때문입니다. 경쟁의 승리에서 얻게 되는 것은 상대적인 자신감이나 자만심이지 본질적인 자존감일 수는 없습니다. 그보다는 어려서부터 생명의 존엄성을 깨닫게 하고, 경쟁력보다는 오히려 자기보다 어렵고 못 한 사람들을 돕고 배려하는 일에 헌신하는 것이 튼실한 자존감을 길러주는 일일 것입니다.

자포자기야말로 경쟁력 제로라는 것, 자기가 이미 가진 것은 보지를 못하고 얻지 못한 것에만 집착하는 것은 어리석음의 극치라는 것, 그것부터 먼저 깨우쳐주는 것이 진정한 영재교육일 것입니다.

시험에 떨어졌다고, 사업에 실패했다고, 애인이 변심했다고 세상이 끝난 것은 아니지요. 여전히 하늘은 푸르고 신록은 눈부시고 찾아보면 다행인 것이 얼마든지 있습니다. 비록 가진 것이 적고 이룬 것이 초라할지라도 이 세상 무엇을 주고도 살 수 없는 생명이 내게 있고 삼라만상을 체감할 수 있는 오관이 있는 것만으로도 무진장 다행한, 오월입니다.

청둥오리

겨울 들판에 청둥오리들이 내려앉는다. 내몽골이나 시베리아 어디쯤에서 덜 추운 곳으로 월동을 하러 온 철새들이다. 충남 아산의 곡교천에 날아온 청둥오리들의 이동경로를 추적해보니, 3월 말경에 700km 거리인 중국 랴오닝성 선양으로 날아가서 약 2주일간 머문 뒤에 다시 670km를 날아서 서식지인 내몽골 힝간으로 돌아갔다고 한다. 그곳에서 봄 여름 가을을 보내고 11월 말에 다시 내몽골을 출발해서 갈 때와는 달리 중국 지린성과 압록강을 거쳐 12월 초순에 아산의 곡교천으로 돌아온 여정도 알 수가 있었다.

청둥오리는 오로지 맨몸 하나로 살아간다. 옷도 입지 않고 집도 없고 돈도 신분증도 지닌 것이 없다. 조금 덜 추운 곳에서 겨울을 나려고 수천 리 먼 하늘을 날아 여기까지 왔다. 잡식성이라 풀씨나 곤충 등을 먹이로 한다지만 그 많은 무리가 이 얼어붙은 땅에서 어떻게 먹고 사는지 놀라운 일이다. 요즘은 볏짚조차 소 먹이로 다 가져가 버리는 바람에 들판에 떨어진 이삭도 별로 없을 것인데, 맨몸으로 혹한을 견디는 것도 그렇고 더없이 열악한 생존 환경임에도 비관하고 좌절하거나 우울해하는 기색이 없이 다들 참 씩씩해 보인다. 수십 수백 마리가 무리를 지어 다녀도 영토나 먹이를 두고 싸우는 걸 본 적도 없다.

겹겹이 옷을 껴입고 겨울 들판에 서서 청둥오리들을 바라보면서 우리 인간들은 어떤 모습으로 살아가는지를 생각한다. 조금이라도 더 많이 가져야 더 안심이 되고 행복할 거라는 강박감 때문에 얼마나 많은 시간과 노력을 경쟁과 성과를 위해 소모했는지, 그래서 얼마나 대단한 자유와 행복을 성취하게 되었는지, 그래서 우리가 사는 세상이 얼마나 안전하고 평화롭게 되었는지, 그래서 어떤 비전과 보장이 우리 앞에 펼쳐져 있는 것인지.

이사를 해본 사람은 알 것이다. 사람 사는 일이 얼마나 복잡하고 군더더기가 많은지, 사람이 사는데 온갖 생활용품이며 옷가지들은 왜 그렇게 쌓이는지. 우리나라 보통 사람 하나의 의식주에 드는 물품과 비용이면 아프리카 난민 수십 명을 먹여 살리고도 남을 것이다. 더구나 그 모두가 자연을 훼손하고 생태계를 파괴한 산물이 아니던가.

삶의 궁극적 목적이 행복이라는 걸 부인할 사람은 아마 없을 것이다. 행복을 싫어하고 불행해지기 위해서 사는 사람이 어디 있겠는가. 땀 흘려 일을 하고 치열하게 경쟁을 하는 것도 다 행복해지기 위해서가 아닌가. 하지만 그래서 얼마나 더 행복해졌는가. 국민소득이 수십 배나 높아지고 편리한 문명의 이기들이 쏟아져 나오는데도 왜 자살자가 늘어나고 범죄는 날로 흉포해지는 것일까. 우리가 추구하는 행복이란 과연 무엇이며, 그것은 얼마나 실현 가능성이 있는 일인가.

절대빈곤을 벗어나 경제대국의 반열에 든 우리나라에서는 욕심을 버리면 이미 가진 것만으로도 충분히 행복해질 수가 있다. 많은 것을 가졌음에도 욕심과 어리석음에 눈이 멀어 상대적 박탈감 따위로 비관하고 좌절하는 경우가 허다하다. 무슨 일에든 성실하기만 하면 얼마든지 의식주를 해결할 수가 있지만 사람이 어찌 밥으로만 살겠는가. 보다 높은 삶의 질을 위해서는 여가생활도 있어야 하고 요즘 한창 인구에 회자되는 인문학적인 콘텐츠도 필요하다. 그것 역시도 마음먹기에 따라서 얼마든지 가능한 일이다.

돈을 들이지 않고도 최고의 음악과 문학과 미술을 향유할 수가 있는 세상이다. 언제 어디서나 모차르트와 베토벤의 음악을 들을 수가 있고, 고흐나 피카소의 그림도 영상으로 볼 수가 있다. 관심과 열성만 있으면 배우고 익히는 즐거움도 마음껏 누릴 수가 있다. 예술과 철학과 종교와 역사 등 어느 분야든지 최상의 지식과 정보를 습득할 수 있는 길이 누구에게나 활짝 열려 있다. 방안에 앉아서 세상 구석구석의 풍물을 구경할 수도 있게 되었다.

우리가 이미 얼마나 많은 것을 가졌는지, 그런데도 무엇을 더 가지려고 아득바득하는지를 저 겨울 들판의 청둥오리들이 돌아보게 한다.

명품족이 되자

'명품족'이란 말이 있다. '이름나고 값비싼 의류나 소품을 주로 사서 이용하는 사람을 속되게 이르는 말'이란 게 사전의 풀이다. 어원을 따지자면 명품 브랜드를 소비하는 부유층의 소비행위를 모방하는 미국의 고소득 여피족들을 일컫는 용어인 '럭셔리 제너레이션'을 들 수 있지만, 우리나라에선 그냥 고가의 유명 브랜드를 특별히 선호하는 부류를 명품족이라 한다.

우리나라처럼 고가의 유명 브랜드를 선호하는 국민이 많은 나라도 드물다고 한다. 거금을 들여서라도 소위 명품이라는 걸 가지고 있어야 살맛이 나는 사람들이 그만큼 많다는 얘기다. 국제컨설팅업체 맥킨지가 발표한 보고서에 따르면 한국의 명품 시장은 2006년부터 매년 12%씩 성장해서 2011년에는 45억달러 규모, 4조 980억원 정도로 급성장했다는 통계다. 따라서 세계적인 명품회사들이 한국을 주요 시장으로 인식하고 앞다투어 매장을 내고 있는 실정이다.

서울대 김난도 교수팀은 명품을 선호하는 사람들의 유형을 4가지로 분류했다. 먼저 '과시형'을 들 수 있는데, "나는 어중이떠중이 남들과는 다르다"는 우리나라 특유의 체면의식에 서열의식이 더해진 소비형태로 주로 신흥부자들이 이에 해당한다는 것이고, 다음으로 '질시형'은 "나라고 못 할 것이냐"라는 선망의식과 "사촌이 땅을 사면 배가 아프다"는 평등의식이 결합한 경우로 열등감이 강한 중산층에서 많이 나타나며 무리하게 빚을 내 명품을 사들이기도 한다는 것. 그다음 '환상형'은 초라한 모습을 사치품으로 감춰보려는 심리로 젊은이들과 유흥업 종사자들에게서 많이 나타는 유형이고, 끝으로 '동조형'은 "친구 따라 강남 간다"는 집단문화가 부채질한 경우로 유행에 민감한 청소년들에게서 많이 발견된다는 것이다.

김 교수는 이같은 소비유형들을 인간의 본성으로 보기보다는 물질 문화가 길러낸 소산으로 봐야 한다고 분석하고, 우리나라의 명품 선호 열기는 개인이나 계층의 도덕성만으로는 해소할 수 없는 국가적인 문제라고 강조했다.

아무튼 경제적 여유가 있는 사람들이 값비싼 브랜드를 선호하는 것이야 뭐랄 수 없지만, 명품선호 풍조가 사회 전반에 적잖이 부작용을 일으키는 것에는 우려를 하지 않을 수 없다. 특히 청소년들까지 유명 브랜드에 현혹되어 불건전한 가치관을 갖게 되거나 범죄를 저지르는 경우도 적지 않다고 하니 가볍게 보아 넘길 일이 아닌 것 같다.

하지만 명품이 어찌 옷가지나 장신구만 있겠는가. 그런 것들 말고도 자타가 공인하는 명품으로 음악 미술 문학 등의 예술작품들이 있지 않은가. 그러니 명품을 못 가졌다고 기죽어 살 필요가 없는 것이다. 명품 중에도 불후의 명품인 베토벤이나 모차르트의 음악을 듣는다든가, 명작 소설이나 시를 읽으면서 고상하기 이를 데 없는 명품의 분위기에 젖어서 인생을 산다면 그야말로 최상의 명품족이 아니겠는가.

하지만 그 무엇도 조물주의 작품인 대자연에 비길만한 명품일 수는 없는 것이다. 이 계절 녹음이 울창한 숲과 막바지 더위를 켜는 매미소리야말로 흉내도 낼 수 없는 오리지널 명품이 아니고 뭔가. 어떤 값비싼 보석을 밤하늘의 별과 비길 것이며 어떤 명품 옷을 저 산나리꽃의 아름다움과 기품에 비기겠는가. 이토록 신비롭고 오묘한 명품 속에 살면서 뭐가 아쉬워서 그까짓 옷가지나 장신구나부랭이에 연연할 것인가.

그리고 진정한 명품족이 되는 길은 명품을 많이 소유하는 것이 아니라 스스로가 명품이 되는 것이다. 명품을 많이 걸치고 다니는 사람이 아니라 사람 자체가 명품이라야 진짜배기 명품족이 아니겠는가. 그러니 주저하고 못 할 것이 뭔가, 우리도 모두 명품족이 되자. 수백만원짜리 명품 백을 들고 다니는 것보다 단돈 몇천 원짜리 시집 한 권 들고 다니는 것이 훨씬 더 수준이 높은 줄 아는 사람이 바로 명품족이다.

사람 사이

노벨문학상 후보로도 자주 거론되는 명망 있는 원로시인이 하루아침에 괴물로 전락했다. 오래 전 술자리에서 성추행을 당했다는 여성 시인이 「괴물」이란 제목의 시를 써서 그 사실을 폭로했기 때문이다. 소위 '미투'운동으로 피해자들이 입을 열기 시작하자 지금까지 관행처럼 자행되어온 각계의 성폭력 실상이 하나씩 까발려지고 있다. 연극계의 대부로 군림하던 연출가, 유명 배우, 법조계 검사, 천주교 신부 등 사회 지도층 인사들이 잇달아 치부를 드러낸 채 백일하에 끌려나오는 형국이다.

피해자들이 겪었을 치욕과 고통이 우선이지만, 가해자들 역시 그동안 쌓아올린 지위와 명성과 업적이 그야말로 하루아침에 쓰레기로 매도되는 현실에 여간 참담한 심정이 아닐 것이다. 그들의 비행이 지탄받아야 하는 것처럼 업적과 공로를 인정하는 일도 외면해서는 안 될 거라는 생각이다. 다만 예술과 지성과 권위를 자랑하는 사람들이 자신의 지위와 상대의 약점을 악용해서 성적 욕망을 채우려 했다면 뒷골목 불량배들이나 다름없는 파렴치한이라는 비난을 면할 수 없는 일이다.

아무리 웅장하고 화려한 건물이라도 기초가 부실한 사상누각이라면 웬만한 지진에도 폭삭 무너지고 마는 것처럼, 외관상으론 상당한 예술가나 법관이나 성직자들이 일거에 패륜아로 전락하는 데에는 뭔가 기본적인 것에 부실과 하자가 있기 때문이 아닌가.

사람을 다른 말로 인간이라고 한다. '인간(人間)'이란 한자어는 본래 '사람이 사는 세상'의 의미인 인생세간(人生世間)을 줄인 말인데, 그것이 '사람'이란 의미로 쓰인 것은 일본식 조어에서 비롯했다고 한다. 아무튼 지금은 '인간관계'니 '인간문화제'니 하는 말처럼 사람이라는 말보다 인간이라는 말이 더 흔하게 쓰이고 있다.

'人間'이란 글자 그대로 '사람 사이'다. 사회적인 존재로서의 사람을 의미하는 말이다. 그러므로 무인도에서 혼자 사는 사람의 경우에는 엄격한 의미에서 인간이라 할 수가 없다는 얘기가 된다. 사람과 사람의 관계 속에서만 인간으로서의 정체성이 성립한다는 말이고, 인간다운 인간으로서의 의미와 가치도 인간관계에서 찾아야 한다는 말이다.

인간으로서 갖추어야 할 기본적인 도리는 유치원에서 다 배운다는 말이 있다. 유치원에서 가르치는, 남을 이해하고 배려하는 것과 질서와 규범을 지키는 사회성이야말로 무엇보다 인간의 우선이고 기본이다. 학식이든 지성이든 품격이든 그런 기본이 있고 난 다음에야 의미와 가치를 가질 수 있는 것이다. 하지만 최고의 지성과 품격을 자타가 공인하는 사람들조차도 가장 기본적인 것에는 유치원생 수준에도 못 미치는 것을 흔하게 보는 것은 참으로 안타깝고 어처구니가 없는 일이다.

무엇보다 우선은 인간이 되는 것이다. 그러기 위해서는 유치원생 수준의 기본적인 것부터 충실하게 다지는 것이 먼저다. 교육도 예술도 종교도 정치도 그것에서부터 시작한다면 훨씬 더 정의롭고 평화로운 사회가 될 것이다. 그런 기본을 외면하거나 무시하고 훼손해서는 어떤 교육도 종교도 예술도 이데올로기도 결코 바람직하거나 정당한 것이 될 수가 없다.

갈수록 복잡다단해지는 사회다. 넘치는 정보의 홍수 속에서 온갖 주장과 논리가 난무하고 이해득실과 시비곡직이 난마처럼 얽히고설켜 혼란과 분쟁이 끊이지 않는다. 이럴 때일수록 절실히 요구되는 것이 단순하고 소박하게 기본을 회복하는 일이다.

학벌이나 지위나 재물의 고하를 막론하고 남에게 해악을 끼치는 인간은 가장 저급한 인간이다. 남을 이해하고 배려하려는 성의와 공감능력이야말로 인간을 평가하는 척도일 수밖에 없기 때문이다. 인간의 진실과 고통에 누구보다도 민감하고 절실하게 공감해야 할 위치에 있는 사람이 피해자들이 받을 치욕과 고통 따위는 안중에도 없이 제 욕구를 채우는 짓을 자행해왔다는 것에 무슨 변명의 여지가 있겠는가. 사람 사이에 있어야 할 기본도 못 갖춘 파렴치한이라는 말밖에.

인터넷시대의 글쓰기

원시시대에는 예술의 장르가 구분되지 않았다. 관혼상제나 제천의식(祭天儀式) 등에서 분장을 하고 노래하며 춤추던 것이 모든 예술의 원형이었다. 거기서 음악과 미술, 문학, 무용, 연극 등의 장르가 갈라져 나왔다.

문학의 경우, 단순한 노랫말에서 출발하여 문자의 발명과 인쇄술의 발달을 거치면서 여러 장르로 세분되고 전문화 되어왔다. 시에서 희곡과 소설이 갈라져 나오고 수필과 평론이 보태져서 장르마다 전문적인 작가가 배출되는 것으로 오늘에 이르렀다.

인류의 삶에 획기적인 변화를 가져온 인터넷 매체는 예술계에도 막대한 영향을 미치고 있다. 가령, 인터넷이 상용화되기 전에는 시를 한 편 써도 발표할 지면이 한정되었고, 어렵게 발표를 했더라도 달이 바뀌고 계절이 지나서야 일부 제한된 독자들에게 전달되는 게 고작이었다. 일반인들이 문학작품을 접할 기회도 흔치가 않았거니와 독자의 반응을 작가가 알아볼 길도 막연하였다.

지금은 어떤가. 인터넷에 무슨 글이든 올리기만 하면 그 즉시 전달은 물론 독자의 반응과 상호소통까지 가능해졌다. 실시간 전달의 기능이야말로 인터넷시대 글쓰기의 가장 중요한 특징이라 할 수가 있다. 지금 여기서 일어나고 있는 현상과 사건에 대한 생각과 느낌을 문자로 표현하는 것으로 실시간 전달과 소통과 교류가 가능하다는 것은 실로 엄청난 변화가 아닐 수 없다.

인터넷 글쓰기의 또 하나의 특징은 전문가와 비전문가의 구별이 없어졌다는 것이다. 인터넷 이전에는 비전문가가 글을 써서 발표할 기회는 거의 없던 것에 비해, 지금은 누구나 언제 어디서든 무한정으로 글을 써서 발표할 수 있게 되었으므로 구태여 전문가의 자격을 가질 필요가 없게 된 것이다.

문학 장르의 구분이 불분명해지는 현상도 인터넷 글쓰기의 특징 중 하나라고 할 수 있을 것이다. 발표의 지면이 문예지나 개인이 발간하는 책인 경우와는 달리 구태여 장르의 구분을 할 필요가 없어진 것이다. 시나 수필, 칼럼 등의 형식에 구애받지 않고 얼마든지 자유롭고 유용하게 글쓰기를 할 수가 있게 되었다.

원시시대의 미분화로 회귀하는 것은 아니지만, 이제는 음악과 미술과 문학이 하나로 어우러지는 퓨전(fusion)의 시대가 도래한 것도 인터넷시대의 특징이다. 한 편의 글을 그림이나 사진, 음악과 함께 인터넷에 올리는 것이 가능해졌고, 그것이 훨씬 더 효과적인 표현 수단이 된다면 굳이 마다할 이유도 없는 일이다.

기왕의 문학 장르를 무시하거나 파기할 필요까지는 없다고 하더라도, 인터넷시대의 글쓰기는 종래와는 전혀 새로운 양상으로 전개되고 있다는 사실을 외면할 수는 없다. 그것은 비단 문학이나 글쓰기의 문제가 아니라 삶의 양식, 소위 '라이프스타일'의 문제이기도 한 것으로 새로운 인식과 담론과 연구가 필요한 시점이다.

모바일을 포함한 인터넷 글쓰기는 이제 우리 삶의 떼놓을 수 없는 일부가 되었다. 인간관계를 형성하는 소통의 수단으로 단연 손꼽힐 뿐만 아니라 삶의 질을 향상하는 방법으로도 더없이 요긴하게 된 것이다. 이제는 인터넷에 자신의 블로그나 카페를 하나쯤 가지고 있는 것이 교양인들의 필수가 되었다. 부단히 자신과 주변을 성찰해서 새로운 의미와 감동을 찾아내어 글로 정리해보는, 글쓰기의 생활화야말로 삶을 보다 건강하고 풍성하게 하는 가장 좋은 방법이라는 생각이다. 물론 그것이 남들과 소통하고 교류하는 길이 된다면 더욱 좋은 일이고.

정보의 홍수

태풍이 지나간 다음 날 바닷가에 나가보고 눈을 의심했다. 지난 여름 피서객들이 북적대던 해수욕장은 어디 가고 거대한 쓰레기장이 생겨나 있는 게 아닌가. 태풍과 홍수가 바다로 휩쓸어간 쓰레기들을 풍랑이 다시 바닷가로 밀어내어 산더미같이 쌓아놓은 거였다.

태풍이 불고 홍수가 나면 땅 위의 온갖 쓰레기들이 휩쓸려 바다로 들어간다. 하지만 바다는 끊임없는 자정력(自淨力)으로 그것들을 다시 해변으로 밀어낸다. 일부 유기물은 바다생물의 영양소가 되기도 하지만 자정의 한계를 벗어난 부유물들은 거대한 쓰레기섬을 이루어 대양을 떠다니기도 한다.

인류는 쓰레기를 만들어내는 유일한 동물이다. 다른 동물의 경우 살아있는 동안에는 때때로 배설물을 남기고 죽어서는 시체를 남기는 게 고작이다. 그 배설물이나 시체는 다른 동물의 먹이가 되거나 썩어서 식물의 거름이 되는 것으로 완전한 순환을 한다. 하지만 사람들이 만든 쓰레기는 자연계의 순환을 거스르고 저해한다.

특히 플라스틱이나 스티로폼 같은 합성수지 쓰레기는 수백 년 동안이나 썩지를 않아 생태계 파괴의 주범이 되고 있다. 갈수록 적체되는 생활쓰레기는 산업폐기물과 매연, 오폐수와 함께 지구 환경과 생태계를 파괴하는 위험수위를 넘어선 지 오래다.

인터넷의 상용화로 각종 정보가 넘쳐나는 시대가 되었다. 필요한 정보를 손쉽게 찾아볼 수 있는 편리함이 있는 반면 정보의 과잉에 따른 폐해도 적지 않다는 우려가 있다. 갈수록 범람하는 불필요한 정보의 홍수에 휩쓸려 인간의 정체성과 가치관에 심각한 혼란을 가져올 거라는 예상이다. 단순히 정보의 양이 많다는 문제가 아니라 온갖 무책임하고 악의적인 거짓 정보들과 선정적이고 왜곡된 정보들이 쓰나미가 되어 인류를 덮칠 거라는 경종이 아닐 수 없다.

원시시대에는 인위적인 정보가 많지를 않았다. 자연에서 먹잇감을 구하기 위한 정보와 맹수나 재해의 위험을 피하는 방법 정도가 고작이었다. 사냥을 하는 기술이나 먹을 수 있는 풀과 열매를 구별하는 법, 재해나 맹수를 피하기 위한 수단을 부모로부터 익히는 것이 생존을 위한 정보의 전부였다. 미개하고 단순한 정보이긴 하지만 생태계의 측면에선 가장도 자연스럽고 지속가능한 것들이었다.

불과 오륙십년 전까지만 해도 시골에서는 가정에서 부모형제로부터 배우는 상식과 학교에서 친구들과 나누고 선생님에게 배우는 것 말고는 별다른 정보를 접할 기회가 거의 없었다. 그 대신 자연에 대한 정보는 풍성했다. 보이고 들리고 만져지는 것 거의가 자연이었다. 거기에는 거짓이나 왜곡이나 과장이 없는 불변의 섭리가 있었다.

정부에서는 가짜뉴스를 규제하는 법을 만든다고 한다. 범람하는 쓰레기 정보의 홍수에 경각심을 가지고 대처한다는 측면에서는 수긍을 할 수 있는 일이다. 하지만 국가 권력의 개입은 정치적으로 악용될 소지가 없지 않아서 언론이나 인권의 제한이나 탄압으로 비화할 것을 우려하는 시각이 더 크다. 권력이 정보를 통제하겠다고 대놓고 나서는 것은 모양새가 좋지 않을뿐더러 가능해 보이지도 않는다. 기왕의 법규에 따라 불상사가 발생했을 때마다 적절하게 대응하는 편이 반감과 반발에 부딪치지 않는 길이다.

다만 자라는 아이들이 무방비로 정보의 홍수에 노출되는 것에는 대책이 있어야 한다. 자아와 인격이 형성되는 시기에 폭력과 선정과 거짓과 왜곡으로 점철된 쓰레기 정보에 휩쓸린다는 것은 치명적인 결과를 초래할 수가 있기 때문이다. 무조건 차단하고 금지한다고 될 일은 아니다. 가급적이면 건강하고 아름다운 정보를 많이 제공하는 것이 대안이고 교육이 될 것이다. 예체능교육을 보다 활성화하고 자연을 접할 기회를 최대한 늘리는 것이 최선이 아닐까. 아무튼 아이들이 정보의 홍수에 침몰하지 않을 건강한 정서와 분별력을 갖도록 각별한 경각심과 노력이 있어야겠다.

금단현상(禁斷現象)

담배를 끊은 지 몇 달이 지나도록 흡연욕구가 가시지를 않는다. 오랜 세월 담배연기에 절고 찌든 체질을 원상회복하기란 쉽지 않을 터이니 금연의 괴로움을 아주 떼어놓기까지는 오랜 시일이 걸릴 것 같다.

담배를 끊기 어려운 것은 물론 중독성 때문이다. 장기간 지속적으로 흡연을 하게 되면 니코틴에 만성중독이 되어 그것을 갑자기 중단하거나 사용량을 급격히 줄이면 금단현상을 일으키게 된다. 지속적으로 음용하던 물질을 갑자기 중단하거나 줄일 경우 발생하는 생리적이나 심리적 반응을 금단현상이라고 하는데, 술이나 담배와 같은 기호품이나 각종 향정신성 약물들을 끊었을 때 금단현상을 일으키는 것은 그것에 중독이 되었기 때문이다.

그 밖에도 중독현상을 일으키는 경우가 여러 가지 있다. 도박중독에서부터 게임중독, 쇼핑중독, 심지어는 일중독이란 말까지 있다. 요즘에는 어른 아이 할 것 없이 스마트폰이 없으면 안절부절못하는 경우가 많다는데 그 역시 중독이라 할 수 있다. 돈이든 권력이든 종교든 오락이든 그것에 빠져들어 헤어나지를 못하면 중독인 것이다. 당연히 끊기가 어렵고 갑자기 중단하면 금단현상을 일으키게 마련이다.

금단현상은 경우에 따라서는 죽음에 이를 정도로 극심한 신체적 정신적 고통과 혼란을 초래할 수도 있다고 한다. 그래서 술이나 마약, 도박 등을 끊지 못한 채 결국 패가망신하는 경우가 적지 않은 것이다. 특히나 청소년들의 인터넷 게임중독도 이젠 심각한 사회 문제의 하나가 되었다. 언젠가 게임에 중독된 중학생이 게임을 못하게 하는 어머니를 살해하고 스스로 목숨을 끊은 사건도 극단적인 금단현상의 한 예가 될 것이다. 호기심이나 치기로 가볍게 시작한 것일 수도 있고, 의도적으로 집착을 하게 된 경우도 있겠지만 결국에는 돌이킬 수 없는 파탄지경에 이르고 마는 것이 만성중독의 일반적인 현상이다.

중독이 성실이나 열정과 잘 구별되지 않는 경우도 없지 않다. 돈이나 권력이나 명예나 신념 따위에 중독이 된 경우가 그렇다. 자신은 물론 타인에게도 대단한 성실과 의지로 인식되어서 존경받을 만한 모습으로 비치기도 한다. 그럴 경우 상당한 재물이나 권력, 명예 등을 성취하고 외관상 성공적으로 생을 마감할 수도 있다. 문제는 그 때문에 정서가 고갈되고 인성이 피폐해지는 등 다른 중요한 것들을 잃어버리거나, 의지가 꺾이고 성취의 길이 막혔을 때 극심한 금단현상을 겪게 되고 자살이라는 극단적인 행동으로 나갈 수도 있다는 것이다.

중독이냐 아니냐는 집착의 정도로 알 수가 있다. 언제든지 훌훌 털어버리고 떠날 수 있으면 물론 중독이 아니다. 가진 것을 잃거나 좌절했을 때 그 충격과 혼란에서 헤어날 수가 없으면 중독을 의심해도 좋을 것이다. 담배를 즐기면서도 무병장수하는 사람에겐 니코틴중독이 별 문제가 없듯이 중독이라고 할 수 있을 정도의 집착으로 부귀영화를 누리고 죽는 사람도 있기는 하다.

흡연욕구를 참아야 하는 것은 여간 고통스러운 일이 아니다. 처음부터 담배에 맛을 들이지 않았더라면 겪을 필요가 없는 괴로움이다. 사람이 겪게 되는 괴로움이 대부분 그렇다. 애초에 탐욕하고 집착하지 않았더라면 겪지 않아도 되는 괴로움이 의외로 많다. 재물이나 권세나 명예도 마약 못지않은 중독성이 있어서 그것에 연연하고 집착할수록 붙잡기 위해 노심초사하게 되고, 욕망이 좌절되거나 얻은 것을 잃었을 때 견딜 수 없는 충격과 고통을 받게 된다.

그렇다고 아무런 욕망도 의지도 없이 살아야 한다는 얘기는 물론 아니다. 꿈과 열정과 노력이 없는 삶은 무미건조하고 무기력할 뿐이다. 다만 무엇에건 지나치게 집착하거나 과도하게 욕심내어서 중독이 되지는 말아야 한다는 것이다. 모든 욕망에는 반드시 절제가 따라야 한다는 것이 금단현상이 주는 교훈이다.

갑질과 공감능력

돈이든 권세든 가진 자들의 횡포가 거의 엽기적이다. 기내식 땅콩을 봉지째 주었다고 비행기를 돌려 사무장을 내리게 한 항공사 부사장의 '갑질' 사건이 세간을 떠들썩하게 하더니, 얼마 전에는 3년 동안 운전기사를 열두 번이나 갈아치운 재벌 3세 사장의 갑질이 화제가 되기도 했다. A4용지 140장 분량의 매뉴얼을 만들어 운전기사가 지키지 못했을 경우 폭언과 욕설을 서슴지 않았다니, 그 치밀하고 집요함이 가학증과 편집증을 의심하게 한다.

제자와 조교에게 참을 수 없는 모멸감과 좌절감을 느끼도록 갑질을 하는 교수, 부하 검사를 자살에 이르게 한 부장검사, 백화점 여직원의 뺨을 때리고 주차장 아르바이트생의 무릎을 꿇리는 고객, 아파트 경비원을 '종놈' 취급하는 입주민…. 가히 갑질공화국이라 해도 과언이 아닐 정도로 도처에 널린 것이 갑질의 행태다.

하기야 쥐꼬리만 한 권력만 있어도 휘두르고 싶은 것이 인지상정일진대 갑질의 가해자와 피해자가 정해진 것만은 아닐 터이다. 종로에서 뺨 맞고 한강에서 눈 흘긴다고 갑질의 피해자 역시도 자기보다 약한 사람에겐 가해자가 될 수 있는 것이다. 모진 시집살이를 한 며느리가 나중에 모진 시어머니가 되고, 폭력을 대물림하는 가정이나 집단이 그러하듯 갑질은 또 다른 갑질을 낳고 조장하는 풍토를 만들기도 한다.

갑질을 하는 주요 원인 중의 하나는 공감능력의 부족이다. 남의 사정과 고통, 감정 등을 이해하고 공감하는 능력이 떨어지는 사람일수록 남을 괴롭히는 짓을 예사로 하게 되는 것이다. 물론 그 정도가 심해지면 가학증(Sadistics)이나 사이코패스(psycho-path)로까지 이어질 수도 있다. 요즘 들어 그런 현상이 부쩍 늘어나는 것은 어려서부터 여러 형제들과 부대끼고 동무들과 어울리는 대신 혼자서 전자오락에나 몰두하는 습관 때문일 것이다. 재계나 학계, 법조계의 소위 지도급 인사들이 오히려 더 공감능력이 떨어지는 것도 그들이 그 자리에 오르기까지 경쟁과 성취에만 골몰하느라 공감능력을 함양할 기회를 갖지 못한 까닭일 것이고.

전에는 사람의 능력을 재는 척도가 주로 지능지수(IQ)였지만, 요즘에 들어서는 감성지수(EQ)와 도덕지수(MQ)의 중요성이 부각되고 있다. 머리만 좋은 사람들이 이루어 놓은 부와 권세와 명예의 공든 탑이 공감능력과 도덕성의 부족으로 하루아침에 무너지고 패가망신하는 예를 자주 보아왔기 때문이다. 하지만 우선 먹기는 곶감이 달다고 갈수록 치열해지는 경쟁시대에 공감능력의 함양이 아이들 교육에 제대로 반영되기를 기대하기는 어려운 일이다.

공감능력을 기르기 위해서는 우선 다양한 경험이 필요하다. 아파보지 않은 사람이 어찌 남의 아픔을 이해할 것이며 굶어본 적이 없는 사람이 배고픈 사람의 심정을 알겠는가. 자기 이부자리도 정돈하지 않는 아이가 자식을 위해 힘들게 일하는 부모의 은혜를 알지 못하는 것은 당연한 일이 아니겠는가.

경험에는 직접경험만 있는 게 아니다. 독서를 통한 간접경험도 있고 봉사활동을 등을 통해서 어렵고 아픈 사람들을 이해하는 경험을 할 수도 있다. 문학작품에는 사람에 대한 깊은 이해와 통찰이 들어있고, 불우한 이웃을 돕는 봉사활동을 하다보면 그들의 어려움과 고통을 어느 정도는 이해할 수가 있게 되는 것이다.

국민소득이 올라간다고 선진국이 되고 살기 좋은 나라가 되는 게 아니라는 것은 갈수록 범죄와 자살률이 증가하는 것만 보아도 알 수가 있다. 경제력이나 국방력에 못지않게 국민들 각자의 공감능력 향상이 살기 좋은 나라의 기반이 된다는 자각이 절실한 현실이다.

빈부의 양극화

자본주의의 가장 나쁜 형태가 빈익빈(貧益貧) 부익부(富益富)의 극단적인 양극화 현상일 것이다. 인간사회에는 강자와 약자가 있게 마련인데, 자유경쟁을 시켜놓으면 갈수록 격차가 벌어지는 건 당연한 일이다. 맨손으로 경쟁을 해도 그럴진대, 잘나고 강한 자들은 최상의 조건을 두루 갖추었는데 약하고 못난 자들은 맨손으로 경쟁해야 한다면 그것은 애당초 경쟁이랄 것도 없는 일이다. 백 개를 가진 자에게 단 하나 가진 것까지 빼앗길 수밖에 없는 것이 자본주의 자유경쟁의 속성인 것이다.

그 대안으로 나온 것이 공산주의였다. 모든 재산을 공동의 소유로 하면 서로 많이 갖겠다고 경쟁하고 다투는 일이 없어지고 빈부의 차가 없이 평등할 거라는 생각이었다. 그런데 기왕에 많이 가진 자들이 순순히 자기 것을 내놓을 리가 없으니 노동자와 농민들이 들고 일어나서 자본가나 지주들을 처단하는 프롤레타리아혁명이 요구된다는 거였다. 그 과정에서 당연히 엄청난 피의 숙청이 따랐다. 소련에서만도 공산주의혁명을 거치면서 무려 이천만명의 숙청이 있었다고 한다.

공산주의를 표방했던 대부분의 나라들이 한 세기를 넘기지 못하고 스스로 공산주의를 포기하고 자본주의를 선택했다. 공산주의 이념은 하나의 이상이었을 뿐, 공산주의 국가란 실재로 인간들이 실현해낼 수 있는 바람직한 체제가 될 수는 없다는 사실이 판명된 것이다. 북한의 경우는 공산주의 체제라기보다는 예외적이고 극단적인 독재 군주체제라고 해야 할 것이다. 모든 생명체가 생존경쟁과 적자생존을 통해서 역동적인 생태계를 유지하고 있는 것이 자연의 법칙이고 질서인 것처럼, 공산주의의 몰락은 인간이란 본질적으로 자유경쟁의 속성을 가지고 있다는 것을 증명하는 예가 될 것이다.

이미 자연의 질서를 벗어나 버린 인간들은 강자와 약자가 공존하는 방법을 끊임없이 모색할 수밖에 없다. 강자들이 가진 과도한 욕망과 약자들의 결핍과 상대적 박탈감을 어떻게 중재하고 해결할 것인가가 자본주의 국가의 우선과제이다. 그것은 분명 선악의 문제는 아니다. 지주와 자본가를 농민과 노동자의 적이요 타도의 대상으로 규정한 공산주의 혁명은 끔찍한 피바람을 일으키고 몰락할 수밖에 없었다. 강하고 잘난 자들만 날뛰고 설치는 세상이 되어서도 안 되겠지만, 그렇다고 강하고 잘난 자는 악하고 약하고 못난 자는 선하다는 이분법적 발상도 백해무익한 억지일 뿐이다.

비정하게 들릴지 모르지만, 자연의 법칙은 어디까지나 강한 자의 편이다. 그것이 적자생존의 법칙이요 약육강식의 질서다. 그래서 생태계는 건강성을 유지하고 진화하는 것이다. 다만 문명화된 인간사회에다 약육강식과 적자생존의 법칙을 그대로 적용할 수는 없다. 왜냐하면 인간사회는 자연의 법칙이 아니라 인위적인 규범과 제도에 의해 움직이는 집단이기 때문이다. 자연의 생태계에서는 아무리 강한 자라 하더라도 절대로 필요 이상을 소유하는 법이 없는 데에 비해 인간의 욕심은 끝이 없기 때문에 조절과 제재가 요구되는 것이고 제도와 법규가 필요한 것이다.

그러나 법과 제도 이전에 인간의 양식을 갖추어야 한다. 강하고 잘난 사람은 남이야 어떻게 되든 저 혼자만 잘살겠다는 욕심이 반사회적이고 반인륜적이라는 걸 알아야 한다. 남보다 우수한 능력을 마음껏 발휘하되 저도 잘살고 남에게도 도움을 주어야 사회가 건강해지고 동시에 자신의 안위도 보장이 되는 것이다. 그리고 약하고 못난 사람은 제 분수에 맞게 살아야 한다. 가진 자에 대한 상대적 박탈감 때문에 무조건 불평불만과 적개심을 가지는 것은 사회를 해치고 스스로를 파괴하는 행위일 뿐이다. 인간이란 반드시 많이 가졌다고 행복해지는 것은 아니며, 마음먹기에 따라서는 소박하고 청빈한 가운데 오히려 보다 많은 자유와 평안이 있을 수도 있는 것이다.

오빠와 사는 와이푸들

텔레비전을 보다가 출연자들이 '와이푸'라는 말을 연발하면 채널을 돌려버리게 된다. 사석에서만 그러는 게 아니라 공영방송에서도 공공연히 쓰이고 심지어는 탈북자들까지도 와이푸라는 말을 예사로 한다. 한때는 남편을 '아빠'라고 부르는 것이 유행이더니 요즘은 너나없이 '오빠'라고 한다. 외국 사람이 들으면 한국인들은 대다수가 가족끼리 결혼을 하는 줄 알 일이다.

'교양 있는 사람들이 두루 쓰는 현대 서울말로 정함을 원칙으로 한다'는 대한민국 표준어규정에 의하면, 이제는 당연히 '아내'나 '남편'이란 말 대신 '와이프'나 '오빠'를 표준어로 정할 수밖에 없는 노릇이다. '교양이 있는'이라는 단서에 중점을 두어서 서울 사람 대다수가 교양이 없다는 전제를 하지 않는다면, 남녀 배우자를 일컫는 말로 '와이프'나 '오빠'를 표준어로 삼지 말아야 할 이유가 없는 것이다.

'아내'라는 우리말이 버젓이 있는데도 왜 대다수 남성들이 자기 배우자를 와이푸라고 하는 걸까. 아마도 아내란 말은 왠지 촌스럽고 와이푸라고 해야 세련된 식자층에 든 것 같은 사대(事大)적 열등의식의 발로이거나, 남들이 와이푸라고 하니까 아무 생각 없이 따라서 하게 되는 부류가 대다수일 것이다. 어느 쪽이거나 우리말에 대한 일말의 긍지나 자부심도 없기는 마찬가지일 터이니, 모국어를 그렇게 천시하고 홀대하는 사람들을 어찌 기본적인 양식이나 교양을 갖춘 국민이라 할 수가 있겠는가.

누가 뭐래도 나는 우리의 말과 글을 우리 민족의 가장 자랑스러운 문화유산으로 꼽는다. 고유한 언어가 없었다면 외세의 끊임없는 침략에도 불구하고 과연 수천 년 동안이나 민족의 역사와 전통을 이어올 수가 있었을까? 세계 각지로 뿔뿔이 흩어졌던 유대민족이 다시 뭉쳐서 독립된 나라를 세우면서 민족의 말이었던 히브리어를 복원하는 일을 우선으로 했던 것도 동족으로서의 유대와 동질성을 일깨우고 유지하기 위한 일이었다.

중국에 살고 있는 동포들이 조선족으로서의 정체성을 유지할 수 있는 것도 말과 글을 포기하지 않았기 때문이요, 일제가 민족말살정책의 일환으로 우리의 말과 글을 못 쓰게 한 것도 그것이 곧 우리 민족의 얼이요 문화와 전통의 근간이기 때문이었다. 우리민족이 비록 간난과 치욕의 역사를 겪으면서도 동질성과 정체성을 잃지 않고 맥을 이어올 수 있었던 것이 바로 그 언어의 힘이라는 걸 누가 부인하겠는가?

말이 곧 사람이다. 말을 들어보면 그 사람의 됨됨이를 알 수가 있다. 불량배들은 불량배의 말을 하고 사기꾼들은 사기꾼의 말을 한다. 물론 선량한 사람은 선량한 말을 하고 진솔한 사람은 진솔한 말을 하게 마련이다. 아무리 학벌과 지위가 높은 사람이라도 걸핏하면 막말을 하거나 저속한 말을 내뱉는다면 그는 분명 천박한 성품의 소유자일 뿐이다.

쓰레기나 오·폐수는 자연환경을 오염시키지만 함부로 뱉는 말은 정신환경을 오염시킨다. 이미 만신창이가 되어 버린 우리말은 우리 사회 구성원들 정신상태의 현주소이기도 한 것이다. 비속어를 입에 달고 사는 청소년들은 말할 것도 없거니와 인터넷에 난무하는 말의 오염과 파괴는 결국 우리 사회를 폭력과 선정과 비리로 얼룩지게 하는 요인으로 작용할 것이다.

욕설과 비속어뿐만 아니라 바른 말인 줄 알고 잘못 쓰는 경우도 말의 왜곡과 오염의 한 원인이 된다. 그 대표적인 예가 '너무 좋은 것 같아요', '좋은 하루 되세요' 같은 어법에 맞지 않는 말과 '우연히'와 '우연찮게'를 혼동하고 '다르다'와 '틀리다'를 구별하지 못하는 말버릇 등이다. 올바른 언어생활은 우리의 소중한 문화유산인 모국어를 아끼고 가꾸는 일인 동시에 심성과 사고를 순화하고 바르게 하는 일이다.

사회를 바꾸려면 사람이 바뀌어야 하고 사람을 바꾸려면 말부터 바꿔야 한다. 그래서 '바르고 고운 말 쓰기 운동'을 벌이도록 제안한다. 요즘 사회적 이슈가 되고 있는 적폐청산의 일환으로.

반려동물

인류가 개를 기르기 시작한 것은 구석기시대 말부터라 한다. 늑대 새끼를 데려다 길들인 것이 개의 시초일 거라는 추측이다. 가축으로 길러진 개는 사냥을 돕거나 침입자를 막고 썰매를 끄는 등 지역과 특성에 따라 여러 가지로 인류에게 도움을 주었다. 지금도 인명을 구조하거나 마약을 탐색하고 맹인을 인도하는 등의 중요한 역할을 하는 개들이 많다.

옛날 우리나라 시골의 개나 고양이는 소나 닭처럼 그냥 가축이었다. 곡식을 축내는 쥐를 잡으라고 고양이를 길렀고, 집을 지키고 새끼를 많이 낳아 살림에 보탬을 주는 것이 개의 역할이었다. 먹이로는 먹다 남은 음식 찌꺼기나 보릿겨 따위가 고작이었고, 어린 아이가 마당에 쪼그리고 앉아 똥을 누면 기다렸다가 냉큼 먹어치우기도 했다.

개나 고양이가 애완동물로 불린 것은 사람들의 주거환경이 도시화되어 실내에서 함께 살면서부터였다. 마을 전체가 이웃사촌이고 한 집에 네댓 명 이상 아이들이 바글거리는 대가족 집안에서는 애완동물 따위가 끼어들 여지가 없었다. 어른들은 일에 바쁘고 아이들은 어울려 놀기에 바빠서 주변에 얼씬거리는 개들은 걸리적거린다고 걷어차이기 일쑤였다. 핵가족과 홀로 사는 사람들이 늘어나고 치열한 경쟁사회가 도래하면서 삭막하고 소원해진 인간관계가 애완동물에 집착하고 의존하는 성향을 만든 것 같다. 걸핏하면 속이고 배신하는 이기적인 인간들과는 달리 아무것도 묻지도 따지지도 않고 언제나 반겨주고 오로지 제 편이 되어주는 동물들에게 애착이 가는 건 일견 당연한 일로 보인다.

애완동물의 무조건적인 사랑은 주인의 자존감을 높여주고 체내에 옥시토신의 분비를 활발하게 하는가 하면 심장병 발병 위험을 억제하는 효과도 있다고 한다. 반면 2009년 8월 스칸디나비안 심리학 저널에 발표된 연구에서는 애완동물이 행복감을 높이거나 우울증상을 낮춘다고 보기는 어렵다는 주장을 하기도 했다. 아무튼 인간관계의 회복에 대한 노력이나 문제의식이 없이 단지 애완동물을 통해 소외감을 해소한다는 건 과연 바람직한 일일까.

애완동물을 기르는 인구가 1천만을 넘었다고 한다. 이쯤 되면 개인적 취향을 넘어 사회 문화적 현상으로 보아야 할 것이다. 애완동물 관련 산업도 성장일로에 있어 연간 시장의 규모도 2조원을 넘었다는 통계다. 애완동물에 드는 비용과 정성이 아이를 키우는 것에 못지않다고 하니 명실상부 가축이 아닌 가족인 셈이다. 그래서 애완동물 문제는 이제 정치적 이슈가 되기도 하고 공공장소에서의 관리 등으로 사회적 문제가 되기도 한다.

애완동물이란 명칭도 반려동물로 격상이 되었다. 1983년 10월 오스트리아 빈에서 인간과 애완동물 관계를 주제로 하는 국제 심포지엄에서 그 가치성을 재인식한다는 취지로 제안된 'companion animal'이란 명칭을 우리나라에서도 받아들인 거라 한다. 하지만 그렇게 불리는 것에 거부감을 갖는 사람도 적지 않은 것 같다. 사람이 일방적으로 선택해서 제멋대로 꾸미고 길들이는 대상을 마치 동등한 관계인 것처럼, 반려라고 하는 것은 가당찮다는 것이다. 더구나 수명이 다할 때까지 함께하는 경우는 고작 12%에 불과하고, 싫증이 나거나 사정이 여의치 않다고 내다 버리는 유기견이 하루에도 250여 마리나 된다고 하니 반려동물이란 말이 무색하지 않을 수 없다.

명칭이야 어떻든 애완동물에 병적으로 애착하고 의존하는 사람들이 있는가 하면, 소음과 냄새에다 털을 날리고 위협을 가하기도 하는 동물로 싫어하거나 혐오하는 사람도 적지가 않아서 가족 간 이웃 간의 불화와 분쟁이 끊이지 않는다. 그런 분쟁의 소지가 없도록 제도적 장치를 정비하는 동시에 애완동물에 대한 보다 성숙한 문화의식이 필요한 시점이다.

꼭두각시

얼마 전 우리나라 대통령을 위시한 방북단 일행이 평양에 가서 관람한 북한의 집단체조 공연에 대해서 말들이 많다. 그 규모와 기량에 감동해서 눈물을 흘렸다는 사람이 있는가 하면 아이들을 얼마나 혹사했으면 저렇게까지 할 수 있을까 싶어 소름이 끼쳤다는 사람도 있었다.

북한의 집단체조와 카드섹션은 세계 최대로 기네스북에도 올랐지만, 아이들을 체제선전과 외화벌이 수단으로 혹사한다는 비판에 몰려 몇 년간 중단을 했다가 이번에 다시 재개했다고 한다. 전체 10만여 명의 학생들을 6개월에 걸쳐 혹독하게 훈련하는 과정이 아동학대와 인권유린이라는 비판을 받고 있는 것이다.

지난여름의 유난했던 폭염에도 집단체조 훈련에 동원된 아이들의 고통이 어떠했을지 짐작이 간다. 그런 훈련에 참여한 경험이 있는 탈북자의 말에 의하면 실신해서 쓰러지거나 억지로 소변을 참느라 방광염에 걸린 아이들도 적지 않았다고 한다. 훈련 기간 중에는 정상적인 학교 수업을 받지 못하는 것은 물론이고 오줌이 마려

울까 봐 물도 제대로 마시지를 못한다는 것이다. 남한에서도 올림픽이나 전국체전 등에서 각종 매스게임을 하지만 목적이나 과정이 그것과는 차원이 다르다는 얘기다.

방북단의 일원이었던 한 중견시인은, 연도에 나와서 열렬히 환영하는 북한 주민들 표정에서 진심을 보았다고 했다. 일사불란하게 한복을 차려입고 붉은 모조꽃다발을 흔들며 목이 터져라 장군님 만세를 외쳐대는 주민들의 열광이 진심에서 우러나온 것이었다면, 그게 어찌 감동을 받을 일인가? 조금이라도 거슬리면 공개처형도 서슴지 않고 고모부와 친형까지도 죽이는 포악한 독재자를 절대존엄으로 떠받드는 광경을 보고도 느낀 점이 고작 그런 것이었다니, 명색이 시인이란 사람의 지극히 피상적인 현실인식에 실망을 넘어 아연해진다.

언젠가 북한의 어린 아이들이 춤추고 노래하고 악기를 연주하는 공연을 텔레비전으로 보고 섬뜩한 느낌을 받은 적이 있다. 그 어린 것들을 얼마나 혹독하게 훈련을 시켜야 저 지경에 이를 수가 있을까. 더욱 소름 끼치는 것은 그 아이들의 음성이나 표정까지도 하나같이 똑같게 만들어 놓은 거였다. 그것은 천진한 동심의 아이가 아니라 고도의 기능을 입력해놓은 로봇이거나 꼭두각시의 모습이었다. 편안하고 자유로워야 할 어린 영혼들을 그렇게 세뇌하고 혹사한다는 건 결코 감동하고 찬사를 보낼 일이 아닌 반인륜적 죄악일 뿐이다.

지난 70년 동안 김일성 일족의 세습 독재는 북한 주민들을 모조리 꼭두각시로 만들어 놓았다. 유아기부터 일체의 다른 정보를 차단하고 오로지 김일성을 위대한 어버이 수령이자 절대존엄으로 받들어 모시는 세뇌교육을 시켰으니 어떻게 정상적인 자아가 형성된 인간일 수가 있겠는가? 얼핏 보면 민주주의 사회에서 자유분방하게 자란 아이들보다 덜 때가 묻은 순수함으로 보일 수도 있을 것이다. 세상에는 겉으로 드러나는 현상에만 현혹되어 실상과 본질을 놓치는 경우가 너무나 많다. 그래서 거짓된 선전선동이나 포퓰리즘에 곧잘 휩쓸리는 게 민심이다. 가슴이 미어지는 연민과 공분으로 바라보아야 할 대상인데도 감동과 감격으로 보았다는 사람들 역시도 알게 모르게 학습이 된 그릇된 이념이나 편견의 꼭두각시라는 생각이다. 남쪽에도 그런 꼭두각시들이 의외로 많다는 사실이 놀랍고 씁쓸하다.

꼭두각시란 팔다리에 실을 달아서 조종하는 인형을 말한다. 한자어로는 괴뢰(傀儡)라고 하며, 남한에서는 북한군을 괴뢰군이라 하고 북한에서는 남한 정부를 미제의 괴뢰정부라고 했다. 그런데 요즘은 무엇에 홀린 듯 남한에서도 북한 주민이 모조리 꼭두각시가 될 수밖에 없는 사정을 간과하는 사람들이 너무나 많다. 유엔의 대북제재로 궁지에 몰린 김정은을 밖으로 끌어낸 것까진 좋은데, 그것을 마치 독재자가 개과천선이라도 한 양 착각을 하고 호들갑을 떠는 행태도 개탄스럽다.

3
보리밭이 있는 풍경

월사금 내지 못해 조회 시간에 쫓겨 가면
보리밭 김매는 엄마 먼발치로 보이는
냇가에 숨어 앉아서 버들피리나 만들었다

엄마 가슴 에는 말 차마 하지 못하고
버들피리 불며 가는 시오리 보리밭길
말갛게 뜬 낮달처럼 하나도 슬프지 않았다

— 詩 「버들피리」 중에서

독서인생

교회 사택 방문 앞에 걸인이 하나 와서 안에다 대고 "불쌍한 중생이 동냥하러 왔습니다." 하고 소리쳤다. 어디서 귀동냥한 '중생'이란 말이 교회에서도 통하는 줄 아는 모양이었다.

미닫이 방문이 조금 열리더니 하얀 손이 나와 동전 한 닢을 걸인의 손바닥에 놓고는 도로 들어가 문을 탁 닫았다. 엉겁결에 동전을 받아든 걸인은 뜨악한 눈길로 그걸 들여다보다가 무슨 말인가 투덜대며 돌아서 나갔다.

잠시 뜸을 들인 후에 이번에는 내가 방문 앞으로 가서 "목사님 계십니까?" 하고 불렀다. 그 걸인이 아직도 안 간 줄 알았는지 "누구요?" 하는 볼멘소리가 들려왔다. 학생회 아무개라고 했더니 그제야 방문이 활짝 열리며, "아, 김 군인가. 어서 오게, 그래, 웬일인가?" 반색을 했다. 목사님께 드릴 말씀이 있다고 했더니 들어오라고 했다.

방에 들어가 앉자마자 방금 걸인이 왔다 가는 걸 봤다고 했더니, 거지들이 돌아가며 수시로 찾아오는 바람에 여간 난처한 게 아니라고 했다. “성경에는 옷을 두 벌 가진 사람은 한 벌은 없는 사람에게 나누어 주라고 하지 않았습니까?” 나의 당돌한 반문에 목사님은 당혹스런 표정으로 한숨을 쉬며 조그만 시골 교회 목회자의 살림살이가 얼마나 빠듯한지를 설명했다. 몇 푼 안 되는 사역비로는 자식 셋 공부시키기에 턱없이 부족하다는 변명이었다.

그 고충을 몰라서가 아니라 그냥 한번 해본 소리였다. 당시 시골 교회 교인들 대다수가 끼니조차 넉넉하지 않은 형편이었다. 교회 연보 돈이래야 먹을 것 입을 것 아껴서 내놓는 푼돈에 불과했다. 자식들 교육은 태반이 초등학교가 고작이었다. 만약 우리 교회에서 굶어 죽는 사람이 발생한다면 그 첫 번째가 목사님이 되어야 하지 않겠는가, 라는 말을 하려다 말았다.

그 무렵 나는 꽤나 절실한 심정으로 교회에 다녔다. 끼니조차 잇기 어려운 참담한 현실은 사춘기 소년이 풀기엔 너무 힘겹고 난해한 문제였다. 그 모든 인생 문제의 해답은 오로지 신앙심에 있는 거라고 목사님은 확신에 찬 어조로 설교를 했고 나 역시 간절히 그것을 믿고자 했다. 외부 강사를 초빙해 부흥회를 할 때면 일주일 내내 철야기도를 했고, 엄동설한에 새벽마다 교회 종치기를 자청하기도 했다. 그래서 결국 내가 얻은 것이란, ‘이 세상의 소망 구름 같고 부귀와 영화도 한 꿈일세.’라는 찬송가를 목 놓아 부르며 위안을 얻는 것이 전부였다. 현생은 물론 내세까지 호언장담하는 목사님도 당면한 삶의 문제에 대한 결핍과 갈등의 질곡을 벗어나지 못한다는 걸 알고는 교회를 그만두었다.

교회에 다니면서 알게 된 집사님 중에서 당시 시골에서는 보기 드물게 책을 많이 소장한 분이 있었다. 신앙생활을 하고부터 술과 담배를 끊은 대신 월부로 책을 사 모았다고 했다. 세계사상전집, 세계고전문학전집, 세계현대문학전집, 한국현대문학전집 … 같은 장서본 책들로 가득 찬 책장이 몇 개나 되었다. 그 집사님은 책을 많이 사 모으기는 했지만 정작 독서에는 별로 열의가 없는 것 같았다. 대신 내가 언제라도 무단으로 드나들며 책을 가져다 읽을 수 있도록 배려해 주었다. 그 덕분에 책을 구하는 어려움이 없이 마음껏 독서에 빠져들 수 있었다.

신앙으로 해결할 수 없는 인생의 문제들을 책을 통하여 해답을 얻을 수 있을 거라는 기대가 있었다. 두껍고 묵직한 번역본 사상전집에는 내가 해독하기 어려운 말들이 태반이었다. 하지만 위대한 철학자들의 난해한 철학서에는 분명 내가 미처 모르는 진리들이 있는 것으로 보였다. 내가 아직 모르는 진리가 이 세상에는 얼마든지 있을 거라는 기대가 내게는 적지 않은 위안이고 희망이었다. 학업을 중단하고 독학으로 학과 공부를 해보려던 계획은 뒤로하고 밤낮으로 독서에만 몰두했다. 하루 두 끼도 때우기 어려운 형편이었지만 책 속에 빠져있는 동안에는 고통도 불안도 잊을 수가 있었다. 방안의 물걸레가 꽁꽁 어느 냉방에서도 이불을 뒤집어쓰고 어둑한 석유등잔 불빛에 밤새워 책을 읽는 것으로 추위와 허기를 잊곤 했다.

책을 통하여 동서고금의 수많은 위인현철들과 문호들을 만날 수 있다는 것은 여간 기쁜 일이 아니었다. 소크라테스와 플라톤에서부터 스피노자, 칸트, 니체, 쇼펜하우어, 키르케고르 같은 철학자들과 톨스토이, 도스토예프스키, 카프카, 카뮈, 샤르트르 같은 문호들을 만날 수가 있었다. 궁벽한 시골의 어둑한 골방에서 시공을 초월해 그들의 생각과 숨결을 느낄 수 있다는 것은 책이 아니고서는 상상도 할 수 없는 기적 같은 일이었다.

처음의 기대와는 달리 독서의 양이 쌓여감에 따라 책 속에 모든 해답과 구원이 있는 건 아니라는 걸 깨닫게 되었지만, 나 말고도 그렇게 심각하고 절실하게 인생과 세상에 대해 고민하고 궁리하는 사람들이 많았다는 것에 다소나마 위로와 의지가 되었다. 그리고 그들을 통해 혼자서는 종잡을 수도 없었던 막막하고 암담했던 세상과 인생에 대해 어렴풋이나마 윤곽을 잡아갈 수가 있었다.

불교와 동양사상에 눈을 돌리게 된 것은 한참 후의 일이었다. 불교 관련 서적들과 노자와 장자 공자와 맹자 등 동양의 고전들을 읽으면서 인간과 세상을 이해하는 또 다른 관점이 있다는 것을 깨닫게 되었고 공부의 순서가 바뀌었다는 것도 알았다. 한국 사람인 내가 어이없게도 우리의 것은 까맣게 모른 채 서양의 것이 전부인 줄 알았던 것이다. 우리나라에도 원효가 있고 율곡과 퇴계가 있고 남명과 다산, 최한기, 최재우 같은 걸출한 학자와 위인들이 있다는 걸 염두에조차 두지 않았던 거였다.

독서를 통해 내가 얻은 것은 돈도 권세도 명예도 아니었다. 처음부터 그런 걸 기대하지도 않았고 그럴 만큼 학문적인 성과를 거둔 것도 아니었다. 남다른 소질이나 의지를 타고 난 것도 아닌 데다 지지리도 옹색한 삶의 도피처로 독서를 선택한 면이 없지 않았기 때문이었다. 그래서 오랜 세월 독서를 통해 얻은 것이란 인간과 세계에 대한 어느 정도의 이해와 균형감각이 전부였다. 독서가 비록 의식주를 해결하는 수단이 되지는 않았지만, 가진 것이 없으면 없는 대로 그럭저럭 세상을 살아가게 하는 힘과 바탕은 되었던 것 같다.

요즘은 전처럼 독서를 많이 하지는 않는다. 지천명의 나이가 되면서부터는 책보다는 자연을 더 좋아하게 되었다. 삼라만상 자연이야말로 왜곡이나 오류가 없는 최상의 교과서요 경전이라는 걸 알았기 때문이다. 봄이면 다투어 피어나는 신록의 함성과 개나리 진달래 목련을 읽고, 밤이면 개구리 소리 낮에는 뻐꾸기 소리를 읽었다. 여름의 폭양과 녹음을 읽고 천둥번개와 매미 소리를 읽었다. 장마는 장편소설이고 반짝 지나가는 소나기는 한 편의 콩트였다. 자연의 책은 물론 눈으로만 읽는 게 아니다. 입과 귀와 코로도 읽고 손과 발과 온몸으로도 읽는다.

이 가을에는 잠자리와 코스모스를 읽고 억새를 읽는다. 억새가 얼마나 억세게 살아가는지, 억새의 노후가 얼마나 허허로운지 다시 한번 감명 깊게 정독을 한다. 황금빛 들판과 만산홍엽 단풍도 이 가을의 따끈한 신간으로 나와 있다. 가을이 가면 또 새로 겨울호가 나올 것이니 자연엔 시시때때 무궁무진 읽을거리가 많다.

두메산골 오두막집

* 자연

태어나서 열한살이 될 때까지 산골 오두막집에서 살았다. 산들이 사방을 에워싸고 산과 산 사이를 휘돌아 내가 흐르는 작은 골짜기였다. 인근 마을로 나가려면 그 냇물을 두 번 건너고 산모롱이를 돌아가야 했다. 비가 많이 와서 홍수가 나면 산을 넘지 않고는 마을로 나갈 수가 없었다.

아홉살이 되어 초등학교에 입학하기 전까지 문명사회와 거의 단절이 된 환경에서 유년 시절을 보냈다. 하루 종일 보이고 들리는 것이 온통 자연의 모습이고 소리였다. 철따라 새싹이 돋아나고 꽃이 피고 열매를 맺고 잎이 무성했다가 단풍들고 떨어지는 걸 날이면 날마다 보고 살았다. 들리느니 온갖 새소리 풀벌레 소리 물소리 바람 소리였다. 누가 시키거나 일부러 하지 않아도 저절로 자연의 일부가 되었다.

먹을 것이 귀한 춘궁기에는 산으로 들로 다니며 삘기도 뽑아 먹고 찔레순도 꺾어 먹고 진달래꽃도 따먹었다. 칡뿌리를 캐거나 송기를 벗기고 꿩알도 주우러 다녔다. 마당가의 큰 감나무는 감꽃이 필 때부터 늦가을까지 군것질거리를 내주었다. 감꽃이 떨어지면 감꽃을 주워 먹고 땡감이 떨어지면 땡감을 주워서 삭혀 먹었다. 무엇보다 먹을거리에 관한 기억이 가장 잊히지 않는 것은 그만큼 절실했기 때문일 것이다.

예닐곱살부터는 농사일을 돕거나 소를 먹이러 다녔다. 낫질과 도리깨질, 새끼 꼬기 등을 그 시절에 다 익혔다. 한 사발의 보리밥이 입에 들어오기까지의 전 과정에 내 손길이 닿았다. 가을에는 고무래로 보리씨를 묻었고, 김매기와 베기, 보리타작도 거들었다. 밀과 조와 콩과 수수, 기장, 감자 그리고 무 배추 고추 호박 같은 채소를 심고 가꾸는 일에도 물론 내 일손을 보탰다.

문명의 산물이라고는 지극히 단순하고 소박한 농기구와 식기류, 한두 벌 옷가지가 고작이었다. 그 시절이 행복했다거나 고되고 불행했다는 기억은 지금 없다. 다만 그때 그 산골의 자연이 내 정서와 사유의 근간이 된 것만은 틀림이 없을 것이다.

* 이웃

내가 살았던 오두막집 뒤에는 초가로 된 절집이 한 채 있었다. 유일한 이웃이었던 그 절집에는 대처승인 스님할아버지와 후실로 온 보살할머니, 그 할머니를 따라온 손자와 손녀 남매가 살았다. 나보다는 열살가량이 많은 그 남매는 일찍 엄마를 여의고 아버지는 떠돌이 병풍장수라고 했다. 그들 남매의 이름은 영자와 영철이었다.

영자누나는 연로한 할머니를 대신해서 절집의 살림을 도맡아 했고 영철이형도 절에 딸린 전답의 농사일로 힘든 나날이었다. 영철이형은 틈이 나면 집 뒤 언덕 상수리나무 밑에서 퉁소를 불었는데, 그것은 곧 나를 부르는 소리이기도 했다. 퉁소소리가 들리면 나는 으레 그 상수리나무 밑으로 가서 구슬픈 가락에 젖어들곤 했다. 하지만 퉁소소리보다는 유일한 이웃이자 친구인 그 형과 함께 있는 것이 더 좋았던 것 같다. 영철이형의 퉁소 실력이 어느 정도였는지는 몰라도, 그 소리에 담긴 사춘기 소년의 애환이 조금은 전달이 되지 않았을까. 무엇을 잘못했는지 스님할아버지가 고함을 지르며 휘두르는 작대기를 피해 달아나던 형의 모습과 눈을 지그시 감고 퉁소를 불던 모습이 내 유년의 감성 밑바닥에 아련하게 남아있다.

영자누나가 장정 둘이서 매고 가는 가마를 타고 울면서 산모롱이를 돌아가던 장면도 잊히지 않는다. 앞뒷집에 살면서 자매처럼 정이 들었던 어머니는 연신 치맛자락으로 눈물을 훔치고 우리 남매들도 집 앞에 나와 서서 글썽이며 배웅을 했다.

두메산골 내 유년의 유일한 이웃이 하필이면 절집이었다는 것도 평범한 일을 아닐 것이다. 향을 태우는 냄새가 짙게 밴 법당에 앉아있는 새하얀 석고불상은 현실의 세상과는 또 다른 세계를 엿보게 했다. 날마다 새벽예불을 알리는 종소리에 —법당 밖 마루에 작은 종이 있었다– 어렴풋이 잠이 깼다가 목탁 소리와 염불 소리를 들으며 다시 잠이 들곤 하던 기억이 여운처럼 남아있다. 우리 집과는 사뭇 다른 그 절집의 분위기가 막연하게나마 현실 너머의 어떤 세계에 대한 궁금증을 갖게 했던 것 같다.

* 죽음

아버지는 6・25전쟁 후 늦은 나이에 징집이 되어 입대를 하고, 폭격으로 불타고 남은 오두막에 친할머니와 외할머니, 어머니와 누나, 갓난이 동생까지 여섯 식구가 살았다. 할머니는 두 분이 다 환갑이 넘은 연세였는데 친할머니는 머리가 까맣고 외할머니는 하얗게 센 머리였다. 내 기억에 더 남아있는 분은 친할머니보다는 외할머니였다.

친할머니는 말이 거칠고 괄괄한 성격이었는데 비해 외할머니는 딸네 집에 얹혀사는 탓도 있었겠지만 통 말이 없는 성격이었다. 두 할머니는 사이가 좋지는 않았던 것 같다. 머리가 하얗고 까만 두 할머니가 어두컴컴한 방에 서로 등을 지고 앉아 있던 모습이 지금도 떠오른다. 외할머니는 원래 일곱 남매를 두었으나 병으로 사고로 다섯을 잃고 어머니와 외삼촌 남매를 키우며 사셨는데, 외삼촌이 전쟁 통에 행방불명이 되자 외숙모는 아이 둘을 데리고 재가를 해가고 외할머니는 딸네로 의탁을 해온 거였다.

두 할머니가 함께 사는 것이 끝내 불편했던지 인근 마을에 골방을 하나 얻어 나갔던 외할머니는 몇 해를 못 가서 세상을 뜨고 말았다. 내가 특히 외할머니를 못 잊는 것은 혼자서 상주노릇을 한 일 때문이었다. 수의 대신 입었던 옷에 이불 홑청으로 싸서 염을 하고 관 대신 대자리에 만 시신을 먼 친척 형님이 지게에다 지고 가서 뒷산에 묻는 과정을 지켜보았다. 소나무 그늘에 오도카니 앉아서 삽으로 구덩이를 파고 외할머니의 시신을 묻는 장면을 바라보면서 일곱 살짜리가 무슨 생각을 했는지는 지금 기억나지는 않지만, 한 생의 끝에 덮이는 허무의 자락을 어렴풋이 느꼈던 것 같다.

몇 해 뒤에 친할머니도 돌아가셨지만 6년 만에 제대를 해온 아버지가 장례를 치렀기 때문에 나에게는 별다른 기억이 없다. 하지만 열살 때 겪은 아버지의 돌연사는 또 한 번의 충격이었다. 무엇보다 거의 넋이 나간 상태였던 어머니가 다시 정신을 추스르기까지 어린 자식들이 감당해야 했던 혼란과 불안은 적지가 않았다. 겨우 삼십대 초반이었던 어머니가 혼자서 복중의 아이까지를 다섯 남매를 데리고 살아갈 일이 얼마나 두렵고 막막했을지는 오랜 세월이 흐른 후에야 조금이나마 짐작이 되었다.

두 할머니와 아버지의 죽음은 내 유년에 각인된 커다란 충격과 허망의 기억이었다. 사람은 결국 그렇게 죽는다는 것, 앞날에 대한 꿈과 기대로 차 있어야 할 유년 시절에 인생의 끝을 먼저 보았다는 건 무엇으로도 치유할 수 없는 트라우마로 남을 수밖에 없는 일이었다. 가까스로 정신을 수습한 어머니가 다섯 남매를 데리고 읍내로 이사를 하면서 그 산골을 벗어났지만, 유년의 기억까지를 두고 갈 수는 없는 일이었다.

이순의 세월을 살아오면서 소위 입신출세를 위해서 무엇에건 집념을 갖지 못한 것은, 타고난 무능과 게으름 탓도 있었겠지만 죽음에 대한 트라우마의 영향도 없지는 않았을 것이다. 살아갈 날들과 미지의 세계에 대한 천진한 동경과 꿈을 갖기에는 나는 어려서부터 너무 애늙은이가 되어 버렸다고 할까. 내 평생은 그러니까 그 허망과 적막의 끝에서부터 되짚어온 세월이었다.

돌아가지 못한 봄소풍

산골 외딴집에 살던 나에게 초등학교 입학은 적지 않은 사건이고 충격이었다. 외딴길을 걸어서 통학해야 하기 때문에 일부러 일 년을 늦추어 입학을 하기는 했지만, 한꺼번에 많은 아이들과 어울려 지내는 학교생활에 잘 적응이 되지가 않았다. 학년당 팔십 명이나 되는 아이들을 책걸상도 없는 교실 하나에다 몰아넣고 하는 수업이라 어수선하기 짝이 없었다. 혼자서 지내는 것에 길들여진 나에게는 그런 분위기가 여간 서먹하지 않았다.

두어 달이 지나서 봄 소풍이 있었다. 난생처음으로 어머니가 싸주신 점심 도시락을 들고 학교 밖으로 나들이를 갔다. 목적지는 학교에서 그리 멀지 않은 바닷가의 산이었다. 반 시간 넘게 올라가야 하는 꽤 높은 산이었지만 날마다 산으로 들로 쏘다니는 것에 익숙해진 당시의 아이들에게는 그다지 힘든 일이 아니었다. 동해가 환히 내려다보이는 산 정상은 생각보다 넓고 평평한 풀밭이었다.

기다리던 점심시간이 되자 나는 도시락 보따리를 들고 따로 한적한 곳을 찾았다. 다른 아이들은 친한 동무들끼리 삼삼오오 짝을 지어 흩어져 갔지만 나는 아직 그럴만한 친구도 없는 데다 아무에게도 방해를 받지 않고 혼자서 오붓하게 점심보따리를 풀고 싶었다.

보따리 속에는 양은 도시락 가득 쌀이 섞인 밥과 멸치볶음, 그리고 삶은 계란과 고구마가 하나씩 들어 있었다. 우선 계란부터 까서 먹었다. 평소에는 구경조차 하기 어려웠던 계란이었다. 도시락까지 거뜬히 비우고 고구마를 먹는데 목이 말랐다. 물병을 가지고 오지 못했으니 참 난감했다. 산골 아이답게 계곡으로 내려가면 물이 있을지도 모른다는 생각이 떠올랐다. 도시락 뚜껑을 들고 물을 찾아 나서기로 했다. 기대와는 달리 물은 없었다. 제법 깊숙한 계곡으로 내려가도 쌓인 낙엽이 축축할 정도였고 마실만 한 물은 끝내 찾을 수가 없었다. 그렇게 한참을 정신없이 헤매다 보니 어느새 산 아래까지 내려가고 말았다. 그것도 올라갈 때와는 전혀 다른 방향이었다. 온몸은 땀에 흠뻑 젖었고 못 견디게 목이 탔다. 나는 아찔한 현기증을 느끼며 나른한 봄볕 아래 한참을 서 있다가 정신을 차리고 걷기 시작했다. 빨리 물을 실컷 먹고 싶다는 생각과 집으로 가고 싶은 생각뿐이었다.

어머니와 할머니는 들일을 나가고 집에는 아무도 없었다. 부엌으로 가서 거기까지 들고 온 도시락 뚜껑을 놓고 바가지로 물을 떠서 벌컥벌컥 마셨다. 그리고는 방에 들어가서 누웠다. 온몸이 소금에 절인 것처럼 나른해지면서 졸음이 쏟아져왔다. 얼마를 잤을까,

누가 심하게 흔드는 바람에 잠이 깼다. 웬 낯선 얼굴이 내려다보고 있었다. 잠결에 사태가 잘 파악되지 않아서 멀뚱하게 쳐다보고 있는데 한참을 그러고 있던 그 얼굴이 방을 나가버렸다. 그제야 학교에서 몇 번인가 본 기억이 났다. 급사라고 하는, 학교에서 이것저것 심부름을 하는 청년이었다.

어머니는 소풍 갔다가 목이 말라서 집으로 와버렸다는 사실을 알고 걱정을 했으나 급사가 왔다 갔다는 말을 듣고는 적이 안심을 하는 눈치였다. 그다음 날이 일요일이어서 하루를 쉬고 월요일 등교를 하자마자 전교생 조회가 있었다. 교장 선생님이 단상에 올라가더니 확성기로 내 이름을 불렀다. 나는 깜짝 놀라서 멍하게 서 있는데 담임선생님이 오더니 데리고 앞으로 나갔다. 그리고는 영문도 모른 채 교단 위로 올려졌다. 그 순간, 나는 내 평생 잊을 수 없는 경험을 했다. 4백 명이 넘는 전교생들의, 그러니까 수백 개의 시선이 일제히 나에게로 화살처럼 꽂혀오는 거였다.

교장 선생님은 내 머리통을 쥐어박으며 내가 지난 소풍날 얼마나 엄청난 짓을 저질렀는지를 말하고 있었다. 나중에야 알게 된 일이지만 도시락 보따리까지 놔두고 일학년짜리 하나가 없어졌으니, 소풍이고 뭐고 전교생이 온 산을 이 잡듯 뒤진 모양이었다. 교장 선생님은 말없이 단체를 이탈하는 일이 얼마나 커다란 잘못인가를 누누이 설명하고 다시는 이런 불상사가 없도록 거듭 강조를 하는 것으로 조회를 마쳤다.

교실에 들어가서도 다시 앞으로 불려나갔다. 담임 선생님은 좀처럼 분이 풀리지 않은 모양인지 한참이나 막대기로 쿡쿡 찔러대며 호통을 치더니 무슨 더러운 벌레라도 팽개치듯 떠밀어냈다. 자리에 돌아와 앉는데 바지가 흥건하게 젖어 있었다. 담임선생님이 교실을 나가자 나는 설움이 북받쳐 올라 책상에 엎드려 소리 죽여 울었다. 아이들의 왁자지껄 떠드는 소리가 딴 세상의 소리처럼 귓가에 윙윙거렸다.

그날 이후 나는 낙인찍힌 아이였다. 상급생들은 눈에 띄기만 하면 불러 세우고 뭐라고 한마디씩 하며 괴롭히곤 했다. 그러나 세월이 흐르면서 그 기억도 차츰 낡아져 갔다. 대신 하굣길에 개울가에 혼자 멍하니 앉아 있곤 하는 버릇이 생겼다. 세상과 나 사이에 가로놓인, 소통을 단절하는 그 두꺼운 벽에 대해서 어떤 단서를 찾아내기에도 나는 아직 너무 어린 나이였다. 그러다가 3학년이 되었을 때 가족이 읍내로 이사를 하는 바람에 그 학교를 떠나게 되었다.

6학년 때였다. 여름방학을 며칠 앞둔 어느 일요일, 나는 아침 일찍 호미를 가지고 학교로 갔다. 읍내로 이사한 이후로는 집에서 밭농사를 짓지 않았기 때문에 나는 휴일에도 할 일이 없었다. 일요일이면 아무도 없는 교실에 몰래 문을 따고 들어가서 혼자서 숙제를 하거나 책을 읽거나 했다. 철사를 두드려 만든 열쇠로 교실 자물통을 열고 들어가서 텅 빈 교실에 혼자 있는 것이 그렇게 편안할 수가 없었다.

단층으로 된 교사 앞에는 각 반에서 관리하는 화단이 있었다. 맨 앞의 채송화에서부터 꺽다리 해바라기까지 아이들이 직접 가져다 심은 온갖 화초들이 다투어 꽃을 피우며 자라있었다. 가져간 호미로 꽃밭의 김을 매기 시작했다. 꽃밭에 수북하게 자라난 잡초를 보면서 이번 일요일에 김을 매기로 미리 작정을 한 터였다. 산골에 있을 때는 지겹던 농사일인데도 지금은 꽃밭에 김을 매는 일이 그렇게 기분 좋을 수가 없었다. 7월의 따가운 햇살 아래서 얼굴에 구슬땀이 맺히도록 열심히 김을 매었다. 봉숭아, 분꽃, 나팔꽃, 과꽃, 백일홍, 맨드라미, 다알리아, 장미 … 하나하나 풀을 뽑고 호미로 흙을 파서 북을 돋워주자 고맙다는 인사라도 건네 오는 것 같았다.

일이 거의 끝날 무렵이었다. 뭔가 이상한 느낌이 들어서 고개를 들었다가 나는 그만 가슴이 덜컥 내려앉았다. 교장 선생님이었다. 뒷짐을 진 교장 선생님이 땀을 흘리면서 김을 매고 있는 내 모습을 지켜보고 있는 거였다. 뭔가 몹쓸 짓을 하다 들킨 것처럼 낭패한 기분이 되어 일손을 멈추고 있는 나에게 교장 선생님은 이름과 몇 학년 몇 반인지를 묻고는 더 이상 아무 말도 않고 사택이 있는 쪽으로 가버렸다.

이튿날 아침 조회시간에 교단 위에는 탁자가 하나 올려져 있었다. 무슨 기념식이나 시상식이 있을 때에만 놓이는 거였다. 조회가 시작되어 단상에 올라선 교장 선생님은 얼굴 가득 웃음을 띠고 말문을 열었다. 어제 있었던 일을 얘기했다. 사람이 하는 선행 중에서도 아무도 모르게 하는 선행이 더욱 값진 것이라는 것과, 우리 학교에 이렇게 훌륭한 애교심을 가진 학생이 있다는 것을 교장으로서 더없는 자랑으로 생각한다는 것이며, 여러분 모두가 본받기를 바란다는 얘기였다. 나는 교단 위로 불려 올라가서 선행상 상장을 받았다. 천오백명이 넘는 전교생이 일제히 박수를 쳤다. 삼천개가 넘는 시선 앞에서 나는 마치 발가벗겨진 것처럼 소름이 끼쳤다. 아무에게도 들키고 싶지 않은 나만의 비밀이 깡그리 까발려져 백일하에 내던져진 느낌이었다. 나는 그날 받은 상장을 꼬깃꼬깃 접었다가 쓰레기통에 버렸다.

사춘기가 시작되면서 닥치는 대로 책 속에 빠져들었다. 나에게 등을 돌려댄 세상에 대해서 속 시원한 해답을 얻고 싶었다. 그때 나에게 그보다 더 절박하고 중대한 일은 아무것도 없었다. 그리고 그것이 스스로 선택할 수밖에 없었던 내 인생 행로의 시작이었다. 아아, 지천명의 세월을 산 오늘까지 나는 아직도 그 옛날의 봄 소풍에서 돌아가지를 못하고 있다.

보리밭이 있는 풍경

길을 가다가 보리밭을 만나 한동안 발길을 멈추고 바라본다. 뒤늦게 불어닥친 꽃샘추위에도 아랑곳없이 짙푸르게 자라난 3월의 보리밭이 뭉클한 감회로 다가온다.

요즘은 시골에서도 보리밭을 보기가 쉽지 않지만 30여 년 전만 해도 봄이면 들녘이 온통 청보리의 물결이었다. 식량이 턱없이 부족한 시절이어서 밭은 물론 논에까지 이모작으로 보리를 심었다. 혹한의 겨울에도 푸른빛을 놓지 않고 견디었다가 봄이면 제일 먼저 생기를 띠고 자라나서 이 땅에 봄이 왔음을 알려주던 보리밭. 흔히 보릿고개로 일컬어지던 혹독한 춘궁기를 어기찬 기운으로 차오르던 보리밭의 그 푸름이 지금도 선명한 기억으로 남아있다.

나에게 보리밭만큼 고향과 어린 시절의 기억들을 선명하고 절실하게 떠올려주는 것은 없다. 가을이면 키보다 큰 고무래로 손이 부르트도록 보리씨를 묻어야 했고 오뉴월 뙤약볕 아래서 온종일 보릿단을 날라야 했던 힘겨운 노동의 대상이었고, 아지랑이 속으로 펼쳐진 긴 보리밭 이랑을 따라 오가며 김매는 어머니의 애잔한 노래 소리가 들려오는 아련한 정서의 근원이기도 했다. 그리고 무엇보다 절실했던 것은 가난과 허기였다.

점심시간마다 다른 아이들이 밥을 다 먹고 나올 때까지 변소 뒷벽에 붙어 서서 멀거니 낮달이나 쳐다보던 기억과, 몇 십 원 납부금을 내지 못해 조회 시간에 집으로 쫓겨 가서 보리밭 고랑에 앉아 김을 매는 어머니의 뒷모습이나 먼발치서 바라보다 발길을 돌려야 했던 기억들이 고스란히 살아나서 가슴을 아릿하게 하는 것이다.

요즘 아이들이 들으면 무슨 소린가 하겠지만, '보리 풋바심'이란 게 있었다. 보릿겨로 만든 수제비나 나물죽으로도 높고 가파른 보릿고개를 끝내 넘지 못하면 어머니는 받에 나가 아직 다 여물지 않은 보리를 베어왔다. 그 설익은 보리 이삭을 가마솥에다 쪄서 말린 다음 절구에 찧으면 풋바심한 보리쌀이 되었다. 그것으로 밥을 지으면 껍질이 말끔히 벗겨지지 않아 입안의 감촉이 껄끄럽고 보리 풋내 같은 묘한 냄새가 나기도 했지만 굶주린 배를 채우기에는 더 바랄 게 없는 먹을거리였다.

사십여 년이 지난 지금에도 나는 그때의 그 풋바심한 보리쌀로 지은 밥의 맛과 감촉을 잊지 못한다. 한 사발의 보리밥 앞에서 그토록 절실하고 왕성했던 식욕을 아직도 잊을 수가 없는 것이다. 그것은 단순히 맛이나 영양가로만 따질 수는 없는, 뭐랄까, 까마득히 심성의 밑바닥에 가 닿는 삶의 절실함 같은 것이었다.

아직도 결식 아동들이 적지 않다는 보도가 있긴 하지만, 우리나라 대다수 국민들은 이제 보릿고개와 같은 빈곤에서는 해방이 되었다. 배고픔과 영양실조를 걱정하는 대신 오히려 과식과 비만을 걱정하게 되었을 뿐 아니라, 먹고 남아서 버려지는 음식물 쓰레기만도 돈으로 환산하면 연간 수십 조에 달한다고 하니 넘치는 풍요의 시대라 해도 과언이 아닐 것이다.

보릿고개의 쓰라림을 겪었던 세대들 중에서는 보리밥조차 배불리 먹을 수 없었던 시절에 비한다면 지금은 얼마나 좋은 세상이냐고 말하는 이들이 많다. 물론 물질적 빈부를 따지자면 비교도 할 수 없게 좋아진 세상이다. 그러나 그런 말을 들을 때마다 나는 선뜻 수긍할 수 없는 거부감 같은 것을 느끼게 된다. 과연 우리가 물질의 풍요를 얻는 대신 잃어버린 것은 없는가를 돌아보게 되는 것이다.

우리의 어린 시절에는 그렇게도 절실하고 소중하던 보리밥 한 사발이 요즘 아이들에겐 과연 어떤 의미가 있을까. 자기 물건을 잃어버려도 도무지 찾을 생각을 않고, 과자 봉지 속에다 무슨 장난감을 넣어서 팔면 그걸 사서 과자는 버리고 장난감만 모은다는 신문기사를 읽으면서 물질적 풍요가 오히려 아이들을 어떻게 버려놓았는지 단적으로 말해주는 것 같아 놀라지 않을 수 없었다. 자신들이 어렸을 적 못 먹고 못 입은 한풀이로 자식들에게는 무엇이건 부족한 것이 없게 하겠다는 부모들의 왜곡된 심리가 아이들을 도무지 아까운 것이 없고 소중한 줄을 모르는 철부지로 만들어 놓았다.

이제는 아이들의 미각도 예전과는 딴판으로 달라져 버렸다. 김치나 된장찌개보다는 햄버거나 피자 따위가 더 구미에 맞게 된 것이다. 모든 것이 서양식으로 바뀌어 가는 마당에 음식이라고 전통만을 고집할 필요가 있겠느냐고 하겠지만, 그러나 이것은 단순히 그렇게만 보아 넘길 수 없는 심각성이 있는 게 아닐까 하는 생각이다.

식욕이야말로 가장 원초적 본능의 하나이듯이 미각 역시 가장 직접적으로 인간의 심성에 영향을 미치는 것이라고 할 때, 국적 불명의 식생활이 아이들의 정서적 정체성에 미치는 영향을 우려하지 않을 수가 없는 것이다. 더구나 각종 인스턴트식품으로 자라는 아이들의 미각을 변질시키고 교란시킨다는 것은 아이들 본래의 심성을 왜곡시키고 변질시키는 일인들 되지 않겠는가.

지난날 우리가 저 가파른 보릿고개를 넘기 위해 허기진 배의 허리띠를 졸라매었듯이 이제는 오히려 우리 욕망의 허리띠를 졸라매야 할 때가 되었다. 온갖 요사스런 맛에 변질되고 왜곡된 식욕을 한 사발의 보리밥 앞에서 절실하고 왕성해지는 소박함으로 돌려놓아야 한다. 그것은 곧 보릿고개와 함께 보리밭이 있는 풍경이 주는 그 절실하고 질박하고 원초적인 정서마저 사라져서 황폐해진 마음밭에 다시금 푸르른 청보리의 물결이 출렁이게 하는 일이다.

들길을 걸으며

들길을 걷는다. 진눈깨비를 섞은 비바람이 몰아치더니 오늘은 활짝 갠 날씨다. 아직 다 철수하지 않은 겨울의 잔병들이 서둘러 피는 꽃들을 시샘해서 심술을 부리는 것이라 하여 꽃샘추위라고 한다지만, 시샘을 한다기보다는 초목들의 조급함을 진정하려는 자연의 섭리로 보아도 좋을 것 같다. 뒤늦은 추위에 움츠렸던 새싹들이 따사로운 봄볕에 다시 생기를 얻고 있다.

요즘은 좀 뜸한 편이지만, 나의 들길 걷기는 사춘기 시절부터 몸에 밴 습관이었다. 어둑한 골방에서 밤낮으로 책이나 뒤적이다가 지치면 집을 나와서 무작정 들길을 걷곤 했다. 내 사는 마을 주위에 분지의 모양을 한 꽤 너른 들이 있어서 몇 시간이고 돌아다니기에 안성맞춤이었다. 비가 오나 눈이 오나 하루도 빠짐없이, 그러니까 들길을 걷고 걸어서 내 젊음의 한 때를 지나온 셈이었다.

혼자 들길을 걸으며 이런저런 생각에 잠기기도 하고, 그냥 눈길과 마음을 열어놓고 계절을 따라 피고 지는 풀꽃이나 곡식들을 바라보기도 했다. 언제나 변함없이 그 자리에 있으면서도 날마다 새롭고 다양한 표정을 가진 들판이었다. 언제 만나도 한결같이 반갑고 만날수록 정이 더 깊어지는 사람이 있다면 바로 들판과 같은 마음을 가졌다고 해도 좋을 것이다. 여름철에는 쏟아지는 장대비를 온몸으로 맞으며 걷기도 했고, 눈보라가 몰아치는 겨울날은 들판 한가운데서 쥐불을 놓는 즐거움도 있었다.

들길은 길이다. 들길의 원래 용도는 농부들이 생업인 농사일로 지나다녀야 하는 길이지만, 농사를 짓지 않는 나에게도 들길은 삶을 위한 길이었다. 농사철에는 모를 심거나 벼를 베는 등 남의 농사일을 더러 거들기도 했지만, 나에게는 그저 걷기 위한 길로서의 의미가 더 큰 거였다. 인생을 길가는 나그네에 비유하기도 하지만, 날마다 어슬렁거리며 들길을 돌아다니는 것이 그때 내 삶의 일부였으니까.

들판은 그냥 땅이 아니라 오랜 세월 우리 삶의 터전이었고, 자자손손 목숨을 이어오게 한 젖줄이었다. 이 땅에 태어나서, 이 들녘에서 생을 다 소진하고, 다시 땅으로 돌아간 우리네 무수한 조상들의 살과 피와 땀과 한숨과 눈물이 뒤섞인, 그야말로 땅과 사람의 신토불이인 것이다.

들길을 걷는 마음은 한가롭다. 비록 사는 일이 너무 옹색하고 힘겨울지라도 들길을 걷는 동안은 다소간의 여유와 평안을 얻을 수가 있었다. 불가에서는 행선(行禪)이라는 말도 있지만, 나에게도 들길을 걷는 것이 옛 사람들이 말한 일종의 도(道)의 수행이요 공부였던 것 같다. 들길을 걷고 또 걷는 것으로 고통과 좌절과 슬픔을 견디고 이겨낼 위로와 힘을 얻고, 얽히고 맺힌 삶의 매듭들에 대한 해결의 실마리를 찾기도 했던 거였다.

아무리 넓은 들이라도 경계가 있고 제각각 그 소유권자가 있어서 사고 팔거나 소유권 등기를 하지만, 그런 것으로는 결코 소유할 수 없는 무한한 것들이 들에는 있다. 논과 밭의 주인들이야 소유권의 대가로 얼마간의 곡물이나 돈을 쥘 수는 있겠지만, 그 이상을 소유할 수는 없는 일이다. 잠시 머물렀다 가는 주제에 사람이 자연의 일부를 소유한다는 것이 얼마나 가소로운 착각인가. 들에는 사람들이 소유권을 주장하거나 수확해갈 수 없는 풍성한 계절이 있고 찬란한 생명의 잔치가 있다. 누구나 언제라도 동참할 수는 있으나 소유권을 주장할 수는 없는 것이다. 그러니 들은 날마다 들길을 걷는 사람의 몫이고, 들길을 걷는 것만으로 세상 부러울 게 없는 부자일 수도 있는 것이다.

들길은 시대의 흐름에 역행하는 길이다. 농부들도 이제는 신명이 나서 들길을 오갈 일이 없겠지만, 나처럼 어슬렁대며 들길을 걷는 것도 분명 시대에 맞지 않는다. 더 빨리 앞서가고 더 많이 차지하는 것만이 살아남는 길이 되어버린 치열한 경쟁의 시대에 한가하게 들길이나 걷는 것이 무슨 경쟁력이 되겠는가. 하지만 그런 욕심과 강박증으로는 얻을 수 없는 보다 소중하고 무한한 것들이 있다는 것을 대다수 사람들은 모른다.

옛날에는 한국인의 기질적 특징은 '은근과 끈기'라고 교과서에서 배우기도 했지만, 지금은 그게 '빨리빨리'와 '얼렁뚱땅'으로 바뀌었다고 한다. 인도의 시성 타골이 예찬한 '고요한 아침의 나라'도 어느새 간 곳이 없어지고, 지구상에서 둘째가라면 서러워할 정도로 바쁘고 시끄러운 민족이 되어버렸다. 워낙에 없는 밑천으로 오로지 잘살아보려고 발버둥치고 허둥대다 보니 저절로 몸에 밴 습관이요 성질인 것이다. 그래서 어느 정도 잘살게는 되었지만, 성질만 옛날로 되돌려 놓을 수는 없게 되었다. 아니 한 술을 더 떠서 이제는 좀 먹고살만해졌으니 내놓고 방정을 떨고 흥청망청하자는 추세로 기고 있는 것 같다. 요즘 한국인들처럼 때와 장소를 가리지 않고 찧고 까불어대는 민족이 세상 어디에 또 있는지 모르겠다.

봄이 오고 있다. 누가 욕심을 내서 싹쓸이를 하거나 쇼핑백에 채워갈 수 없는 봄이다. 누가 어찌할 수 없는 봄이요 누구에게나 무상으로 주어지는 봄이지만, 누구에게나 다 같은 봄은 아니다. 전쟁놀이에 골몰하거나 핵무기의 개발을 위협의 도구로 삼고자 하는 자들의 봄과 한가로이 들길을 거니는 사람의 봄이 같을 수가 있겠는가. 바쁘고 중요한 일들을 두고 봄타령이 다 무엇이냐고 할 사람도 있겠지만, 인류가 지구상에 등장하기 전에도 봄은 있었고 인류가 멸종을 하고 나서도 봄은 오는 것이다.

뭐가 어쨌거나 이 봄 내 재산 목록 일호는 바로 봄이다. 이 봄의 햇빛과 바람과 만물이 소생하는 들판이 무엇과도 바꿀 수 없는 내 재산이다. 누구하고 소유권을 놓고 시비를 할 필요도 없고 욕심을 내서 퍼담을 필요도 없다. 지금 내가 누리고 있는 이 종요로운 여유와 평온도, 저 들과 봄만이 줄 수 있는 선물이 아니겠는가.

목련을 심었더니

마침내 내 집을 갖게 되었을 때, 나는 봄이 오기를 기다려 목련나무 묘목을 한 그루 사다가 뜰에 심었다. 오랫동안 남의 집 셋방을 전전하면서 꿈꾸었던 작은 소망 하나를 이루기 위해서였다. 담장 너머로 목련꽃이 환하게 피어있는 집이 그렇게 아늑하고 단란해 보일 수가 없었다. 작고 초라한 집이라도 뜰이 있어서 거기에다 목련나무를 심는 것이 내 오랜 바람이었다.

엄지손가락 두 개 정도 굵기의 묘목을 심었는데, 집터의 토질이 좋아서 그런지 목련은 기대했던 것보다 빨리 자랐다. 이웃에서 얻어다 같이 심은 감나무와 모과나무, 석류나무보다 훨씬 성장속도가 빨랐다. 대나무처럼 한 줄기로 곧게 자라다가 이듬해부터는 가지가 벋기 시작하더니 네 해째 봄에는 드디어 꽃을 피웠다.

내 손으로 심은 나무가 처음으로 꽃을 피운 것이니 그 감격이 남다를 수밖에 없었다. 아직은 밋밋한 가지에 고작 몇 송이의 꽃이 달린 것이 남들 보기에는 별로 대수롭지 않을지 몰라도, 그것을 심고 수시로 지켜본 나에게는 기다리던 자식이라도 얻은 것인 양 여간 기쁘고 대견스러운 게 아니었다. 친구들에게 자랑을 늘어놓았는데도 그게 뭐 그리 대수냐는 듯 심드렁한 반응이 야속할 지경이었다.

기하급수로 늘어난다는 말이 있지만 해마다 목련나무 가지가 그랬다. 한 가지에서 여러 개의 순이 나오더니 몇 년 안 가서 제법 의젓한 나무가 되었다. 반 아름은 족히 되는 어른나무가 된 지금은 목련꽃이 만개하면 집 앞을 지나가는 사람들마다 쳐다보고 감탄사를 흘리기도 한다.

요즘은 개나 고양이 같은 애완동물을 키우는 것이 유행인 모양인데, 갈수록 치열한 경쟁에 따른 이기심으로 인간관계가 각박하고 삭막해진 까닭이 아닐까 싶다. 전적으로 주인에게 복종하고 반기는 애완동물이 적잖이 위안이 되고 사랑스러울 수 있는 것이리라. 그러나 개나 고양이는 끊임없이 먹이고 씻기고 배설물을 치우고 보살펴야 한다. 한갓 짐승에게 그렇게까지 수고와 비용을 들이는 것을 탐탁하지 않게 생각하는 사람에게는 오히려 짐이 될 수밖에 없는 노릇일 터이다.

그에 비해 나무는 사람에게 요구하는 것이 거의 없다. 조경수의 경우에는 정성을 들여 다듬기도 하지만 그것은 어디까지나 사람들의 취향이지 나무들이 바라는 바는 아닐 것이다. 목련을 심고 나서 나는 한 번도 거름을 주거나 가지치기를 한 적이 없다. 그런데도 아무 탈이 없이 자연스럽고 늠름한 모습으로 잘 자랐다.

아직 냉기가 채 가시지 않은 이른 봄날, 뭔가 어수선하고 불안정한 시기에 목련이 활짝 꽃을 피우는 것은 봄이 왔음을 세상에 고하는 깃발처럼 주위를 환하게 한다. 잎사귀 하나 없는 앙상한 가지에서 눈부신 유백색의 크고 탐스러운 꽃송이를 피워내는 것은 마치 하느님이 보여주는 마술 같다. 참으로 놀라운 감동이요 기쁨이 아닐 수 없다. 다만 한 가지 아쉬움이 있다면 그것이 그리 오래가지를 않는다는 것이다. 꽃송이 하나로 볼 때는 며칠을 피어있는 것이 고작이다. 그러다가 후두둑 한꺼번에 꽃잎이 지고 만다. 벚꽃 같은 자잘한 꽃잎이 지는 걸 두고 '꽃비'가 내린다고 하는데 목련꽃이 지는 것은 '꽃우박'이라고 해야 할 것이다. 아무튼 눈부신 흰빛으로 꽃을 피웠다가 아무런 미련도 없이 꽃을 지우고는 연이어 연둣빛 새순을 내놓는 과정이 무척이나 싱그럽고 시원스럽다.

목련이 꽃을 피우는 것만으로 제 역할을 다한 것은 물론 아니다. 쓸모를 따지자면 잠깐 피었다 지는 꽃보다 여름 내내 시원한 그늘을 주는 무성한 잎이 더 낫다. 잎이 넓고 무성한 데다 성장속도가 빠르기 때문에 나무를 심어 여름에 그늘을 만들기에는 목련을 따를 나무가 없을 것이다. 한 가지 더 좋은 점은 병충해가 없다는 것이다. 은행나무에 병충해가 없다는 것은 잘 알려진 사실이지만, 목련나무 역시 병을 하거나 벌레가 꾀는 것을 보지 못했다. 같이 심은 모과나무와 석류나무는 병충해를 견디지 못해서 결국 베어내고 말았는데 목련만은 그들이 비운 자리까지 차지하면서 독야청청 무성한 모습이다.

시원한 그늘과 상쾌한 산소를 줄 뿐만 아니라, 여름에는 매미를 불러다가 청량한 노래를 들려주는가 하면 이따금 새들이 날아와 지저귀게 하는 것도 목련의 역할이었다. 가을의 낙엽은 또 어떤가. 반 아름이나 되게 둥치가 굵어진 요즘에는 감당하기 어려울 정도로 낙엽이 풍성하다. 처음에는 아침마다 낙엽을 쓸기도 했지만 나중에는 아예 그냥 두고 보기로 했다. 손바닥만큼이나 넓은 잎이 너울너울 떨어져 내려 수북수북 쌓이는 것이니, 가을의 정취를 한껏 자아내는 광경이 아닌가. 낙엽이 다 진 후에는 한꺼번에 긁어모아 태우는 것도 여간 운치가 있는 일이 아니다. 교과서에도 실린 이효석의 '낙엽을 태우며'라는 수필에서처럼, 지난 계절 동안 무성했던 '꿈의 껍질인 낙엽을 태우면서' 한 해를 돌이켜보고 '상념'에 잠길 수 있는 것도 목련나무가 내게 주는 혜택이다.

나는 다만 내 집 뜰에다 옮겨심기만 했을 뿐 목련을 키운 것은 하늘과 땅이었다. 하늘이 햇빛과 비바람을 내려주고 땅이 자식처럼 품어서 키운 것이다. 그런데도 지난 십오 년 동안 목련나무가 나에게 베풀어준 것은 무엇으로도 측량할 수 없는 것들이었다. 내 작은 뜰에 저 목련나무가 없었다면 얼마나 허전하고 삭막했을까. 저로 하여 내 가난한 마음의 뜰에도 언제나 무성한 한 그루 나무가 자라고 있었던 게 아니었을까. 내 좁은 뜰에서 한마디 불평도 없이 철 따라 풍성한 계절을 펼쳐주던 고마움을 무슨 말로 다 표현할 수 있을까.

자식을 낳아서 길러 보아야 부모의 은공을 알게 되고 피붙이에 대한 유대감과 책임감을 깨닫게 되는 것처럼, 목련을 심고 날마다 그것을 지켜보는 것으로 나는 비로소 한 그루 나무의 진가를 이해하게 되었다. 한 생명의 건강한 삶은 그 자체로 남에게 기쁨과 위안이 될 수 있다는 것도 깨달았다. 한 그루 나무가 그럴진대, 나의 존재는 과연 남에게 무엇을 줄 수 있었는지를 돌아보게 된다.

잎사귀를 다 내려놓은 목련은 이제 조용히 한 해를 돌이켜 보는 듯 묵상하는 자세로 서 있다. 내일쯤 낙엽을 모아 태우면서 나도 지난 한 해를 정리해봐야겠다. 잎을 떨군 가지 끝에는 어느새 내년 봄을 기약하는 꽃눈이 뽀얀 솜털에 싸여 늦가을 햇빛에 반짝이고 있다.

쇠똥과 뻐꾸기 소리

축사 바닥 청소하는 날이다. 질퍽하게 싸놓은 소들의 똥오줌을 손수레에 퍼담아 실어낸다. 배설물을 치우는 일은 가축을 먹이는 사람들에게 여간 힘들고 귀찮은 노릇이 아니다. 누가 봐도 더럽고 냄새나는 이런 일을 좋아하거나 자랑스럽게 생각하는 사람은 아마 없을 것이다. 게다가 쇠고기 수입개방에다 구제역까지 닥쳐서 인건비도 못 건질 때도 없지 않았던 일이다.

뻐꾸기 소리가 바로 가까이서 들린다. 축사로 들어오는 전깃줄에 앉아 목울대를 부풀리며 울고 있는 뻐꾸기가 창으로 내다보인다. 산비둘기보다 날씬한 몸매의 뻐꾸기는 조심성이 많아 모습을 잘 드러내지 않는데, 야산 등성이의 이 낡은 축사는 경계대상이 아닌 모양이다. 바로 곁에서 듣는 뻐꾸기 소리는 먼 산에서 들려오는 뻐꾸기 소리의 그 아득하고 적막한 거리감이 없다. 혼자 일하느라 따분할까 봐 말동무를 해주러 온 이웃 같다.

뻐꾹 뻐꾹 뻑뻐꾹 뻐꾹 …

뻐꾸기가 추임새를 넣으니 삽질하는 일손에도 어느덧 흥이 붙는다. 생업이 여의치 않아 낙심하고 있을 때 친구가 목장 일을 맡겼다. 야산 자락에 만여 평 초지가 딸린 조그만 목장이었다. 다른 일로 바쁜 친구가 자기네 목장의 관리를 나에게 맡긴 거였다. 처음 소들과 상면하던 날은 지치고 찌든 속내를 들키는 것 같아 녀석들의 맑고 커다란 눈망울을 똑바로 바라보지 못했다.

소를 먹이는 일이 내게 처음은 아니었다. 산골 외딴집에 살면서 예닐곱 살 때부터 소를 몰고 다녔다. 초등학생 시절에는 학교가 파하면 꼴망태 걸머지고 소 먹이러 나가는 일이 피할 수 없는 일과였다. 풀이 많은 산자락에 소를 놓아주고는 부지런히 꼴망태부터 채운다. 풀이라고 다 소먹이가 되는 건 아니다. 여뀌나 애기똥풀, 미나리아재비 같은 풀은 독성이 있어 소들이 먹지를 않고 명아주나 쇠뜨기, 참소루쟁이는 많이 먹으면 설사를 한다. 일부러 배우지 않아도 소먹이는 아이들은 저절로 깨치게 되는 상식이었다. 꼴망태 가득 풀을 채우고 나면 잔디밭에 누워 한가로이 떠가는 구름이나 쳐다본다. 풀냄새 피어나는 잔디에 누워 새파란 하늘가 흰 구름 보면 … 음악시간에 배운 동요를 흥얼거리기도 하고 높푸른 하늘 저 멀리 상상의 날개를 펼치기도 한다. 그러다가 워낭소리가 멀어지면 소를 찾아 나선다. 뱃구레가 불룩해진 소를 냇가로 끌고 가서 물을 먹이고 나면 어느덧 해가 서산에 걸린다.

날마다 아침 일찍 출근해서 작업복으로 갈아입고 사료를 주고 배설물을 치우고 울타리를 보수하는 목부의 일에 적응해 가는 동안 지치고 쇠약했던 내 심신도 차츰 건강을 회복했다. 처음에는 선뜻 내키지 않았던 배설물을 치우는 일이며, 코뚜레도 고삐도 없는 거칠고 억센 소들을 다루는 일과 송아지 받아내는 일도 날로 익숙해져 갔다. 그때쯤 갓 태어난 송아지의 해맑은 눈망울을 한참씩 들여다보기도 했다.

새 생명이 태어나는 순간은 언제나 긴장과 불안과 전율이 따른다. 별 진통이 없이 쉽게 분만을 하는 경우가 있는가 하면 양수가 터지고도 한참 동안 송아지가 나오지 않아 애를 태울 때도 있다. 잘못되면 사산을 하거나 어미까지 죽게 되는 경우도 없지 않으니 온갖 염려로 마음을 졸이게 된다. 초산인 데다 난산이면 어미 소가 제 새끼를 받아들이지 않고 수유를 거부하기도 한다. 새끼가 본능적으로 젖을 찾아 어미에게 다가가면 떠받거나 발길질을 하는 것이다. 하는 수 없이 어미의 네 다리를 기둥에 묶고 새끼를 안아다 억지로 젖을 물린다. 스스로 젖을 먹이도록 적응하기까지 몇 주일이 걸린 적도 있다.

송아지는 태어난 지 한 달쯤 지나면 초유의 면역력이 떨어져서 세균이나 바이러스에 감염이 되기 쉽다. 감기나 설사병을 초기에 잡지 못하면 합병증으로 폐사할 확률도 적지 않다. 약을 먹이고 주사를 놓고 온갖 방법을 동원해 보아도 결국은 싸늘하게 굳어버린 송아지를 방목장 옆 야산에 파묻은 적도 몇 번이나 된다. 한 생명이 이 세상에 왔다가 서둘러 되돌아가는 과정에 무슨 인연으로 내가 관여하게 된 것인지, 들꽃 한 줌 봉분 위에 놓아주고 다음 생엔 더 좋은 인연으로 만나기를 빌었다.

비나 눈이 오는 날 말고는 자전거를 타고 목장을 오간다. 국도를 따라가면 지름길이지만 일부러 들길로 둘러서 다닌다. 꼬리를 물고 질주하는 차량들의 굉음과 매연이 싫어서이기도 하지만 날마다 표정을 바꾸는 들녘을 순찰하는 즐거움 때문이다. 겨울 아침엔 저수지 둑길을 지날 때마다 일제히 날아오르는 청둥오리 떼를 사열하고, 가을에는 곱게 차려 입고 귀빈을 마중 나온 소녀들처럼 길가에 도열한 코스모스의 환영을 받는다. 자전거를 세우고 새로 핀 풀꽃에 한참씩 눈길을 주기도 하고 메뚜기를 쫓아 이리저리 뛰기도 한다.

세상이 바뀌었다고 하나 육체노동을 경시하는 풍조는 별로 변하지 않았다. 더구나 별다른 기술이 필요 없는 단순노동은 가장 저급한 직업으로 보는 게 우리 사회의 통념이다. 실업자들은 늘어나는데 제조업을 하는 중소기업은 일손이 딸려 외국인 노동자가 아니면 운영이 어려운 실정이라고 한다. 그러니 직업에 귀천이 없다는 말도 이것저것 따질 겨를이 없는 절박한 사람들에게나 통용되는 말인 셈이다.

더럽고 냄새나는 일을 마다하지 않아야 하는 목부의 일도 일종의 기피직종에 속한다. 목장이란 멀리서 바라보면 푸른 초원에 소들이 한가로이 풀을 뜯는 목가적인 풍경으로 보이지만 막상 가까이 가서 보면 험하고 거친 노동과 긴장과 불안이 반복되는, 세상 명리로 따지자면 열악한 삶의 현장일 뿐인 것이다.

손수레 가득 배설물을 퍼담아 밖으로 나가면 오월의 신록을 스쳐온 바람이 기다렸다는 듯이 달려와 땀을 식혀준다. 찔레꽃과 아카시아꽃도 바람 편에 향기를 실어 보낸다. 더럽고 냄새나고 지겨운 일도 햇볕과 바람과 뻐꾸기 소리와 꽃향기가 섞여들면 신성한 노동이 되는 것이라고나 할까. 이쯤이면 소들의 똥오줌 치우는 일도 제법 할 만한 일이 아닌가. 자고로 농자천하지대본이란 말도 있듯이, 사람이 살기 위해서 뭔가 노동을 해야 한다면 자연 속에서 땀을 흘리는 것이 그중 바람직한 일이 아닐까 싶다. 부귀와 권세와 명예를 위한 일들은 어떤 긍지와 보람과 즐거움이 있는지 모르겠지만, 나는 오늘 오월의 햇빛과 신록 속에서 뻐꾸기 소리를 추임새로 한바탕 삶의 춤사위를 벌인다.

초여름 숲에서

휴일인데도 비가 오락가락하니 산에는 사람이 없다. 우산을 들고 인적이 없는 산자락으로 들어간다. 비에 젖은 무성한 수풀이 발길을 막는다. 나를 반기지 않는 것 같다. 아니 숲은 그저 무심한데 그 무심함에 내가 익숙하지 않은 것이다. 나는 이 숲의 식구가 아니니까, 속세의 때에 찌든 나는 불청객일 수밖에 없다는 자격지심 때문일까.

비 오는 날에 산을 찾을 생각을 한 것은 사람들이 없을 것 같아서였다. 가급적이면 인적이 드문 산을 혼자서 찾아가는 것이 나의 오랜 산행 버릇이다. 호젓하게 산을 만나러 가는 것이니 사람이 반가울 리 없는 일이다. 관광지가 된 유명산은 거의 가보지를 않았다. 친구들의 모임에서 두어 번 따라가 본 것이 고작이다. 일렬종대로 늘어선 사람들 틈에 끼어서 내려오는 사람들과 어깨를 부딪치며 앞만 보고 올라갔다가 시간에 맞춰 서둘러 내려오는 산행은 전혀 내 취향이 아니었다. 그래서 사람들이 북적대는 산이라면 아무리 명산절경이라 해도 가보고 싶은 마음이 나지를 않았다.

‘사람이 꽃보다 아름답다’는 시를 본 적이 있는데, 그 시인을 만나면 어째서 그런지 좀 물어보고 싶다. 아름답게 여겨지는 사람이야 있겠지만 굳이 꽃에 비교해서 더 아름답다는 것은 나로서는 수긍이 가는 비교가 아니다. 꽃들도 자기네가 사람보다 아름답다고 생각하는지는 모르겠지만, 그런 식으로 사람을 다른 종의 생물과 비교해서 우월감을 갖는다는 것은 다분히 억지스럽고 마뜩잖다는 생각이다.

물론 개별적으로는 고결하고 아름다운 성품의 사람이 없지 않을 것이다. 그러나 전체적으로 볼 때, 인류가 다른 생물들보다 아름답고 바람직한 모습으로 살아가는 것으로 보이지는 않는다. 흔히들 인류가 이룩해온 찬란한 문명의 업적을 내세워 사람의 위대성을 말하지만, 그것은 어디까지나 인간을 위주로 한 생각일 뿐이고 지구생태계의 편에서 보자면 오히려 백해무익한 오염과 파괴의 행위가 아니었던가.

겉모습만 보아도 그렇다. 또 다른 미학적 논리가 있는지는 몰라도 내 눈에는 사람의 외양이 사슴이나 호랑이, 나비나 새들보다 아름답게 보이지가 않는다. 밀림 속에서 벌거벗고 사는 원시부족들도 그렇거니와, 문명사회에 살아가는 현대인들도 대부분 과도한 영양섭취와 운동부족으로 군살이 잔뜩 붙은 몸매는 야생동물에 비한다면 아름다움과는 거리가 먼 것이 아닐까 싶다.

계곡을 따라 흐르는 개울가 바위에 앉아서 땀을 식히며 물소리와 뻐꾸기 소리를 듣는다. 산에는 나무와 풀과 산짐승만 있는 게 아니라 여러 가지 소리와 냄새가 있다. 아무 소리도 냄새도 없다면 무성영화처럼 답답할 것이다. 초여름 산의 소리 중에는 뻐꾸기 소리가 주인공 격이다. 주선율을 연주하는 바이올린 소리라고나 할까. 그러고 보니 가끔씩 낮고 무거운 톤으로 산비둘기 소리도 들린다. 첼로나 콘트라베이스인 셈이다. 끊임없이 이어지는 물소리는 반주(伴奏)하는 피아노의 선율쯤 되겠다.

초여름 산이 들려주는 소나타를 듣는 동안 땀도 식고 마음도 한결 정돈이 된다. 이제쯤은 처음의 그 거부감 같은 것이 많이 가신 느낌이다. 역시 숲이 나를 거부한 것이 아니라 내 안의 무엇이 서먹서먹했을 뿐인가 보다. 내가 처음부터 이 숲에서 태어나고 이 숲을 떠난 적이 없었다면 그런 느낌이 없었을 것이다. 인적이 없는 숲이 참 편안하다. 비에 젖은 초목이 더없이 싱그럽고, 눅눅하고 비릿한 풀냄새 나무 냄새 흙냄새가 호흡을 맑게 한다. 물소리 뻐꾸기 소리도 내 몸을 공명통으로 잘 울린다.

군중 속의 고독이란 말도 있지만, 사람이 쓸쓸한 것은 사람 때문이다. 사람이 사람을 외롭고 쓸쓸하게 한다. 소통이 되지 않거나 기대를 저버리거나 배신감을 느끼면 쓸쓸해진다. 어떤 사람은 그 쓸쓸함을 못 견디고 안절부절못한다. 그래서 여러 가지 불상사가 발생하기도 한다. 어떤 철학자가 그랬다. 쓸쓸함이야말로 인간의 근본 감정이라고. 인간이란 어차피 쓸쓸하게 되어있는 거라고. 그러니 쓸쓸함에 익숙해질 일이고, 가급적이면 제대로 잘 쓸쓸할 일이다.

요즘에는 잠시도 가만있지를 못하는 사람이 많다. 특히 아이들이 그렇다. 한마디로 정서가 불안정하다. 텔레비전이나 휴대폰 같은 방송매체가 아이들을 정서불안으로 만드는 것 같다. 아이들은 이미 차분하고 안정된 분위기의 프로그램은 잘 보지를 않는다. 쉴 새 없이 온몸을 비틀고 방정을 떨어야 좋아한다. 도무지 쓸쓸할 겨를이 없고, 그래서 조용한 것을 견디지 못하는 체질이 된 것이다. 풀밭에 누워서 하염없이 흘러가는 구름이나 바라보던 내 어린 시절과는 달라도 너무 다르다.

사는 일이 너무 쓸쓸하면 이렇게 인적이 없는 산을 찾거나 깊은 밤에 들판으로 나가거나 한다. 누가 들으면 나이깨나 먹은 사람이 궁상을 떤다고 할지 모르겠지만, 그보다 더 잘 쓸쓸함을 견디는 방법을 나는 알지 못한다. 아니 그건 쓸쓸함을 해소하는 방법이기도 하다.

이렇게 아무도 없는 숲에 혼자 들어와 있으면 쓸쓸함이 걷힌다. 사람으로 인한 쓸쓸함이니 사람이 없는 곳에서는 잊을 수가 있는 것이다. 물론 이 숲에서 아주 살 것이 아니니 사람 사는 동네로 내려가면 다시금 막막하고 쓸쓸해지겠지만 가끔씩이나마 이렇게 벗어나 보는 것이 나에게는 더없는 위안이고 즐거움이다. 그러고 보니 쓸쓸함이 결국 이런 낙(樂)을 있게 한 셈이다. 내 삶이 쓸쓸하지 않았다면 내가 지금 이렇게 인적 없는 산자락에 와 앉아 있지를 않았을 터이다.

뻐꾸기 소리가 멎은 걸 보니 이제 짝을 만난 모양이다. 뻐꾸기 소리가 적막하게 들리는 것은 그것이 짝을 찾는 소리여서 그러리라. 소쩍새 소리나 산비둘기 소리는 또 다른 적막감을 느끼게 한다. 아, 쓸쓸함에도 저마다 색깔이 있구나. 그래서 그 적막함의 주파수로 서로를 찾는구나. 서로의 적막이 아니고는 참으로 사랑에가 닿지를 않겠구나. 그 모든 쓸쓸함이 어우러져 초여름의 숲은 무성하고 싱그럽구나.

술 달 들 개구리 소리

개구리 소리를 들으러 간다. 마을의 불빛과 소음을 벗어나 멀리 들판 한가운데로 간다. 그저께 내린 비로 논배미마다 가득 물이 실리고 무논에서는 어김없이 개구리 소리가 요란하다. 초여름 밤 무논에서 개구리 소리가 들리는 건 당연한 일인데도 그 당연한 것이 반갑다.

들길 적당한 곳에 신문지를 깔고 앉아 술잔을 기울이는데 열이레 달이 옅은 구름 사이로 불그레한 얼굴을 내민다. 어디서 막걸리라도 한잔하고 온 것 같다. 달이야말로 내 오랜 지기요 가장 좋은 술벗이다. 그 옛날 당나라 시인 이백도 달을 벗 삼아 술 마시기를 무척이나 좋아했다는데, 이백의 술벗이 오늘은 내 벗이니 나와 이백도 그럭저럭 벗인 셈인가. 그 역시 나와 생각이 다르지 않았던 모양이다.

지금 사람은 옛 달을 못 보았어도 (今人不見古時月)
지금 달은 옛사람을 비추었나니 (今月曾經照古人)

옛사람 지금 사람이 유수 같아서 (古人今人若流水)
달을 보는 심정이 무어 다르랴 (共看明月皆如此)

인기척에 조금 멈칫했던가, 개구리 소리가 갈수록 구성지다. 무논에 달과 별이 내려와 있으니 하늘과 땅이 하나로 어우러지고 개구리 소리도 취흥도 갈수록 점입가경이다. 비록 소주 한 병과 마른 멸치 한 줌의 술자리지만 시방 나는 어느 왕후장상이나 재벌의 주연(酒宴)도 부러울 게 없다. 아무리 많은 돈과 기술을 동원해서 연출한 분위기라 한들 이 초여름 밤의 정취에 미칠 것인가. 나는 지금 저 하늘과 무논의 별과 달, 신록의 풀냄새 물 먹은 흙냄새를 실어오는 훈풍과 수천수만 개구리들의 장엄코러스에 물아일체로 어우러져서 우주적으로 한잔하는 것이다.

이 밤의 들녘은 누구의 소유도 아니다. 경계를 짓고 돈을 주고 산다고 이 땅이 어찌 어느 개인의 온전한 소유일 수 있는가. 풀잎에 맺힌 이슬처럼 잠시 왔다 가는 인생일진대 유구한 대자연의 일부를 소유하겠다는 발상은 얼마나 가소로운 착각인가. 이렇게 천지의 호연지기와 소통하고 있으면 인간세상의 부와 명예와 권세가 다 부질없는 것으로 느껴진다. 비록 가진 것이 없고 이룬 것이 초라할지라도 결코 누구에게도 기죽거나 자괴감을 가질 일이 아닌 것이다.

실의와 방황의 젊은 날에는 개구리 소리를 맞으러 다녔다. 삭신이 결리거나 찌뿌듯할 때 폭포수를 맞으러 가듯이, 이맘때면 들판

한가운데로 나가 밤새도록 개구리 소리에 흠씬 두들겨 맞곤 했다. 온 들녘이 떠내려갈 듯 악을악을악을악을… 악을 써대는 듯한 악머구리 소리에 몸과 마음을 내맡기고 있으면 방망이로 흠씬 두들겨 맞고 찌든 때를 게워낸 빨래처럼 한결 개운한 기분이 드는 거였다.

개구리 소리를 한갓 단조로운 가락의 소음쯤으로 생각하는 사람도 있겠지만, 나에게 개구리 소리는 때론 이 땅이 들려주는 질책의 소리였고 한편으론 더없는 위무의 소리이기도 했다. 내가 옹졸하고 나약할 땐 꾸짖고 나무라는 소리였고 슬프고 아플 때는 다독이고 위로하는 소리였다. 그것은 때로 나를 초라하게 하고 외롭고 슬프고 아프게 하는 세상의 온갖 논리들을 무산시켜버리는 무진설법(無盡說法)이기도 했다.

초로에 접어든 지금까지 나는 매년 초여름이면 들판으로 나가 개구리 소리를 들으며 술을 마시는 걸 연중행사로 해오고 있다. 방황과 고뇌의 젊은 날을 지나 불혹과 지천명의 세월을 살아오는 동안 개구리 소리도 많이 달라졌다. 공해 때문에 수가 많이 줄어서인지 기력이 점점 쇠해져가는 것 같다. 그 소리를 듣는 내 귀 또한 전과는 같지 않을 것이다. 중국 초나라의 백아가 자신의 음악을 가장 잘 이해하고 사랑하던 벗 종자기가 죽자 거문고 줄을 끊고 다시는 연주를 하지 않았다는 고사처럼 이 들판의 개구리 소리도 나와 함께 수명을 다하는 게 아닌가 모르겠다.

밤공기가 서늘하게 식고 술병도 바닥이 났다. 서쪽으로 기운 달이 둥글게 달무리를 두르고 있다. 사는 일 별것 아니라고, 그만하면 족한 거라고 오케이사인을 보내는 것인가. 그래, 이 밤도 술도 달도 들도 개구리 소리도 모두모두 오케이다. 차가운 밤이슬이 이 도도한 취흥을 깨울 때까지.

봄길을 걷다

이웃에 사는 친구와 봄나들이를 했다. 어디라고 목적지를 정하지는 않고 차를 타고 가다가 한적한 시골길에 내려서 두런두런 얘기를 나누며 발길 닿는 대로 한나절을 걸어 다녔다.

길섶 양지에는 파랗게 자라난 풀들이 성큼 다가선 봄을 알리고 있었다. 이상기온으로 예년보다 2주일이나 앞당겨진 봄이라고는 하지만 어느새 풀들이 이만큼이나 자랐을 줄이야. 벌써 개나리와 진달래가 피었고 수양버들 휘늘어진 가지에도 연둣빛 새움이 돋아나고 있지만, 수북하게 자라난 풀빛에서 더 봄을 실감하는 것은 내가 시골 태생이어서 그런가 보다.

파랗게 자라난 봄풀은 농사일의 시작을 알리는 신호이기도 했다. 아낙네들은 보리밭 김매기를 시작하고 아이들은 겨우내 외양간에 갇혀있던 소를 몰고 나가 풀을 뜯기는 계절이 온 것이다. 나 역시 예닐곱 살 때부터 집채만 한 소를 끌고 다니며 풀을 뜯기는 것이 피할 수 없는 일과였다. 2월 영동 지나면 며느리들 문설주 붙잡고 운다는 말이 있듯이 봄이란 그렇게 힘겨운 노동의 시작을 의미하던 시절이 있었다.

논두렁 밭두렁에는 냉이꽃 봄까치꽃 양지꽃 광대나물 현호색… 등이 봄볕이 수줍은 듯 작고 가냘프게 꽃을 피우고 있었다. 이름이야 꽃이지만 조금 크고 선명한 양지꽃을 제외하면 일부러 살펴보지 않고는 눈에 잘 띄지 않을 정도로 자잘한 것들이다. 그러나 아무리 작고 보잘것없어도 꽃은 꽃이 아니냐는 듯, 어디서 나왔는지 아이 손톱만 한 노랑나비 한 마리가 그 위를 팔랑팔랑 날고 있었다.

언젠가 어느 시인이 쑥부쟁이와 구절초도 구별 못 하는 자신이 시인 행세를 한 것이 부끄럽다는 내용의 시를 쓴 것을 읽은 적이 있는데, 그러면 양지꽃과 뱀딸기꽃은 구별하는지를 한번 물어보고 싶다. 양지꽃과 뱀딸기꽃은 이른 봄에 피는 같은 장미과 들꽃으로 거의 구별이 안 된다. 크게 다른 점이라면 뱀딸기꽃은 늦여름쯤에 작고 빨간 열매를 맺는다는 것이다. 먹을 게 별로 없던 시절에는 달큰한 맛이 나는 뱀딸기를 보이는 대로 따먹었던 기억이 난다.

비록 구절초와 쑥부쟁이는 구별하지 못했지만 그것을 구별하지 못한 것을 부끄럽게 생각한다니, 지천으로 널려있는 작고 사소한 것에까지 관심과 애정을 가지지 못한 자신을 부끄러워할 줄 아는 것이 바로 시인의 마음인가 보다.

산자락에는 진달래꽃이 만개해 있었다. 진달래꽃 하면 김소월 시인이나 가보지도 못한 영변의 약산을 연상하는 사람도 있겠지만, 나에게 진달래는 무엇보다 허기를 떠올리게 하는 꽃이다. 진달래꽃을 흔히 참꽃이라고도 하는데 그것은 아마도 먹을 수가 있는 꽃이라는 뜻인 것 같다. 뒤를 이어서 피는 철쭉이 독성이 있어서 먹을 수 없는 것과 구별해서 붙여진 이름이 아닐까 싶다. 아무튼 춘궁기로 일컬어지던 시절에 나는 배가 고프면 산에 올라가 입안이 퍼래지도록 진달래꽃을 따먹었다. 맛으로 먹어본 게 아니라 허기를 달래려고 먹은 거였다.

약간 시큼한 맛이 나는 그 꽃을 보면 나는 지금도 구미가 동한다. 어떤 사람들은 어려운 시절에 많이 먹었던 음식들은 나중에는 보기도 싫어지는 법이라는데 나의 경우는 왠지 그렇지가 않다. 꽁보리밥이든 진달래꽃이든 세월이 가도 그때의 그 절실함이 그다지 퇴색되지 않고 남아 있는 것이다. 왜곡되거나 변질되지 않은 그 식욕이야말로 생의 저 밑바닥에 가 닿는 삶의 절실함이 아니었을까. 친구와 나는 그날 진달래꽃 무더기 앞에서 한참이나 꽃을 따먹었다. 마치 살아오면서 잃어버린 그 무엇인가에 대한 허기를 채워보려는 것처럼 ….

저수지 가에 선 버드나무에 파랗게 물이 올라 있었다. 물오른 버드나무 가지를 보면 버들피리를 만들고 싶어지는 것도 시골에서 자란 사람의 정서일 것이다. 밋밋한 버들가지를 꺾어서 손아귀로 비틀어 속 줄기를 빼내면 굵은 빨대처럼 생긴 껍질이 남는다. 그 한쪽 끝을 깨끗하게 잘라서 겉껍질을 살짝 벗기면 그것이 떨판 구실을 해서 버들피리가 되는 것이다. 버들피리를 만들려면 칼이나 낫이 있어야 한다. 아니면 사금파리라도 있어야 질긴 버드나무 껍질을 자를 수가 있는 것이다.

버들피리를 만들고 싶은데 칼이 없었다. 깨어진 유리조각이라도 있는가 찾아보았지만 보이지 않았다. 그렇다고 버들피리 하나 못 만들면 시골출신이 아니다. 어려서 시골생활을 해본 사람이라면 대개 그런 임기응변에는 익숙하다. 자기 일은 모두 자기 손으로 해결해야 했던 옛날 시골 아이들이 뭐든지 엄마가 다 챙겨주는 요즘 아이들과 다른 점이다.

친구와 맨손으로 버들피리 만들기 시합을 했다. 칼이 없으니 이로 버드나무껍질을 잘라야 한다. 그런데 그 자른 단면이 고르지 않아서는 소리가 나지 않는다. 한참을 고심한 끝에 내가 먼저 보란 듯이 소리를 냈다. 조금 후에 친구도 성공을 했다. 우리는 장한 일을 해낸 아이들처럼 흐뭇해져서 마음껏 버들피리를 불어댔다.

버들피리 소리에는 어린 시절의 온갖 추억들이 들어 있었다. 납부금을 내지 못해 조회 시간에 집으로 쫓겨 가면, 보리밭 고랑에 앉아 김을 매는 어머니가 먼발치로 보이는 개울가에서 숨어서 버들피리를 만들었다. 학교에서 쫓겨 온 사실을 차마 어머니에게 말하지는 못하고 버들피리를 불며 되돌아가는 시오리 보리밭길, 그 척박했던 삶의 곤고함과 궁핍했지만 질박하고 무구했던 온갖 추억들이 고스란히 그리움의 선율이 되어 흘렀다.

먼먼 젊음의 뒤안길*을 돌아와서 이제는 초로에 접어든 두 남자가 어느 봄날 석양이 내리는 시골길을 그렇게 버들피리를 불며 불며 가고 있었다.

* 서정주의 시 「국화 옆에서」 중에서

동백은 오월에 낙엽이 진다

내 집 뜰에 동백 한 그루를 사다 심었다. 눈 속에서도 선혈처럼 붉게 피는 꽃을 기대해서였다. 그런데 막상 꽃이 피는 걸 보니 실망스럽게도 붉은 색이 아니라 연분홍 꽃이었다. 이른 봄에 꽃망울이 맺힌 묘목을 시장에서 서온 것인데 새빨간 동백꽃을 상상했넌 기대가 어이없게 빗나가버렸다. 적잖은 실망과 함께 속은 것 같은 기분이 들기도 했지만, 사실 그 묘목장수가 붉은 동백이라고 말한 적은 없었다. 속았다면 동백은 다 붉은 꽃을 피우는 줄만 알았던 내 선입견에 내가 속은 셈이었다.

붉은 꽃이 아니라서 실망스런 내 기분에는 아랑곳없이 동백은 튼실하게 잘 자라서 해마다 흐드러지게 꽃을 피웠다. 초록 잎사귀 사이로 수줍은 듯 꽃을 피우는 붉은 동백과는 달리 잎이 거의 보이지 않을 정도로 나무가 온통 연분홍 꽃으로 뒤덮였다. 꽃잎이 여러 장 겹으로 붙은 꽃송이도 붉은 동백과는 영 딴판이었다. 세월이 지나면서 붉은 동백에 대한 내 아쉬움도 차츰 사라지고 봄이면 갈수록 탱탱해지는 꽃망울이 어서 터지기를 기다리게 되었다.

동백은 겨울에도 푸른 잎을 그대로 달고 월동하는 상록활엽수이다. 온대지방인 우리나라에서는 침엽수가 아닌 수종으로는 동백과 사철나무를 빼고는 상록수가 별로 없다. 그래서 동백은 겨울에도 잎이 지지 않는 나무라는 사실로 더 선명한 인상을 준다. 영하 십몇도의 혹한에 퍼렇게 얼어서 잔뜩 오그라든 채 견디고 있는 동백의 잎을 보면 놀랍고 비장한 느낌마저 든다. 추위가 닥치면 옷을 겹겹이 껴입고도 엄살을 떠는 인간들에 비한다면 동백나무의 월동하는 모습은 얼마나 강인하고 의연한가.

여름철에는 다른 활엽수에 비해 좀 투박하고 칙칙한 느낌을 주는 것이 동백의 잎이다. 그러나 그것이 겨울을 견뎌낸 잎이라는 걸 안다면 다른 나무들의 잎에서는 찾을 수 없는 인고(忍苦)의 깊이와 무게를 느낄 수가 있을 것이다. 봄날에 피어나서 가을이면 시들어 떨어지는 잎들을 어찌 겨울의 혹한과 눈보라를 견뎌낸 동백의 잎에다 비길 것인가. 대붕(大鵬)의 뜻을 연작(燕雀)이 알 수는 없다지 않는가.

동백은 사월 말쯤에 새잎이 나온다. 다른 활엽수에 비해 좀 늦은 편이다. 꽃이 진 가지 끝마다 윤기가 자르르 흐르는 연둣빛 잎을 피워낸다. 그리고 그때쯤이면 노랗게 단풍이 들어 떨어지는 묵은 잎을 보게 된다. 지세히 살펴보면 그것은 지난해 돋아난 잎이 아니라 지지난해의 잎이란 걸 알 수 있다. 그러니까 동백의 잎은 두 해를 보내고서야 단풍이 들고 낙엽으로 지는 것이다.

몇 해 동안은 마당에 떨어진 낙엽을 쓸면서도 그 사실에 대해 별로 주의를 하지 않았다. 모르는 사이에 저절로 익숙해져서 그냥 무심히 보아 넘긴 것이다. 그러던 어느 날, 마당에 나가서 동백을 바라보다가 문득 노랗게 단풍이 든 잎에 눈길이 머물렀다. 상록수인 동백이, 그것도 가을이 아니라 신록이 무성한 오월에 단풍이 들고 낙엽이 진다는 사실이 비로소 신선한 충격으로 다가왔다. 아, 동백은 오월에 낙엽이 지는구나!

물론 그것을 무슨 대단한 발견이랄 수는 없다. 이미 그런 사실을 잘 알고 있는 사람도 있을 것이다. 그러나 나에게는 짙은 녹색의 투박한 잎으로만 채워져 있던 동백나무에 대한 고정관념에 노랗게 단풍이 든 묵은 잎이 떨어지고 연둣빛 윤기 흐르는 새잎이 돋아나는 변화를 가져다준 사건이었다. 그 후로 내 인식의 뜰에는 동백이라는 상록 활엽수가 새로운 모습으로 심어지게 되었다.

어버이날이 든 달이기도 하지만, 오월에 지는 동백의 낙엽은 이 땅의 어머니들을 연상케 한다. 온 산천을 불태우듯 현란하게 단풍이 들었다가 우수수 한꺼번에 떨어지는 가을의 낙엽들과는 달리, 세상이 온통 신록으로 무성할 때 아무도 모르게 떨어져 내리는 동백의 낙엽은 우리네 어머니들의 삶을 닮았다. 한평생 가족을 위해 갖은 희생을 다하시고 마침내 자식들이 장성해서 일가를 이루었을 때 낙엽이 지듯 떠나가신 어머니였다. 갓 서른에 청상이 되어 남의 집 농사일에 품을 팔아 자식들을 키우신 어머니, 양식이 바닥나 밥이 모자랄 때면 밥 생각이 없다며 술을 놓고 부엌에서 냉수로 속을 채우고 들일을 나가시던 어머니의 모습을 오월에 지는 동백의 낙엽에서 본다.

동백은 상록수라서 잎이 지지 않을 거라는 막연한 선입견이나 단풍은 가을에나 든다는 고정관념처럼, 살아오면서 겉으로 드러나지 않는 것이라 하여 무심히 지나쳐버리거나 엉뚱한 오해나 편견 때문에 잘못을 저지른 적은 없는지 돌아보게 된다. 이기적인 생각이나 그릇된 판단으로 남을 해치고 자신을 상한 일은 얼마였던가. 인간사회에서 일어나는 온갖 불화와 분쟁이 대부분 오해나 편견에서 비롯되는 게 아닌가 싶다. 무얼 몰라서라기보다 잘못 아는 것 때문에 문제가 발생하고 분쟁이 생기는 경우가 허다하지 않은가. 그래서 이렇게 화창하고 싱그러운 계절에도 세계 곳곳에서 전쟁과 테러가 끊이지를 않는 게 아닌가.

갈수록 범람하는 정보의 홍수 속에서 우리는 왜곡되거나 불필요한 지식을 너무 많이 알고 있는 것은 아닐까. 그 때문에 심성들이 거칠어지고 분별력이 혼란해진 게 아닐까. 그래서 왜곡되고 불순해진 것들을 진실이라고 믿는 것은 아닐까. 그래서 소박하고 순수한 본래의 모습에는 눈멀어버린 게 아닐까. 신록이 무성한 오월에 남몰래 지는 동백잎을 보면서 그런 생각을 해본다.

술과 시 이야기

골목에서 골목으로
거기 조그만 주막집
할머니 한 잔 더 주세요.
저녁 어스름은 가난한 시인(詩人)의 보람인 것을 …
흐리멍텅한 눈에 이 세상은 다만
순하디순하기 마련인가
할머니 한 잔 더 주세요.
몽롱하다는 것은 장엄(莊嚴)하다.
…………………

귀천(歸天)의 시인으로 알려진 천상병의 '주막에서'란 시 일부입니다. 평생 무직으로 살면서 세상의 상식과 통념을 벗어난 숱한 일화를 남긴 천상병의 시들은 "티 없이 맑고 깨끗한 서정을 바탕으로 하여 자연의 아름다움과 인간의 순수성을 되비쳐 보여준다."는 평가를 받지요. 평생을 함께한 술은 그의 순수한 서정을 촉촉이 적셔주는 단비 같다고나 할까요. 한때 변관식, 고은과 더불어 한국 시단의 삼대 기인(奇人)으로 불리기도 했던 천상병은, 만혼의 아내가 허용한 하루 막걸리 한 병을 밥 대신 아껴서 먹었다고 합니다. 그에게 만약 술이 없었다면 이 세상 나들이가 훨씬 덜 즐거웠겠지요.

술만 마시면 곧잘 울어서 '눈물의 시인'으로 불렸던 박용래는 의외로 술에 관한 시가 거의 없네요. 대신 그는 넘치는 사랑과 연민의 정서를 눈물로 쏟아냈지요. 그의 후배이자 절친(切親)이었던 소설가 이문구는 '박용래 약전'에 이렇게 썼습니다.

"… 그는 자주 울었다. 내가 울지 않던 그를 두 번밖에 못 보았을 정도로 그리 흔히 울었다. 모든 아름다운 것들은 언제나 그의 눈물을 불렀다. 갸륵한 것, 어여쁜 것, 소박한 것, 조촐한 것, 조용한 것, 알뜰한 것, 인간의 손을 안 탄 것, 문명의 때가 아니 묻은 것, 임자가 없는 것, 아무렇게나 버려진 것, 갓 태어난 것, 저절로 묵은 것……. 그러기에 그는 한 떨기의 풀꽃, 한 그루의 다복솔, 고목의 까치둥지, 시래기 삶는 냄새, 오지굴뚝의 청솔 타는 연기, 보리누름철의 밭종다리 울음, 삘기 배동 오르는 논두렁의 미루나무 호드기 소리, 뒷간 지붕 위의 호박넝쿨, 심지어는 찔레덤불에 낀 진딧물까지, 그는 누리의 온갖 생령(生靈)에서 천체의 흔적에 이르도록 사랑하지 않은 것이 없었으며, 사랑스러운 것들을 만날 적마다 눈시울을 붉히지 않은 때가 없었다 ……"

오는 봄비는 겨우내 묻혔던 김칫독 자리에 모여 운다
오는 봄비는 헛간에 엮어 단 시래기 줄에 모여 운다
하루를 섬섬히 버들눈처럼 모여 서서 우는 봄비여
모스러진 돌절구 바닥에도 고여 넘치는 이 비천함이여

—「그 봄비」

겨우내 김칫독을 묻었던 구덩이, 헛간에 매단 시래기, 모스러진 돌절구 바닥에 고인 빗물처럼 아무도 눈여겨보지 않는 지극히 하찮은 것들도 시인의 감성에 닿으면 넘치도록 눈물과 시심(詩心)을 자아내지요. 누구보다 순수하고 명징한 감성으로 수많은 주옥같은 시를 남긴 박용래 시인은 그러나 여리고 나약하기만 한 성품이 아니라 정 못마땅한 일에는 참지를 못하는 결기 또한 남달랐지요. 언젠가 술자리에 합석한 후배 시인 하나가 새퉁스런 소리를 하자,

"야, 이문구 너 정말 한심하구나. 너는 이런 것밖에 친구가 읎네? 정지용이 제 고향 선배인 줄두 모르는 이런 무녀리두 시인 명색이라구 하냥 댕기는 겨? 이런 것두 사람이라구 마주 앉아 술 마시네?"

박 시인은 술잔을 벽에 던져 박살내고도 성이 안 풀려 자리를 박차고 나가버렸습니다. 이문구가 뒤미처 따라 나가 다른 술집으로 모시고 누누이 변명했지만 그의 옹이 진 마음은 저녁내 풀어지지 않았다고 합니다. 그날은 모처럼 눈물을 보이지도 않았고요.

그 밖에도 한국 문단(文壇)에 술과 시에 얽힌 이야기는 많고 많

지만, 박정만 시인의 사건은 상당한 충격이었습니다. 소설가 한수산의 신문 연재소설 필화사건에 엮여서 심한 고문을 당했는데, 그 때문에 몸과 마음을 극도로 상해서 밥 대신 술로 나날을 보내다 결국 간경화로 43년의 생을 마치고 말았지요. 자신의 시집 서문인 '그 처절했던 고통의 시간들'이란 글에 죽기 일 년 전의 상황을 이렇게 적었습니다.

"1987년 6월과 8월 사이에 나는 500병 정도의 술을 쳐 죽였다. 그 속에는 꺼져가는 불티처럼 겨우 명맥만 붙어있는 나의 목숨도 묻어있음에 틀림없었다. … 머릿속에는 수만 가지 생각들이 한꺼번에 난마(亂麻)처럼 얼크러져서 빛보다도 빠른 속도로 밀려왔다가 밀려 나갔다. … 중략 … 그리하여 어떤 보이지 않는 손의 인도에 따라 머릿속에서 들끓는 시어의 화젓가락으로 시를 쓰기 시작했다. 한 편을 쓰고 나면 또 한 편의 시가 미리 대기하고 있었다. 이렇게 하여 1987년 8월 20일 경부터 9월 10일까지 사이에 나는 물경 300편 가까운 시를 얻었다."

두 달 동안 500여 병의 술을 마시고 20일 동안 300여 편을 시를 썼다니 매일 열 병 가량의 술을 마셨다는 것이고, 하루에 열다섯 편의 시를 썼다는 계산이지요. 꺼져가는 목숨을 시의 불꽃으로 소진하는데 그 심지에 기름 역할을 한 것이 술인 셈이지요.

동서고금에 술을 노래한 시들이 무수히 많고 시인들은 으레 술을 좋아했지만, 술과 시를 이야기하는 자리에 이백(李白)을 빼놓을 수 없지요. 중국 당(唐)나라의 시선(詩仙)으로 불리던 이백은 '월하독작(月下獨酌)' 같은 절창의 시들뿐 아니라 술에 취해 강물에 비친 달을 건지려고 뛰어들어 익사했다는 전설로도 유명하지요. 이백과 쌍벽을 이룬 시성(詩聖) 두보(杜甫)도 곡강(曲江)이란 시에서 "조정서 돌아오면 날마다 봄옷을 저당 잡혀/ 매일 강가에서 만취해 돌아온다/ 외상 술값은 가는 곳마다 있고/ 인생 칠십은 예로부터 드물다네."라고 읊었고, 취음선생(醉吟先生)으로 불린 백거이(白居易)는 대략 2,800여 수의 시 중에서 '북창삼우'를 비롯한 800여 수의 음주시를 남겼습니다. 귀거래사(歸去來辭)로 유명한 도연명도 "공전(公田)의 수확으로 족히 술을 빚어 마실 수 있어 팽택의 지방관직을 얻었다."고 할 정도로 애주가였지요.

어디 내놓을 정도는 아니지만 나 역시 술과 시를 좋아합니다. 주량은 소주 한두 병을 넘지 못하고 시는 쓰기보다는 읽는 것을 좋아하지요. 좋은 풍광이나 벗을 만나면 시보다는 술이 당깁니다. 이른 봄 진달래가 열꽃처럼 산천을 붉게 물들일 때 술이 당기고, 개구리 소리 구성진 초여름 달밤이면 술병을 들고 들로 나가지요. 마음 통하는 벗과 함께 여름 산 계곡물에 발을 담그고 풋고추나 오이를 안주로 막걸리를 마시는 즐거움을 무엇에 비길까요. 찔레꽃 아카시아꽃 흐드러진 오월 뻐꾸기 소리 적막할 때, 냇바닥에 지천으로 코스모스가 필 때 허기처럼 술이 고프지요. 가을날 석양 무렵 단풍 든 산자락에서 술이 없다면 무엇으로 그 불그레한 정취를 따라갈까요.

가을볕에 불콰하게 산자락이 취했다
석양하늘 지나가던 구름도 취했다
그 취기 따라가려고 술잔 거푸 기울인다

— 졸시 「단풍」

"나는 세상을 이해하러 온 게 아니라 취하러 왔다."는 어느 시인의 일갈처럼, 이 세상 삼라만상에 취하여 사는 것처럼 멋지고 절실한 일이 없지요. 별에 취하고 달에 취하고 꽃에 취하고 단풍에 취하고 사람에 취해 살다 간다면 천상병 시인처럼 이 세상 소풍 즐거웠다고 말할 수 있겠지요. 그러나 취하기에는 세상이 너무 각박하고 삭막할 때, 한 잔의 술이야 말로 시름을 달래고 감성을 적셔주는 묘약이 되기도 하지요. 삶이든 자연이든 술이든 취해야 하는 거라고, 프랑스 상징주의 시인 보들레르도 '취하라'는 제목의 시를 남겼네요.

"늘 취해 있어야 한다./ 언제나 너희는 취해 있어야 한다./ 모든 것이 거기에 있다. 그것이 유일한 핵심이다./ 어깨를 억눌러 당신을 땅으로 짓누르는/ 시간이라는 끔찍한 짐을 느끼지 않기 위해서는/ 너희는 어김없이 취해 있어야만 하는 것이다/ 그러나 무엇에? 술로 또는 시로, 또는 당신의 미덕으로,/ 그건 당신 뜻대로, 다만 취하기만 하라. …."

—샤를 보들레르 「취하라」의 일부

사랑과 유혹

동짓달 기나긴 밤 한 허리를 베어내어
춘풍(春風) 이불 아래 서리서리 넣었다가
어른님 오신 밤이어든 굽이굽이 펴리라.

조선조 초기 송도의 명기(名妓) 황진이의 시조다. 빼어난 재색(才色)을 겸비한 데다 예술적 기질까지 타고난 황진이는 스스로 기생(妓生)의 신분이 되어 자유분방한 언행으로 숱한 소문을 남겼다. 기생이란 신분은 당시의 사회에서 그녀의 타고난 끼(?)를 발산할 수 있는 유일한 출구였으리라. 아리따운 자태와 뛰어난 시재(詩才)에다 재기 발랄한 화술로 소문을 듣고 찾아든 당대의 내로라하는 풍류객들을 사로잡고 애간장을 녹였다. 정절(貞節)을 여성 제일의 덕목으로 치던 시절에 그녀의 화려한(?) 남성편력은 비천한 요부(妖婦)의 문란한 행각으로 손가락질이나 받아 마땅한 일이었지만, 워낙에 출중한 재능과 범상치 않은 기질로 오히려 일세를 풍미한 여성으로 우뚝할 수가 있었던 것이다.

황진이의 남성편력은 한편으로 가부장적 사회의 남성우월주의에 대한 나름대로의 반항이자 조롱의 심리가 있었던 것으로 보인다. 그래서 당대의 콧대 높은 남성이나 덕망 높은 선비, 고명한 선승까지도 유혹하여 꺾어 보려는 투쟁심이 있었던가 보다. 그 대표적인 예가 바로 벽계수와 화담 서경덕, 지족선사와의 일화다.

청산리 벽계수(碧溪水)야 수이 감을 자랑마라
일도창해(一到滄海) 하면 다시 오기 어려우니
명월(明月)이 만공산 할 제 쉬어간들 어떠리

황진이의 소문을 전해 듣고 코웃음을 치던, 당대의 콧대 높은 풍류객 벽계수를 유혹하기 위해 달빛이 교교한 만월대에서 황진이가 지어 불렀다는 시조다. 왕족이었던 이은원의 호가 벽계수(碧溪水)인 것과 자신의 기명(妓名)이 명월(明月)인 것에 착안하여 절묘하게 풀어낸 즉흥시를 청아한 목소리로 노래하는 매혹적인 자태에 벽계수는 그만 넋을 빼앗겨 돌아보다 말에서 떨어지기까지 했다고 한다. 과연 천하의 황진이요 한눈에 그를 알아본 풍류객 벽계수라 할 만하다. 벽계수가 눈과 귀를 틀어막고 말고삐를 돌려 가버렸다고 한들 그게 무슨 멋이겠는가. 과연 멋을 아는 풍류객답게 황진이의 재색에 굴복하고 한동안 뜨거운 정분을 나누었다고 한다.

지족선사(知足禪師)의 경우는 좀 얘기가 다르다. 그는 10여 년

간 수도(修道) 정진을 하여 생불(生佛)이라 불릴 만큼 당대의 이름 높은 선승(禪僧)이었다. 황진이가 그의 도력(道力)을 시험(?)하기 위해 제자가 되기를 청했을 때 그는 일언지하에 거절했다. 불도의 수행자인 지족선사에게 여색(女色)이란 멀리해야 할 금기품목에 불과했던 것이다.

오기가 발동한 황진이는 청상과부로 변장을 하여 남편의 천도를 위한 백일기도를 하는 것으로 속이고 지족선사가 있는 암자에 머물렀다. 날마다 스스로 지은 제문을 낭랑한 목소리로 읽어대니 처음에는 돌부처 같던 선사의 마음에도 차츰 동요가 일어 관심을 갖게 되었고, 황진이의 능란한 화술과 고혹적인 자태에 결국은 마음을 빼앗기고 말았다. 황진이의 유혹에 넘어간 그는 파계를 하게 되었고, '십년공부도로아미타불'이란 말이 거기서 유래했다고 한다. 설사 그가 끝까지 황진이의 유혹을 참아냈다고 한들 또한 무슨 의미가 있겠는가. 그 유혹과 싸워야 하는 번뇌의 뿌리를 어쩌지 못하는 바엔.

마음이 어린 후이니 하는 일이 다 어리다
만중운산(萬重雲山)에 어느 님 오랴마는
지는 잎 부는 바람에 행여 그인가 하노라

황진이를 생각하며 지은 것으로 알려진 화담(花潭) 선생의 시조다. 화담 서경덕은 박연폭포, 황진이와 더불어 송도삼절(松都三

絶)로 불릴 만큼 당대의 덕망 높은 대학자였다. 황진이의 집요한 유혹에도 넘어가지 않은 유일한 인물로도 유명하다. 그런 그가 위와 같은 시를 지었다는 것이 의아스러운 사람도 있으리라. 스스로 어리다(어리석다)고 할 만큼 여리고 애틋한 정감이 묻어나는 시이기 때문이다. 그러면서도 그 여리고 어린 심정을 감추거나 비하하지 않고 진솔하게 드러내고 있다. 누가 이 한 편의 시를 두고 고매한 덕망과 지조만을 운운하겠는가.

지족선사와는 달리 화담 선생은 황진이가 그를 유혹하기 위해 제자가 되기를 청하자 흔쾌히 받아들였다고 한다. 일이 너무도 쉽게 풀려 가는 듯해서 황진이는 속으로 적잖이 실망을 했을지도 모른다. 그러나 공부를 핑계로 수시로 드나들어도 화담의 온화한 성품에는 변함이 없자, 황진이는 아예 내제자(內弟子)를 자청하고 그와 함께 기거를 했다. 그래도 화담은 시종 흔들림이 없는 스승의 자애로움으로 그녀를 대했다. 결국 넓고도 깊은 화담의 덕성과 품격에 감복을 한 황진이는 그를 유혹해보려던 마음을 바꾸어 제자로서 따르기로 했다. 위의 시는 화담이 어느 날 황진이를 기다리며 지은 것이라 한다.

화담 선생이 황진이를 만난 것은 아마도 쉰이 넘은 나이였으리라 추정이 된다. 벼슬도 마다하고 평생을 초야에 묻혀 학문과 후학 양성에만 전념을 해온 한 선비의 풍모를 상상해 보라. 제자가 되겠다고 찾아온 이십대 후반쯤의 황진이를 보았을 때 그 아리따움과 총명함을, 그리고 발랄한 성정을 한눈에 알아보고 절로 자애로운 마음이 우러나왔을 것이다. 그녀가 당대의 내로라하는 남성들을 희롱하는 송도의 명기인 줄을 알았다 한들 그것이 무슨 상관이랴. 그녀가 그럴 수밖에 없었던 속내까지를 훤히 들여다보고 있었을 터인데. 평생을 기울여 우주 변화의 이치와 인간 삶의 도리를 궁구해온 그가 아니었던가.

유혹(誘惑)이란 말은, 남을 꾀어서 정신을 어지럽게 한다는 뜻이다. 그러니 사랑이란 말과는 사실 거리가 먼 것이다. 물론 남녀의 사랑에는 육체적 애욕(愛慾)이 차지하는 비중이 적지 않지만, 그것만을 내세워서는 온전한 사랑이라 할 수가 없는 것이다. 아니 그것까지를 포함해서 사랑은 한없이 정결하고 순전해지는 것이지 미혹하고 혼란되는 것이 아닐 터이다. 그래서 화담 선생은 황진이에게 흠모의 대상이지 유혹의 대상이 아니었다. 화담 선생 역시 황진이를 버성김이 없이 아끼고 괴었다. 진정한 사랑이란 그렇게 경우와 사정에 따라서 가장도 조화롭고 아름다운 모습으로 나타나는 것이다. 애욕에만 빠져 앞뒤 분간도 못하고 허우적거리는 것을 어찌 사랑이라 하겠는가. 저마다 덕성과 품격에 따라 천차만별의 사랑이 있게 마련이지만, 아름다운 사랑도 있고 사랑을 빙자한 무분별하고 이기적인 애욕도 있는 것이다.

화담 선생이 죽고 난 후 황진이는 지난날 스승의 행적을 쫓아 금강산 지리산 속리산을 떠돌아다니기도 했다고 한다. 화담은 황진이로 하여금 자신이 살고 있는 세상에 대해 새로운 눈을 뜨게 해주었을 것이다. 왜곡되고 불합리한 세상을 뛰어넘는 진정한 자유가 무엇인지에 대해 적지 않은 가르침을 받았으리라. 아리따운 용모와 총명함에 못지않게 뜨거운 정염과 분방함을 지녔던 그녀가 좀 더 일찍 화담을 만났거나 다른 환경에서 더 오래 살았더라면 또 다른 면모를 후세에 남겼을지도 모른다. 어쨌거나 지족선사가 10여 년간의 면벽 좌선한 공력으로도 떨치지 못한 유혹을, 화담 선생은 황진이를 아끼고 사랑하는 것으로 유혹이라는 말의 의미 자체를 무산시켜버렸다. 진정한 사랑에는 그렇듯 새로운 세계를 여는 오묘한 에너지가 있는 것이다.

태풍의 밤

태풍 '매미'가 상륙했다는 텔레비전 속보를 보고 있는데 깜박 정전이 된다. 세상이 온통 캄캄하다. 불이 나갔으니 어두운 거야 당연한 일인데, 이렇게 막막하고 아득해지는 것은 뭔가. 한참을 더듬거려서 촛불을 켠다. 텔레비전도 컴퓨터도 무용지물이 되었으니 무엇을 할 것인가. 이제 겨우 밤 10시를 넘긴 시각에 잠을 청하기도 너무 이르고, 오랜만에 촛불 아래서 책이나 읽어볼까 하다가 생각을 접는다. 침침해진 시력에다 사나운 바람 소리에 글자가 머리에 들어올 것 같지 않다. 술이나 마시기로 한다. 촛불을 들고 부엌으로 나가서 추석에 제주(祭酒)로 쓰고 남은 술병을 찾는다. 촛불을 마주하고 바람 소리를 들으며 혼자 앉아 술을 마시고 있노라니 문득, 태풍이 휘몰아치는 밖이 궁금해진다.

비옷을 찾아 입고 밖으로 나간다. 칠흑의 어둠을 예상했는데 의외로 그다지 어둡지가 않다. 한가위의 달빛을 태풍의 먹구름도 다 막지는 못하나 보다. 어렸을 적에 보았던 그 기름진 어둠은 아니었지만, 인공의 불빛에 의한 밝음이 아니니 크게 실망할 일이 아니다. 초등학교 교정을 지나다 두 아름은 됨직한 플라타너스가 폭풍과 사투(死鬪)를 벌이고 서 있는 것을 쳐다본다. 아하, 고목이 그냥 되는 것이 아니구나. 우람한 나무 하나가 대지 위에 우뚝 서려면 얼마나 무수하게 태풍과 생사를 건 싸움을 이겨내야 하는지를 깨닫는다. 용호상박(龍虎相搏)이라 했던가. 온몸으로 태풍과 맞서고 있는 플라타너스는 마치 울부짖으며 돌진하는 한 마리 거대한 짐승 같다. 나는 가슴을 졸이며 한참이나 그 장엄하고 처절한 대결을 지켜본다. 앞으로는 경외감이 없이 함부로 고목을 대하는 일이 없으리라.

태풍이 거칠 것 없이 휘몰아치는 들판에 나선다. 바람 앞에 낮게 엎드리는 풀과 벼들. 굽힐지언정 꺾이고 뽑히지는 않는 것이 저들의 생존전략이다. 사람은 너무 쉽게 지조를 내세우고 절개를 말하는 게 아닌가. 삶이란 그런 따위의 명분보다 더 절실하고 절박한 무엇이 아니었던가. 비바람을 안간힘으로 버티면서 한 걸음씩 걸어간다. 아까 그 플라타너스에 비하면 나의 이 싸움은 보잘 것없이 초라할지 모르지만, 내게는 이게 전부이니 모자랄 것도 없다. 온몸으로 비바람을 뚫고 나가는 이 순간의 내가 오로지 나다. 바람이 이 세상에 뿌리내린 모든 것들을 튼튼하게 한다. 충만해진 존재감이 뿌리에까지 뻗치면, 뿌리는 더 굳센 악력으로 땅을 움켜잡고 나무를 지상에 우뚝 세운다. 밤새 천사와 씨름을 해서 이겼다는 구약성서의 야곱처럼, 이 밤 내가 이 들녘에서 태풍과 씨름을 해서 얻은 것은 무엇일까. 몸뚱이 하나만 남기고 다 태풍에 날려 보내면서.

마을 옆의 작은 동산에 오른다. 향교(鄕校)가 있어 향교산이라 불리는 동산인데 이팝나무와 상수리나무가 군락을 이루고 있다. 상수리나무 밑 벤치에 앉아서 이팝나무와 상수리나무가 태풍에 맞서서 싸우는 소리를 듣는다. 바람과 나무가 싸우는 것인지를 잠시 생각해보지만, 그 사나운 기세를 싸움이라고 밖에 표현할 길이 없다. 우리가 흔히들 바람소리라고 생각하는 것도 사실은 바람소리가 아니다. 바람에 부딪히는 사물들이 내는 소리다. 내가 지금 듣고 있는 소리도 이팝나무와 상수리나무의 함성이거나 비명이거나 아우성이다. 바람은 소리가 없다. 바람이 지나가면 사물들이 내는 소리를 바람소리라 한다. 바람이 소리를 지르며 달려가는 것이라고 착각한다. 별 생각이 없이 그렇게 생각한다. 천지가 하나로 뒤엉켜 거친 숨을 몰아쉬며 용호상박하는 태풍 속에 앉아서 깨달은 것이 고작 이것이냐고? 그렇다. 명상이란 원래 다 비우는 것이 아닌가. 태풍만 가득하고 나는 없도록 …….

시가지를 지나서 집으로 간다. 거리에 사람은 없고 찢어지고 부서진 것들만 바람이 몰고 다닌다. 건물마다 문들을 닫아걸고 희미한 불빛마저 없다. 가끔씩 조심스런 차량의 불빛들이 염탐꾼처럼 태풍이 휩쓴 폐허를 훑어보며 지나간다. 사람에게 태풍은 피해야 할 재앙일 뿐이다. 사람이 만들어 놓은 모든 구조물에 대해 태풍은 적대적이다. 아무도 나와서 태풍과 맞서지 않는다. 인공 구조물 속에 몸을 감추고 태풍이 지나가기만을 기다린다. 이 밤이 지나면 사람들은 이번 자연재해로 인한 피해액을 집계하기에 바빠질 것이다. 쾌청해진 하늘 아래 아무 일도 없었다는 듯 서 있을 나무들에게 지난밤 무슨 일이 있었는지를 헤아려보는 사람은 없을 것이다. 나무들은 따로 집이 없고 바깥이 나무들의 집이지만, 나는 이제 집으로 간다. 이 후로는 이 밤에 무슨 일이 있었는지를 아는 나에게 바람과 나무들이 먼저 알은체할 것이다.

빗방울이 투신하는 밤바다

비 오는 밤에 바다로 갔다

비 오는 밤에 빗소리를 듣다가 문득 바다로 가기 위해 집을 나서는 것은 출가와 가출 사이의 어디쯤일까. 올해로 15년이 된 내 차는, 주인을 잘 만나 자연사할 나이가 되도록 보신탕 신세를 면한 토종개처럼 언제라도 반길 준비가 되어 있었다는 듯이 쉽게 시동이 걸린다. 시동은 걸리는데 웬걸 와이퍼 작동이 안 된다. 작동 레버를 거듭 밀고 당겨도 묵묵부답이다. 출가의 비장한 꿈이 이렇게 간단히도 무산되는가 하는데, 무심코 켜본 전조등과 함께 언제 그랬느냐는 듯이 와이퍼가 작동하기 시작한다. 주춤했던 마음이 다시 흐르고 마음을 따라서 나의 출가는 천천히 골목을 나선다.

비 오는 밤길을 차를 몰고 간다는 것은, 그 간다는 것에 온통 주의를 요한다. 그래서 간다는 것에만 나를 맡긴다. 나는 바다로 간다. 그러나 마주 오는 차의 불빛에 그 주의(注意)가 잠깐씩 공백이 되기도 한다. 시공이 숨을 멈추는 그 잠깐의 공백 동안에 내 의식은 우주를 한 바퀴씩 돌아오는 지도 모를 일이다. 어쨌거나 국도와 지방도와 연안도로를 잠깐씩 경유해서 한참 후에 나는 어느 작은 바닷가 마을에 도착했고, 여기까지가 '비 오는 밤에 바다로 갔다'는 말의 별로 낭만적이지 못한 내용의 대략이다.

빗방울이 투신하는 밤바다

밤바다에 투신하는 빗줄기. 이런 표현을 다분히 시적이라고 생각하는 사람은 시적인 사람인 것일까? 빗줄기에 무슨 의지나 감정이 있어서 투신까지 하겠는가마는, 어느 바다에서 증발한 수증기가 구름이 되어 하늘을 떠돌다가 저렇게 다시 바다에 뛰어드는 자연의 순환이 시보다 장엄하다. 캄캄하리라 예상했던 밤바다를 집어등 불빛이 환하게 밝히고 있다. 수평선 부근에 오징어잡이 배들이 십여 척 조업을 한다. 바다가 삶의 터전인 어부들에게는 비 오는 밤바다는 낭만이 아니라 현실이다. 그리고 현실이 곧 낭만이기에는 그들의 삶이 너무 고단하다. 달이 밝으면 오징어잡이는 공친다. 집어등의 효력이 없는 것이다. 이렇게 비 오는 밤이 오히려 조업에 좋은 까닭이다. 비 오는 밤바다와 집어등이 연출해내는 사뭇 환상적인 분위기 속에, 파도와 싸우며 오징어를 잡아 올리는 어부들의 냉엄한 현실이 있다. 이 밤도 어부들의 삶의 수평선은 환하게 조업 중이다.

밤비를 맞으며 바닷가를 걸었다

우산을 받았는데도 옷이며 신발이 다 젖는다. 비바람이 제법 세차게 몰아친다. 기왕에 여기까지 온 마음이 무리를 해서라도 가는 데까지 가본다. 해안을 따라 늘어선 집들이 대부분 대문이 없다. 아무리 초라해도 사립문이라도 있는 농촌 집들과는 대조적이다. 그들의 삶의 구조에는 대문의 용도가 없는 것이다. 서민들의 집 대문이란 원래가 방범용이 아니었다. 어느 집 앞에 큼직한 개 두 마리가 나와 있어 흠칫 놀라는데, 개들은 내가 관심 밖인지 짖지도 않는다. 그 짖지 않는 개들이 여간 고맙고 다행스러운 게 아니다. 그냥 가만히 있어주는 것만으로 더없이 고마울 때가 있는 것이다. 아무 일도 일어나지 않는 것이 무척이나 다행스러울 때가 있다. 한밤중에, 인적이 없는 바닷가를, 작은 우산 하나로 비바람을 막으며 걸어가는 내 꼴은 누가 본다면 영락없는 비 맞은 생쥐 꼴이리라. 아무리 비바람이 몰아쳐도 한사코 가야 할 데가 있다는 것처럼, 한사코, 나는 간다. 그냥 간다.

거기 그렇게 내가 있었다

이런 밤의 출가는 길어야 두어 시간을 넘지 못한다. 젊었을 때 같으면야 오기로라도 몇 시간은 버텼겠지만, 오십이 넘은 나이에는 오기나 만용에 몸을 맡기기엔 열정이 모자란다. 감기나 들기 십상이리라. 여기까지가 내 남은 열정이다. 그것만으로도 달밤의 체조고 아닌 밤중에 홍두깨 아니냐고? 사람에 따라서는 살다가 더러 그러고도 싶은 법이다. 혹자는 그러고 싶어도 차마 그러지 못하기도 하겠지만, 나는 그러고 싶으면 그냥 그런다. 고작 반세기를 살아온 내 경험으로는 인생이란 따로 더 멋지고 대단한 일이 있는 게 아니었다. 이게 사실 별 게 아닌 것 같지만, 청와대 만찬에 특별초대가 있어도 바다로 가고 싶으면 나는 그냥 바다로 간다. 미국 대통령이 와서 삼고초려를 해도 내가 아니면 그냥 아니다. 여기 밤바다가 있고 비바람이 있는데, 천지의 거친 호흡이 있고 격정의 몸짓이 있는데, 그 속에 내가 있다. 비록 비 맞은 생쥐 꼴이지만, 그것은 그냥 지극히 당연스런 모습이 아닌가. 모월 모일 한밤중. 거기 그 바닷가 비바람 속에, 그렇게 내가 있었다. 절실하게 있었다.

고요를 만나다

산 아래 주차장은 한산했다. 휴일이 아닌 데다 아직은 단풍철도 아니어서 등산객들이 별로 없을 거라는 예상이 빗나가지 않았다. 물병과 주먹밥이 든 작은 가방을 메고 산으로 들어서니 개울 물소리가 와락 반긴다. 혼자서 심심하던 차에 사람을 보고 꼬리치며 달려드는 강아지 같다. 혼자서 인적이 없는 산을 찾을 때만 받을 수 있는 환대다.

쓰러진 나뭇가지를 꺾어 지팡이를 만들었다. 몇 년 전에 바닷가 방파제에서 발을 헛디뎌 거꾸로 처박히는 사고를 당한 후부터 내 몸을 믿을 수가 없게 되었다. 특히 비탈진 산길을 걸을 때는 나무 막대기 하나라도 여간 의지가 되는 게 아니다. 사물의 가치란 사람의 필요에 따라 매겨지게 마련이어서 작대기 하나도 더없이 유용하고 요긴한 물건일 수 있는 것이다.

혼자서 산행을 할 때는 남을 의식하거나 시간과 목적에 매일 필요가 없다. 눈길이 가는 대로 두리번거리며 발길이 가는 대로 느릿느릿 걷는 여유를 즐길 수가 있다. 등산로를 따라갈 필요도 없고 정상에 올라야 할 이유도 없다. 풀꽃이 피어있으면 들여다보고 새소리가 들리면 귀를 기울인다. 피부가 고운 나무를 쓰다듬기도 하고 너럭바위가 있으면 앉아 쉬면서 목을 축이기도 한다.

두메산골에 살았던 어린 시절엔 고요가 동무였다. 내를 건너고 모롱이를 돌아가는 등하굣길에도 고요가 동행을 했고, 꼴망태 둘러매고 소 먹이러 갈 때도 고요와 함께였다. 하지만 그때는 몰랐다. 문명의 산물이라고는 낫이나 호미 같은 농기구와 사기그릇 놋그릇 같은 부엌살림에 이불과 옷가지가 고작이었던 시절, 보이고 들리는 것 거의가 자연인 곳에서는 오히려 고요가 뭔지를 몰랐다. 공기를 호흡하면서도 평소에는 공기의 존재를 의식하지 못하듯 고요 속에 살면서 새삼스럽게 고요를 떠올릴 일은 없었다.

그 산골을 떠나 면소재지로 이사를 할 때도 오랜 동무였던 고요와 헤어진다는 생각을 하지는 못했다. 다만 새로운 환경이 낯설고 어색해서 뭔가 잃은 듯한 마음이 들기는 했다. 물론 그 시절 농촌 마을에는 사람들과 함께 고요도 살았지만 차츰 버려진 길고양이처럼 사람들의 발길과 눈길을 슬금슬금 피해 다니는 신세가 되어갔다. 그러다가 자동차가 들어오고 텔레비전을 비롯한 온갖 전자제품이 들어오고부터는 아예 자취를 감추었다. 변두리 마을에 더러 남아있던 고요마저도 요란한 경운기 소리에 치명상을 입고는 사라져버렸다.

사람들은 아무도 고요의 존재를 의식하지 못했다. 있을 때도 있는 줄을 몰랐고 없어져도 없는 줄을 모르는 게 고요였다. 고요가 비운 자리를 온갖 소음(騷音)이 대신해도 무감각할 뿐이었다. 일제의 식민지배와 동족상잔의 전쟁이 남긴 초토 위에서 절대빈곤을 벗어나기 위한 몸부림에 정신이 팔려 고요니 소음이니 하는 것 따위가 대수로울 겨를이 없었다. 숨 가쁘게 달려온 산업화 과정에 공장과 자동차의 매연이 공기를 오염시키고, 오폐수와 농약과 각종 쓰레기가 물과 토양을 오염시킨 것처럼 인공의 소음에 쫓겨 고요도 인적이 없는 산속으로나 숨어들었다.

오래전부터 혼자서 들길을 걷거나 산행을 하는 걸 좋아했지만 그 이유에 대해서는 딱히 할 말이 없었다. 한때 승려였던 소설가 김성동이 이따금 산이 그리워 혼자 술을 마시고 운다는 글을 읽었을 때 뭉클하게 공감이 되었지만 나 역시 뭔가를 그리워하는 줄은 몰랐다. 김성동이 그리워하는 건 단지 산이 아니라 속세와는 다른 산속 승려 생활 중에 마주했던 보다 근원적이고 본질적인 뭔가에 대한 게 아니었을까. 혼자서 산과 들을 헤매는 나의 오랜 버릇도 어린 시절 두메산골에 두고 온 고요에 대한 그리움 때문이라는 걸 안 것은 오랜 세월이 지난 후였다.

그날도 산속을 이리저리 헤매고 다니다 바위에 앉아서 잠시 쉬고 있었다. 마침 바람도 불지를 않아 나뭇잎도 흔들리지 않고 개울 물소리도 산새 소리도 들리지 않는데 주위에 누군가 있는 듯한 느낌이 들었다. 눈에 보이지 않고 아무 소리도 들리지 않았지만 분명 뭔가가 있다는 느낌에 한동안 멍하니 앉아 있는데 문득 한 생각이 떠올랐다. 고요가 아닐까. 고요라는 추상명사가 단지 관념이 아니라 어떤 보이지 않은 존재로 다가왔다. 그래 고요다. 분명 고요는 살아있었다. 그러고 보니 산골 고향에 두고 온 것도 고요이고, 혼자서 산과 들을 헤맨 것도 그 고요에 대한 그리움 때문이었다.

고요 속에서 모든 사물은 본래의 모습을 드러낸다. 아주 작은 소리도 들리고 미세한 기척도 알아챌 수 있다. 고요는 침묵이나 정적(靜寂)과는 다르다. 아무 소리도 들리지 않는 상태가 아니라 아주 작은 소리까지 세세하게 들리는 상태를 고요라고 한다. 잔잔한 수면에 주변의 사물이 또렷이 비치듯 고요 속에서는 온갖 사물들이 제 모습을 드러낸다. 고요는 혼자서 존재하지 않는다. 고요가 없으면 모든 소리가 존재할 수 없고 아무 소리도 없는 곳에는 고요도 있을 수 없다. 마치 증류수 속에서는 물고기가 살 수 없듯이 방음장치가 된 무성(無聲)의 공간에서는 고요가 살지 않는다.

마음이 청결한 자가 하느님을 만난다는 성경의 말씀처럼 시끄럽고 분주한 마음으로는 고요를 만날 수가 없다. 아무것도 집착하지 않고 무엇에도 구속되지 않은 마음 상태일 때만 고요를 느낄 수가 있다. 공기가 오염되었다는 걸 알고서야 오염되지 않은 공기의 존재를 떠올리게 되듯이 심각하게 소음공해를 자각했을 때 고요의 필요성이 절실해진다. 반대로 고요의 필요성을 절실하게 느끼지 못한다는 것은 소음의 폐해를 절감하지 못한다는 얘기가 된다. 찬

물에 개구리를 넣고 서서히 가열하면 온도의 상승을 느끼지 못한 채 죽어간다고 했던가?

일찍이 인도의 시인 타고르가 우리나라를 '고요한 아침의 나라'라고 했다. 독일인 선교사 베버 신부도 같은 제목으로 책과 다큐멘터리를 제작한 걸 본 적이 있다. 구한말 우리나라 곳곳을 다니며 찍은 영상물에 등장하는 사람들은 모두가 온화한 모습들이었다. 비록 가난하지만 평온과 고요를 지닌 백성들이었다. 그래서 베버 신부는 "내가 그렇게도 빨리 사랑에 빠질 수밖에 없었던 나라는 '한국'이었다."는 고백을 했다. 그랬던 나라가 지금은 세계에서 둘째가라면 서러울 정도로 시끄럽고 분주한 나라가 되었다. 산업화와 민주화를 위한 격동의 시절을 지나왔고, 근자에 들어와서는 백만 군중이 국정을 그르친 대통령을 탄핵으로 몰아가는 시위를 벌이는가 하면 북녘의 핵무기 위협으로 위기상황에 직면하고 있는 실정이다.

쉬엄쉬엄 걷다 보니 어느덧 산꼭대기에 올랐다. 저 아래 내려다보이는 가을 들판과 마을이 그려놓은 듯 고즈넉하다. 이렇게 멀리서 조감하노라면 소음 가득한 세상사 아귀다툼이 한낱 부질없어 보인다. 고요를 잃어버린 인간의 마음을 커다란 고요가 감싸고 있다.

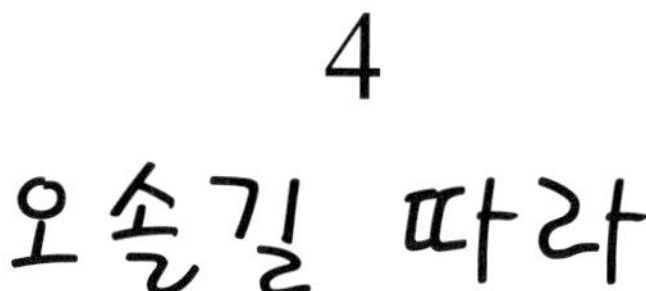

공짜는 없다는 말,
흔히 하는 말이지만

삼라만상 모두가
원래는 다 공짜였다

사람이 경계선 긋고
값 매기기 전에는

— 詩 「공짜의 행복」 중에서

참소유

몇 년 전에 입적하신 법정스님은 생전에 참 많은 것을 가졌습니다. 흔히들 무소유로 살다 가신 분으로 알고 있지만 사실은 그분처럼 많은 것을 가졌던 사람도 드물 거라는 생각입니다. 부동산으로는 산 좋고 물 좋은 곳에 손수 지은 암자도 있었고, 자신의 명의로 등기를 하거나 주지의 자리에 앉지는 않았지만 길상사란 절을 창건하기도 하였지요. 그보다 더 부러운 것은 강원도 산골의 오두막인데, 집이야 작고 초라했지만 인근 일대의 임야는 그 가치를 돈으로는 따질 수 없는 재산이었습니다. 그 산과 계곡이 누구의 명의로 되었건 철 따라 피고 지는 초목이며 온갖 벌레와 짐승들, 새소리 물소리 바람 소리, 햇빛 달빛 별빛에다 고요와 어둠까지 그 속에서 하나로 어우러져 사는 동안은 스님의 소유나 다름이 없었지요.

스님의 동산(動産) 또한 그에 못지않았습니다. 많은 저서의 판권이나 인세뿐만 아니라 수백만 독자와 스님을 따르고 사랑하는 수많은 사람들 역시 돈으로 환산할 수 없는 재산이었습니다. 법정스님이 보여주신 것은 그러므로 '무소유'가 아니라 '참소유'였다는 생각입니다. 참소유란, 올바른 소유요 진정한 소유라는 뜻으로 내가 만들어본 말입니다.

무엇을 잘 소유하기 위해서는 먼저 그것의 진가(眞價)를 알아야 합니다. 아는 만큼 보이는 것처럼 알아야 소유할 수도 있는 것이니까요. 진가란 왜곡된 상품(商品)으로서의 가치가 아니라 그 존재의 본질적 가치를 말하지요. 산과 들을 임야나 토지의 개념으로만 따지는 것은 본질적인 가치평가일 수가 없는 것이고, 그것에서 비롯되는 온갖 자연현상이야말로 진정한 가치라는 것이지요. 사람이 만들어낸 물품도 그렇습니다. 아무리 훌륭한 예술작품도 그것의 진가를 모르는 사람에겐 한갓 쓸모없는 물건에 불과할 뿐이지요.

참소유란 진정한 가치를 소유하는 것인즉, 진가를 모르는 사람이 참소유에 이를 수는 없는 일이지요. 하지만 비록 그 진가를 안다고 해도 꽁꽁 숨겨두기만 해서는 온전한 소유가 아닙니다. 금고 속에 넣고 이중삼중 자물쇠를 채워두는 것은 보관하는 것이지 소유하는 것이 아니지요. 그리고 그 진가를 알았으면 그것을 용도에 맞게 활용하는 것이 제대로 된 소유고요. 돈을 주고 사서 자기 이름으로 등기를 해 놓았다고 산과 들을 소유한 것이 아니며, 금고나 은행에 쌓아두기만 한 돈은 남의 것이나 다를 게 없지요. 참소유란 진가의 발견이자 활용이며 새로운 가치의 창출이기도 한 것입니다.

무엇에건 연연하거나 집착하는 것은 참소유가 아닙니다. 그것은 소유하는 것이 아니라 오히려 소유 당하는 것이며, 재물이나 권세나 명예에 집착하고 연연하는 것은 그것의 주인이 아니라 노예가 되는 것입니다. 주인을 노예의 소유라 할 수는 없을 터인데, 세상엔 착각에 빠진 사람들이 참 많은 것 같습니다.

가장 완전한 소유는 대상과 하나가 되는 것입니다. 물아일체(物我一體)가 되는 것이야말로 진정한 소유라 할 것인데, 그것은 이미 종속(從屬)의 관계를 벗어난 것이니 소유라는 개념 자체가 소멸되는 것이기도 하지요. 우주만상은 종속이 아닌 유기적인 관계로 형성되어 있고 사람도 그 일부일진대, 사람이 무얼 소유한다는 생각 자체가 착각이요 망상에 불과한 것이라는 얘기지요. 그러니 무소유란 소유라는 개념 자체가 성립하지 않는다는 의미로 새길 수도 있겠습니다. 종교적 경지에서는 어떤지 몰라도 나 같은 범인에게는 그런 심오한 개념의 무소유보다는 참소유가 훨씬 더 실감으로 와 닿습니다.

사람은 살아있는 동안 부득불 많은 물질이 필요합니다. 생명을 유지하기 위해서는 공기와 물과 일정량의 음식물이 필요하고 의복과 주거지도 없어서는 안 되지요. 그러나 그것은 소비라기보다 활용입니다. 내 손과 몸을 거쳐가는 것이지 없어지는 것은 아니지요. 내가 태어나기 전에도 있었고 죽은 후에도 존재하는 것을 잠시 빌려 쓰는 것뿐이지요. 땅뺏기놀이에 열중하던 아이들이 날 저물어 엄마가 부르면 손 털고 일어나야 하는 것처럼, 많은 것을 소유했다고 하더라도 종국에는 다 두고 빈손으로 떠날 수밖에 없는 것이 인생이라는 걸 모르는 사람은 없지요. 이 세상에 살 동안 우리가 빌려 쓰는 사물들을 얼마나 유용하고 적절하게 사용하는가에 참소유의 의미와 목적이 있다 할 것입니다.

법정스님은 임종 전 병석에서 산골 오두막집으로 가고 싶다고 하셨다는군요. 남을 번거롭게 하는 일이 아니라면 가장 그리운 곳인 거기에서 물소리 새소리 바람 소리를 들으며 이승을 떠나고 싶지 않았을까요. 아무튼 법정스님은 그 오두막살이를 통해서 생의 말년을 탐욕과 집착을 벗어난 무소유가 곧 자유와 평온의 참소유라는 것을 몸소 보여주고 가셨습니다.

오솔길 따라

내가 사는 마을 뒤에 나지막한 산이 있고 그 속으로 오솔길이 나 있다. 원래는 땔나무를 하러 다니던 사람들의 길이었는데, 지금은 산속 여기저기 숨어있는 묘지의 성묘객들이나 가끔씩 산책을 하러 나온 사람들의 발길로 명맥을 이어가는 길이다.

소나무 숲 사이로, 나무 둥치를 피하고 돌부리를 돌아서 꼬불꼬불 물 흐르듯 이어지는 그 길은 지나다니는 사람이 많지 않아서 굳이 길이랄 것도 없는 형편이다. 비라도 많이 내린 후에는 그나마 남아 있던 발길의 흔적조차 지워져 버리지만, 얼마를 지나고 나면 어느새 전에 길이었던 곳에 다시 길이 생기곤 한다.

산속의 그 작은 오솔길이 내게는 내가 아는 어느 길보다 편안하고 아늑한 느낌을 준다. 그 길에 들어서면 나는 어디로 무엇을 하러 간다는 따위의 생각이 없이 이것저것 해찰하며 느릿느릿 발걸음을 옮긴다. 솔잎 사이로 불어가는 바람 소리에 귀를 기울이기도 하고 새로 피어난 풀꽃에 한참동안 마음을 빼앗기기도 한다. 인기척에 놀라 나뭇가지로 위로 달아난 다람쥐와 눈싸움을 하기도 하고 이름 모를 새소리의 임자를 찾아 이리저리 두리번거리기도 한다. 그러다 보면 나 역시 그 숲의 나무와 풀꽃과 새소리 바람소리에 하나로 어우러져서 느긋하고 상쾌한 기분이 된다.

인간은 끊임없이 스스로 길을 만들어 가는 동물이다. 다른 동물들 중에서도 더러 길을 만드는 경우가 있다지만 그것은 그저 본능에 따라 하는 행동일 뿐, 사람처럼 자의로 길을 만드는 것은 아니다. 언제부터 사람들에게 길이라는 개념이 생겨난 것이지는 알 수 없지만, 인류의 역사는 끊임없이 새로운 길을 만들어온 역사였다. 땅위의 길만으로 성이 차지 않으면 바닷길을 열었고, 그것으로도 모자라 하늘에도 길을 내었다.

육로의 종류도 갈수록 다양해졌다. 우리나라만 하더라도 국도나 고속도로가 있는가 하면 철길이 있고, 땅속의 길이 있는가 하면 기차를 통째로 띄워서 달리게 하는 자기부상철도도 있다. 이 모든 길들은 물론 운송의 통로로 만들어진 것들이다. 더 많은 인원이나 물자를 더 빨리 안전하게 운반할 수 있도록 하는 것이 길의 궁극적 목적이요 쓰임인 것이다. 길은 곧 문명의 혈관이라는 것을 부인할 사람은 아마 없을 것이다. 극동과 서역을 이어주는 실크로드가 동서의 문명을 더욱 융성하게 했다는 것과 콜럼버스가 개척한 뱃길이 오늘의 아메리카문명을 있게 한 시작이었다는 것은 잘 알려진 사실이다.

'길'이라는 우리말의 사전적 풀이는 여러 가지가 있지만, 그 중

대표적인 것으로 '사람이나 차량이 다닐 수 있도록 만들어진 도로(道路)'라는 뜻과, '사람이 지켜나가야 할 도리(道理)'라는 뜻을 들 수가 있다. 하나의 말에서 두 가지의 뜻이 파생한 데에는 물론 그만한 이유가 있을 것이다. 수렵이나 채취를 하던 원시시대에는 물리적인 의미의 길과 삶의 도리로서의 길의 분화가 그렇게 뚜렷하지는 않았으리란 추측을 할 수 있다. 그들이 지나다니는 길이 곧 마땅한 삶의 길이기도 했을 것이다. 어디로 가면 먹이가 있고 어느 곳에 위험이 있는지를 아는 것이 바로 몸으로 체득해야 하는 가장 절실한 삶의 기능이었을 테니까.

한자 문명권에서는 일찍이 길〔道〕이란 말의 형이상학적 의미에 보다 큰 비중을 두었던 것 같다. 바로 그런 길의 경전이라 할 수 있는 老子의 '도덕경(道德經)'이 무려 2500여 년 전에 형성된 것을 보아도 알 수가 있다. 노자가 말하는 길이란 무위자연(無爲自然)의 길, 대자연의 흐름이요 변화의 원리로서의 길이다. 그것이야말로 인간이 따라야 할 당연한 길이고, 그 길에서 벗어나는 인위적인 길은 자연의 법칙을 거스르고 질서를 파괴하는 길이라는 주장이다. 불과 몇십 년 전까지만 해도 환경오염이니 생태계 파괴니 하는 말조차 흔치가 않았는데, 그런 것들이 삶의 가장 심각한 문제로 대두된 오늘에 와서는 오래전 한 뛰어난 현인의 심원한 혜안에 새삼 놀라지 않을 수 없다.

21세기에 접어들면서 인류는 또 하나의 획기적인 길을 만들어

냈다. 인터넷이라고 불리는 '정보통신의 길'이다. 인원이나 물자가 오가는 대신 각종 정보만을 주고받는 길이지만, 지구상의 모든 정보들이 하나의 그물로 연결이 되어서 누구라도 언제 어디서나 접속이 가능하다는 것에 혁신적 의미가 있는 것이다. 철로나 항공로 같은 새로운 종류의 길이 생겨날 때마다 인류문명에 엄청난 변화가 있어온 것처럼, 새로이 탄생한 정보통신의 길 또한 전대미문의 문명이 도래했다는 것을 의미한다. 심지어 그것은 인류의 생활양식이나 가치 기준을 송두리째 바꾸어 놓을 문명의 개벽을 예감하게 한다.

일찍이 노자가 예견했듯이 사람이 만든 길은 거의가 자연의 흐름을 방해하거나 역행하는 길이었다. 산을 깎아 골을 메우고 강을 막고 들을 가로질러 난 콘크리트 구조물이 과연 길다운 길일 수가 있는가. 그것은 너무 자연스럽지 못한 경직된 길이고 자연의 생성과 변화의 흐름을 거스르는 길이었다. 그 길을 따라 번성한 인류의 문명 역시도 자연을 오염시키고 파괴하는 종양과 같은 것이었다. 그것이 결국은 파국으로 치닫는 파멸의 길임을 깨닫고 경각심을 일깨우는 소리가 없지는 않지만, 인류는 이미 돌이킬 수 없는 길을 너무 멀리 와 버렸다.

오솔길이야말로 인간이 만든 길 중에서 가장 자연스럽고 원시적인 길이다. 그것은 생태학적인 길이요, 몸의 길이요, 오염되지 않은 마음의 길이기도 하다. 잠시라도 경직되고 왜곡된 인위의 길을 벗어나서 이렇게 호젓하게 걸을 수 있는 오솔길이 아직은 남아 있어서 그나마 얼마나 다행인가. 송홧가루를 다 털어낸 송순 끝에 작은 솔방울이 맺혀 있고 솔향내와 함께 아카시아꽃 향기가 훈풍에 실려 온다. 아카시아꽃이 지고 나면 찔레꽃이 피고 뻐꾸기가 울 것이다.

벌목을 하면서

자두나무를 심어놓고 오래 방치한 산에 소나무 참나무 아카시아가 자라서 숲을 이루었다. 그 기세에 눌려서인지 자두나무는 해마다 꽃을 피우면서도 열매를 맺지는 못한다. 자두나무를 심은 옛 주인이 부도가 나는 바람에 묵혀둔 것이라는데, 잡목들을 베어내면 자두나무가 기를 펴고 열매를 맺지 않을까 하는 기대로 겨우내 틈틈이 벌목을 하고 있다.

이십여 년을 자란 나무들이라 대부분 지름이 한 뼘을 넘는다. 작은 톱으로 자르기는 쉽지 않아서 하루에 몇 그루씩 틈나는 대로 베고 있다. 톱질을 해보면 죽은 나무와 산 나무는 그 느낌이 확연히 다르다. 그것은 단순히 목질의 경도나 수분 함량의 많고 적음에서 오는 차이와는 전혀 다른 느낌이다. 톱날에 썰리는 생나무의 생생한 질감을 다잡으며 톱질을 하노라면, 어느 순간 나무는 제 무게를 가누지 못하고 우지끈 부러지면서 선혈을 뿜듯 생목 특유의 향내를 분출한다. 그렇게 생나무를 통으로 베어 넘어뜨리는 과정에 묘한 쾌감 같은 것이 일어서 힘이 드는 일인데도 틈만 나면 톱을 들고 숲으로 가게 된다.

그러다가 문득, 내가 톱을 들고 나타나면 나무들은 겁에 질려 안절부절못하는 게 아닐까 하는 생각이 든다. 나무들에게도 자신의 죽음을 감지하는 기능이 있는지는 모르겠지만, 왠지 한기(寒氣)처럼 오싹하게 그런 느낌이 든다. 그새 내가 베어낸 나무들이 수십 그루나 되어 숲은 이제 시체들이 즐비한 전쟁터를 방불케 한다. 자두를 먹겠다고 이십여 년이나 멀쩡하게 자란 나무들을 무참하게 베어낸 것이다. 그 때문에 자책감에 빠져들 만큼 여리고 순진한 심성은 못 되지만, 삶의 가장 본질적인 문제인 먹고산다는 것에 대한 생각을 해보게 된다.

지구상의 모든 생명체는 다른 생명체를 먹이나 숙주로 삼아 살아간다. 직접 잡아먹거나 기생을 하지 않는 경우에는 다른 생명체들이 죽어서 내놓는 유기물을 자양으로 생명을 유지할 수밖에 없다. 일견해서는 비정하고 냉혹한 것으로만 보이지만, 먹고 먹히는 약육강식의 먹이사슬은 한편으로 모든 생명체가 유기적으로 연결되어 있다는 걸 의미하기도 한다. 식물은 초식동물의 먹이가 되고 초식동물은 다시 육식동물의 먹이가 되는 먹이사슬이야말로 생태계를 건강한 하나의 유기체로 유지하는 시스템인 것이다. 사자나 하이에나 같은 포식동물이 없으면 초식동물의 개체 수가 급격히 불어나서 초원이 고갈되고, 결국에는 초식동물 역시도 생존할 수 없게 되는 것이 자연생태계이기 때문이다.

지금 살아있는 모든 생명체는 먼저 죽어간 생명체들에게 빚진 자들이다. 그 빚은 언제고 반드시 갚아야 할 빚이다. 초식동물 중에서도 병들거나 연약한 것들부터 먼저 포식동물에게 잡아먹히게 마련이다. 하지만 그들 덕분에 육식동물들이 생명을 이어가고 다른 초식동물들이 살아남을 수 있다는 사실을 감안한다면, 생존경쟁의 우위에 있다고 결코 잘난 체하고 우월감을 가질 수만은 없는 일이다. 내 생명이 소중한 만큼 내 생명을 지속하게 해주는 다른 생명체들에게 미안함과 고마움을 가지는 것이 마땅한 도리가 아니겠는가. 내 한 몸 유지하기 위해 얼마나 많은 생명체들의 희생이 있었는가를 생각한다면, 어찌 풀 한 포기 나무 한 그루 함부로 대할 수가 있겠는가.

백수의 왕이라는 사자도 가젤영양 한 마리 잡기 위해 전력투구한다는 걸 텔레비전 '동물의 왕국'을 보고 알았다. 그것도 매번 성공을 하는 것이 아니라, 실패를 거듭하면 탈진해서 굶어 죽기도 한다는 사실은 신선한 충격이었다. 그리고 아무리 먹잇감이 많고 힘이 남아도 먹이를 쌓아 두거나 장난삼아 사냥을 하는 법은 없다는 것도 알았다.

그에 비하면 인류는 문명이란 잔꾀로 너무 쉽게 먹이를 얻는 게 아닐까. 물론 지금도 세계 곳곳에는 기아에 허덕이면서 죽어가는 사람들이 적지 않지만, 더 많은 사람들이 굶주림보다는 과식을 걱정하는 게 현실이다. 우리나라만 하더라도 날마다 버려지는 음식물쓰레기가 8톤 트럭 1900대 분이나 되고 돈으로는 연간 8조 원에 달한다고 한다. 그것은 곧 그만큼의 과잉 살생을 의미하는 것이고, 또 그만큼 생명을 경시하는 풍조를 낳는 게 아닐까.

자연생태계의 모든 생명체는 매 순간 최선을 다해 살아가면서도 결코 과욕이나 자만에 빠지지 않는다. 사람이라고 예외일 순 없다. 엄연한 자연의 법칙이요 생태계의 질서를 거스르는 행위는 자신은 물론 자연생태계 전체를 교란하고 파괴하는 일이라는 걸 잊어서는 안 될 것이다.

아집과 편견을 버리고 삼라만상을 둘러보면, 뭇 생명들이 그러하듯이 인간이란 목전의 이해타산이나 이기적인 아집에 사로잡혀 경거망동하기에는 참으로 엄청난 우주적 존재라는 걸 알게 된다. 풍전등화처럼 위태롭고 초라하기 짝이 없는 것이 내 생명인 것 같지만, 수십억 년을 온갖 악조건과 치열한 경쟁을 뚫고 면면히 이어온 것이 오늘의 나이기도 하기 때문이다. 탐욕과 어리석음에 찌든 천박한 속셈으로 함부로 헤아리고 폄훼할 일이 아니라는 걸 너무 쉽게 잊고 사는 게 아닌가 돌아보게 된다.

봄이 오면 이 숲에는 전보다 더 환하게 자두꽃이 필 것이다. 그 꽃의 눈부신 빛과 향기를 내 톱날에 잘려나간 소나무 참나무 아카시아나무들과 무관하다고 할 수 있을까. 과연 내 기대대로 자두가 많이 열릴지는 모르겠지만, 그것이 어찌 자두나무만의 열매라고 하겠는가.

그늘

마을 앞에는 크고 오래된 느티나무가 한 그루 서 있었다. 유서 깊은 시골 마을이면 으레 하나씩은 있는 정자나무였다. 수백 년 수령의 우람한 고목이 마치 어미 닭이 병아리들을 품듯 옹기종기 모여 있는 조가집들을 싸안고 있었다.

느티나무가 그렇듯 정자나무는 오랜 세월 홀로 자라면서 무성한 가지가 사방으로 뻗어 그늘이 넓고 깊게 마련이다. 그래야 좋은 정자나무 구실을 한다. 그 그늘에 동네 사람들이 모여 마을의 대소사를 의논하기도 하고, 일터에서 돌아와 땀을 식히거나 낮잠을 자기도 했다. 물론 아이들의 놀이터 구실도 한다. 여름이면 자리를 깔고 엎드려 방학숙제를 하거나 소꿉놀이, 땅따먹기, 구슬치기, 고누 같은 놀이를 하며 놀았다. 시끄럽게 울어대는 매미를 잡으려고 나무에 올라갔다가 어른들의 꾸지람을 듣기도 했다.

정자나무 한 그루가 마을에 끼치는 영향은 실로 대단했다. 마을 사람 누구라도 언제나 찾을 수 있는 휴식처일 뿐 아니라 마을을 지키는 수호신이기도 했다. 정자나무는 오랜 세월에 걸쳐 이 마을에서 일어난 온갖 일들의 처음과 끝을 훤히 알고 있었다. 사람들은 당장 눈앞의 이해나 시비곡직에 매달려 다투거나 허둥대지만, 오랜 세월이 흐르면서 그것이 어떤 결말을 가져오는지를 정자나무는 다 지켜보았다. 마을 사람들이 경외감을 가지고 신성시할 수밖에 없는 까닭이었다.

마을 사람들은 날마다 들고 나며 정자나무가 언제나 그 자리에서 혹한과 폭염, 가뭄과 홍수, 비바람 눈보라를 견디고 계절에 따라 신록과 녹음과 단풍의 그늘을 짓는 모습을 보았다. 그것은 어떤 경전이나 설법보다도 생생하게 보여주는 자연의 섭리였다. 그 마을에서 나고 자란 사람들은 누구나 마음속에 정자나무를 한 그루씩 품고 살게 마련이었다. 마을을 떠나 객지 생활을 하면서도 고향을 생각할 때마다 부모 형제나 동무들과 함께 정자나무가 떠오르곤 했다. 어쩌다 고향을 찾아갈 때도 마을로 접어드는 어귀에서 제일 먼저 반겨주는 것이 바로 그 정자나무가 아니었던가.

정자나무의 그늘은 단순한 그림자가 아니었다. 그림자로 치면 콘크리트 인공구조물의 그림자가 더 견고한 것이지만 정자나무 그늘처럼 깊이와 넉넉함을 갖지는 못한다. 정자나무의 그늘에는 살아있는 숨결이 있고 역사의 연륜이 있다. 마을 사람들은 정자나무를 통해 책으로는 배울 수 없는 역사와 전통을 배운다. 그래서 정자나무는 살아있는 경전이고 수호신이었다.

사람들 중에도 정자나무처럼 넓고 깊은 그늘을 가진 이가 있다. 석가와 예수를 비롯하여 동서고금의 많은 성인현철들이 불멸의 거목으로 인류에게 넉넉한 그늘이 되어주고 있다. 사람의 그늘이란 물리적인 그림자가 아니라 마음의 나무가 드리우는 그늘이다. 석가의 자비와 예수의 박애, 공자의 어짐(仁) 같은 것이 바로 그 마음나무의 그늘이다.

나무가 크고 무성하게 자라기 위해서는 뿌리를 내릴 토양과 햇빛을 받고 가지를 뻗을 하늘이 있어야 하듯이 마음나무가 자라는 데도 일정한 조건을 갖추어야 한다. 세상과 생명에 대한 긍정과 사랑이 그 토양이 될 것이고, 편견과 아집과 고정관념에 사로잡히지 않은 자유롭고 열린 정신이 높고 넓게 가지를 뻗을 수 있게 할 것이다. 하지만 무성한 잎이 없어서는 그늘을 가질 수가 없다. 초목의 잎이 햇빛과 물과 공기를 합성해서 뭇 생명의 원천이자 동력인 유기물을 만들 듯, 푸르고 무성한 감성의 잎사귀가 삼라만상의 기(氣)를 합성해서 마음나무에 생명을 불어넣는 것이다.

한 그루 나무가 우람한 고목이 되어 무성한 그늘을 갖기까지 얼마나 오랜 세월 혹한과 눈보라를 견디었으며, 얼마나 많은 태풍과 폭우의 계절을 지나고 폭염과 가뭄을 이겨내었을까. '흔들리지 않고 피는 꽃이 어디 있으랴'는 시구처럼 아픔이 없는 그늘이 있겠는가. 그래서 정호승 시인도 "나는 그늘이 없는 사람을 사랑하지 않는다/ 나는 그늘을 사랑하지 않는 사람을 사랑하지 않는다/ 나는 한 그루 나무가 된 사람을 사랑한다"고 노래했다.

사람에게 그늘이 있다는 것은 일반적으로는 부정적인 의미를 갖는다. 괴로움이나 슬픔이 있어 마음이 어둡고 무겁다는 뜻이다. 그러나 그 괴로움과 슬픔을 견디고 극복하는 자리에 마음의 나무가 싹트고 자란다. 아픔과 슬픔을 잘 삭이고 발효해서 거름으로 만들 줄 아는 사람이라야 이해와 포용의 그늘을 가진 한 그루 나무가 된다. 비록 성현들 같은 우람한 고목은 아닐지라도, 사람은 누구나 나름의 크고 작은 그늘을 가진 나무가 될 수 있다. 반대로 나무는 커녕 풀 한 포기 자라지 않는 삭막한 황무지 같은 마음을 가진 사람도 없지 않다. 남에게 그늘이 되어주는 나무는커녕 얽매고 상처를 주는 가시덩굴 같은 사람도 적지가 않다. 나는 지금, 과연 몇 평의 그늘을 가진 나무일까?

볏짚

며칠째 볏짚을 묶고 있다. 콤바인으로 추수를 하고 논바닥에 깔아놓은 볏짚을 운반하기 좋게 한 아름씩 단으로 묶는 일이다. 단순노동이긴 하지만 적잖이 힘이 드는 일이어서 열댓 마지기 논의 짚을 혼자서 다 묶으려면 누어 수일은 속히 걸린다. 도중에 비가 와서 일을 중단하고 짚이 다 마를 때까지 기다리게 되면 달을 훌쩍 넘기기도 한다.

농사일은 잔꾀나 눈속임이 통하지 않는다. 소개소에서 사람을 데려와 일을 시켰더니 하루를 해보고는 더 못 하겠다고 손을 들었다. 일이 고된 데다 종일 한 일이 짚단 수로 빤히 드러나니 요령을 피울 수도 없는 노릇이라 돈이고 뭐고 싫다는 거였다. 그러지 않아도 농사일을 해본 경험이 없는 사람들이라 일손이 너무 서툴러서 나로서도 더는 맡길 수가 없는 형편이었다.

들일은 힘이 드는 일이긴 하지만 그렇게 스트레스를 많이 받는 일은 아니다. 몸으로 하는 단순노동이라도 공장 같은 데서 일사분란하게 움직여야 하는 기계적인 노동과는 사뭇 다르다. 햇빛과 바람 속에서 하는 일이고 마음 내키는 대로 시간을 조절을 할 수 있는 일이라 그렇다. 두어 시간 일을 하고는 논 가운데 짚단을 깔고 앉아 막걸리나 커피를 마시는 시간은 오붓한 즐거움이기도 하다.

지금은 가축의 먹이나 버섯재배 등에 쓰이는 게 고작이지만, 비닐이나 플라스틱 같은 합성수지가 나오기 전에는 볏짚의 용도가 참으로 다양하고 요긴했다. 초가지붕에서부터 새끼와 가마니, 멍석, 소쿠리, 삼태기, 망태기, 짚신, 도롱이 … 같은 온갖 생활용품에 이르기까지 농촌 생활 전반에 걸쳐 볏짚의 쓰임은 이루 다 헤아릴 수 없을 정도였다.

가을걷이가 끝나면 추위가 닥치기 전에 서둘러서 볏짚으로 지붕을 이었다. 기와집이 더러 있기는 했지만 대부분이 초가였던 시절에 지붕을 이는 일은 가장 중요한 연례행사의 하나였다. 지붕을 이는 날이면 농촌 마을은 저절로 하나가 되었다. 혼자서는 할 수 없는 일이라 온 마을 사람들이 돌아가면서 품앗이를 하다 보니 내 일 남의 일이 따로 없었다. 남자들이 새끼를 꼬고 이엉과 용마름을 엮는 동안 아낙네들은 합동으로 음식을 준비했다. 막걸리 말을 들여오고 햅쌀밥과 갓 담은 김장김치에 삶은 돼지고기까지 곁들이면 절로 흥겨운 잔치 분위기가 되었다. 마을 사람들이 그렇게 공동으로 하는 일이란 노동이라기보다는 하나의 축제 같은 거였다. 썩은 새를 걷어내고 새 이엉과 용마름으로 지붕을 덮으면 낡고 작은 초가일망정 그렇게 아늑해 보일 수가 없었다.

농한기인 삼동에는 볏짚으로 새끼를 꼬거나 가마니 치는 일이 농가의 주된 부업이었다. 동네 사랑방에 모여서 공동으로 짚일을 하는 것은 사교와 놀이를 겸하는 일이기도 했다. 라디오나 텔레비전 같은 미디어가 없던 시절이라 밤마다 그렇게 모여서 이야기꽃을 피우며 이웃 간에 정을 나누고 생활의 지혜와 정보를 교환했다. 그것은 우리 민족이 농경사회로 접어든 이래 오랜 세월을 면면히 이어온 민초들 삶의 모습이었다.

볏짚의 용도를 합성수지라는 신소재가 대신하면서 인류의 문명은 일대 전환기를 맞이했다. 합성수지야말로 현대문명의 기반이 되는 꿈의 소재라 할 수 있다. 옛날에 볏짚이 그랬듯이 오늘 우리의 삶을 편리하고 안락하게 하는 각종 생활용품에는 비닐과 플라스틱 같은 합성수지가 쓰이지 않은 것을 찾아보기 어려울 정도다.

편리와 실용성의 면에서는 볏짚과 합성수지는 도무지 비교가 되지를 않는다. 가령 볏짚으로 멍석 하나를 짜려면 적어도 일주일은 걸려야 한다. 무게 또한 만만치가 않아서 아녀자들은 혼자서 다루기가 어려울 정도다. 멍석은 주로 곡식을 널어 말리거나 야외용 자리로 쓰이는 농가의 필수품이었는데, 혼례나 초상 같은 큰일을 치를 때면 이웃에 다니며 멍석을 빌려다가 여러 장을 마당에 깔고 손님을 맞이했다. 그런데 요즘은 말아서 쥐면 한 줌밖에 안 되는 비닐 자리가 간단하게 멍석의 용도를 대신하게 되었다. 볏짚으로 만든 비옷인 도롱이를 어찌 얇고 가벼운 비닐 우의에 비할 수가 있으며, 삼태기 망태기 소쿠리 같은 그릇인들 형형색색 플라스틱 제품의 실용성 앞에 감히 명함이라도 내밀 수가 있겠는가.

하지만 문제는 그것들이 편리한 만큼 한편으로는 독이 된다는 데 있다. 볏짚이 생활용품의 주요 소재였던 시절에는 공해라는 개념조차 없었다. 지붕에서 걷어낸 썩은 새나 낡아서 더 못 쓰는 볏짚 용구들까지 아궁이 땔감으로 재활용을 하고, 타고 남은 재는 거름이 되어 논밭에 뿌려졌다. 그 완전한 순환의 과정 어디에도 공해가 끼어들 여지는 없었다. 반면에 합성수지 제품은 용도를 다하면 애물단지로 남는다. 유독가스 때문에 태울 수도 없고 땅에 파묻어도 수백 년 동안이나 썩지를 않는다니, 자연계의 순환을 거스르는 합성수지문명은 결국 지속가능한 삶의 형태가 아니라는 얘기다.

그것이 사람들의 심성에 미치는 영향인들 어찌 없겠는가. 거칠고 투박하고 불편하지만 볏짚의 시대에는 이웃 간에 도타운 정과 끈끈한 유대감이 있었다. 그것은 가장 인간적이고 자연친화적인 삶의 모습이었다. 불편함이 곧 불행은 아니듯 편리가 반드시 행복을 보장해주는 것은 아니었다. 합성수지는 편리와 안락을 주는 대신 이웃과 자연으로부터는 멀어지게 했다. 볏짚의 시대와는 비교도 할 수 없게 풍족해지고 편리해졌지만, 인심은 오히려 각박하고 흉흉해져서 갈수록 끔찍한 범죄와 자살률이 증가하고 있다고 한다.

일찍이 노자(老子)는 가장 이상적인 삶의 형태로 소국과민(小國

寡民)을 들었다. 거기에는 많은 그릇도 쓸모가 없고, 군대나 갑옷이 필요 없으며, 배와 수레가 있어도 타고 갈 일이 없고, 닭 울음소리 개 짖는 소리가 들리는 곳에 이웃 나라가 있어도 죽을 때까지 내왕할 필요가 없다고 했다. 소수의 사람들이 모여서 소박한 자급자족의 공동체를 이루는 것이 가장 바람직한 삶의 모습이라는 것이다. 각종 공해와 난개발로 지구 생태계의 오염과 파괴가 심각한 문제로 대두된 오늘에야 이천오백여 년 전 노자의 혜안에 감탄을 금할 수가 없다.

짚단을 깔고 앉아 쉬면서 하늘을 쳐다본다. 푸르고 시린 늦가을 하늘에 청둥오리들이 떼를 지어 바쁘게 오간다. 멀리 북쪽 나라에서 덜 추운 이곳으로 겨울을 나러 온 철새들이다. 아무것도 가진 것이 없이 맨몸 하나로 수천 리 하늘길을 오가며 살아가는 저들을 보며 오늘 우리들은 과연 어떻게 사는 것이 이 땅에서 지속가능한 삶의 모습일까를 생각해본다.

허기평심(虛氣平心)

전란이 휩쓸고 간 초토 위에
나를 키운 팔 할은, 허기였다

우리는 늘 배가 고팠다. 일제의 오랜 수탈로 피폐해질 대로 피폐해진 땅에 전란까지 휩쓸고 간 절대빈곤의 세월이었다. 그 척박한 폐허에 남겨진 홀어머니의 다섯 자식을 키운 건 팔 할이 허기였다.

입맛이 없다며 먼저 숟가락을 놓고 부엌에서 몰래 맹물로 속을 달래고 들일 나가던 어머니의 허기가 나를 키웠다. 점심시간에 다른 아이들이 밥을 먹고 나올 때까지 변소 뒷벽에 붙어 서서 멀거니 쳐다보던 낮달이, 납부금을 내지 못해 조회 시간에 쫓겨나 집으로 돌아가던 텅 빈 골목의 정적이, 나를 키운 팔 할이었다.

중학생이 되면서부터 나는 아침저녁 끼니때 말고는 집에서 머문 적이 거의 없었다. 여섯 식구 오글거리는 단칸방이 싫어서 가출 아닌 가출을 한 셈이었다. 봄가을에는 교회당 마룻바닥에서 잠을 자고 여름철에는 이웃 형네 토마토밭 원두막에서 잠자리를 해결했다. 겨울에는 그 형네 집에서 하숙을 하는 초등학교 선생님과 셋이서 한 방에서 자기도 했는데, 그 선생님이 날마다 고주망태가 되어 밤늦게 들어오는 바람에 민얼굴로 마주치는 일은 한 번도 없었다. 친구네 공부방에서 신세를 지기도 하고 6학년짜리 아이 공부를 봐 달라는 집에서 한 철을 보내기도 했다. 노숙자 비슷한 생활이었지만 그걸 그다지 불편하게 생각하지는 않았다.

환경이 사람을 만든다는 말이 있지만, 좋은 환경이 반드시 훌륭한 사람을 만드는 것은 아니라고 한다. 열악한 환경일수록 오히려 더 강한 동기부여가 되고 그것을 극복하려는 의지와 노력이 사람을 더 강하고 크게 만드는 경우가 적지 않다는 것이다. 그래서 초년고생은 돈을 주고 사서라도 하라는 것이고.

불우한 환경에 대응하는 청소년들의 태도를 몇 가지 유형으로 나누어 본다면, 가장 바람직한(?) 것으로는 '인간승리형'을 들 수가 있겠다. 불굴의 의지와 부단한 노력으로 역경을 극복하고 마침내 자수성가에 이르는 유형이다. 더러는 개천에서 용이 났다고 할 수 있을 정도로 대단한 성공을 이룬 경우도 없지 않다.

그 반대편에는 열악한 현실에 대한 불평과 불만으로 일찌감치 엇길로 나가 자신을 파괴하고 사회에 해악을 끼치는 유형이 있다. 빈곤한 환경이나 결손가정의 아이들이 자신의 처지를 비관해서 생을 포기하거나 세상에 대한 적개심을 키워 끔찍한 범죄자가 되기도 하는 유형이다.

그리고 그 중간에는 평생을 그야말로 별 볼일 없이 근근이 살다가 가는 유형도 적지가 않을 것이다. 나의 경우가 바로 세 번째 유형이라 할 수가 있겠는데, 남다른 점이 있다면 그것을 남들이 생각하는 것만큼 불편하거나 불행하게 생각하지는 않았다는 것이랄까. 궁핍한 현실을 극복하고자 하는 의지가 약했던 것은 타고난 성품의 탓도 있겠지만 곤궁을 벗어나려고 몸부림치는 것 자체가 치욕스러운 일이라는 엉뚱한 오기 같은 것도 발동을 해서였다. 사람의 운명을 주관하는 신(神)이 있다면, 기껏 어려운 과제를 내주었는데도 그냥 아무렇지도 않은 듯 무시해버린다면 얼마나 맥이 빠지겠는가. 굶게 되면 굶고 죽게 되면 태연하게 죽어버리는 것이 야박한 운명에 대한 가장 손쉬운 복수의 방법이라는 생각이었다. 그 역시 사춘기 소년의 치기이고 옹색한 핑계겠지만 그런 오기가 그런대로 나를 지탱하는 힘이 되었던 것도 사실이다.

허기평심(虛氣平心)이란 말이 있다. 기(氣)를 가라앉히고 마음을 편안하게 가진다는 뜻이다. 허기(虛飢)와 허기(虛氣)는 엄연히 다른 말이지만 일맥상통하는 점이 없지가 않다. 사흘을 굶고 남의 집 담을 안 넘는 놈 없다는 속담이 있기는 하지만, 참고 견딜 만한 허기(虛飢)는 과도한 욕망과 투지를 억제하는 역할을 하기도 한다. 포만감보다는 적당한 공복감이 정신을 맑게 하는 것도 그런 연유일 것이다.

요즘처럼 치열한 경쟁사회에선 무기력과 무능력의 표본으로 볼 수도 있겠지만 그걸 반드시 열패감으로 받아들일 필요는 없을 것 같다. 피투성이 이전투구의 각축전에서 한 걸음 비켜서 버리는 것도 각박한 경쟁사회를 살아가는 한 방법이 될 수 있다는 생각이다. 경쟁심이 강할수록 성공의 확률도 높아지겠지만 반대로 실패와 좌절에서 오는 충격도 그만큼 커서 재기불능의 나락으로 떨어질 수가 있기 때문이다.

허기평심을 위해서는 일단 허기에 익숙해져야 한다. 식욕도 다른 욕망처럼 지그시 누르고 참다 보면 어느새 몸에 배어서 견딜만한 것이 된다. 고통이나 결핍에 대한 내성(耐性)을 기르는 것이 덜 불행해지는 한 방법이 되는 것이고, 재물이나 권세나 명예에 대한 욕망과 집착을 비우는 것이 허기평심에 이르는 길이 될 것이다.

갈수록 치열해지는 경쟁사회에선 오직 경쟁에서 이기는 것만이 잘 사는 길이고 최고의 가치로 통용이 된다. 보다 경쟁력이 있는 인물로 만들기 위해 뱃속의 태아 때부터 온갖 수단과 방법을 가리지 않는 세태이다. 외국까지 나가는 원정 출산이나 가족이 생이별을 하는 조기유학이 유행을 하고, 좋다는 날짜에 맞추어 제왕절개를 하는 모험도 마다하지 않는다.

허지만 경쟁에는 언제나 승자보다는 패자가 많은 법이고 승자의 성취감이란 패자의 좌절감을 밟고 올라선 보람일 수밖에 없는 일이다. 오늘의 승자가 내일의 패자가 될 수도 있고 끝내 승자가 될 수 없는 경우도 얼마든지 있는 법이다. 그래서 경쟁이 치열한 사회일수록 낙오자가 많고 자살률 높을 수밖에 없다.

생존을 위한 경쟁이란 뭇 생명체들의 피할 수 없는 조건이지만 저마다 살아남기 위한 방식과 전략은 참으로 다양하다. 반드시 강하고 빠른 것들만 생존경쟁의 우위에 서는 것은 아니라는 얘기다. 먹이사슬의 정점에 있는 맹수들에 비해 느리고 나약하기 짝이 없는 벌레들이 적자생존의 법칙에 결코 불리하지만은 않은 것이다.

나는 남들 보기에 지지리도 궁상스럽게 육십 평생을 살아왔다. 앞으로도 죽는 날까지 궁상을 벗어날 가망은 없을 것이다. 한마디로 아무런 경쟁력 없는 삶인데, 오랜 세월 그 궁상에 익숙해져서 별로 불편함을 느끼지 못한다는 것이 그나마 다행이라면 다행이라고 할까. 나를 키운 팔 할은 허기였고 내 삶의 팔 할은 궁상이었으므로, 나에게는 밥의 논리나 경쟁의 논리가 대단한 위협이 되지는 못한다. 그래서 밥의 논리나 경쟁의 논리가 횡행하는 세상에서 나는 일말의 평심(平心)을 가질 수가 있었다.

허기평심(虛氣平心)이란 상당히 심오한 철학적 개념을 아무 데나 아전인수로 끌어다 댄다고 비웃을 사람도 있겠지만, 세상에 살아남는 것보다 더 대단한 일이 뭐가 있겠는가. 아무튼 널리 권장할 바는 못 되지만 섣불리 좌절하고 삶을 포기하려는 사람들에게는 이렇게 사는 것도 하나의 출구가 될 수 있지 않을까 싶어 해보는 소리다.

꽃이 진 자리에

꽃이 진 자리에 연초록 새잎이 돋아나고 있다. 한바탕 잔치가 끝나고 차분히 일상으로 돌아온 느낌이다. 꽃구름 터널을 이루었던 벚나무 가로수도, 열꽃인 듯 온 산을 붉게 물들였던 진달래도 언제 그랬냐 싶게 신록의 평상복으로 갈아입은 모습이다.

화사한 꽃으로 감탄을 자아내게 하던 나무들도 꽃이 지고나면 사람들의 관심에서 멀어진다. 꽃이 없으면 그것이 무슨 나무인지조차 모르는 사람들이 적지 않다. 하지만 나무들은 꽃이 지고 난 후부터 왕성하게 성장을 시작한다. 가지마다 새움이 돋아나 줄기를 뻗고 꽃이 진 자리에는 열매를 맺기도 한다.

남녀가 만나서 사랑의 격정에 휩싸이는 것을 흔히 꽃이 피는 것에 비유한다. 겨우내 앙상하고 밋밋하던 가지마다 어느 날 눈부시게 꽃망울을 터뜨리는 것은 참으로 놀랍고 황홀한 일이다. 오직 꽃을 피우기 위해 나무가 존재하는 것 같고 꽃이 절정으로 만개할 때 모든 것이 완성되는 것 같다. 그래서 꽃이 지고 나면 그뿐, 거기까지가 사랑이라고 생각하는 사람들이 많은 것 같다.

사랑을 감정적인 측면에서만 본다면 그다지 틀린 말이 아닐 것이다. 마냥 설레고 벅차서 어쩔 줄을 모르던 연애감정도 시간이 지나면 차츰 진정이 되고 담담해지기 마련이다. 미국 코넬대학교 인간행동연구소의 신디아 하잔 교수 팀의 연구에 의하면, 이성에 대한 사랑의 감정을 유발하는 두뇌의 화학물질은 18~30개월이면 더 이상 생성되지 않고 사라진다고 한다. 연애 감정이 오래도록 지속되기 어려운 것은 마음이 변해서라기보다 생리적인 작용 때문이라는 얘기다. 그래서 그때쯤이면 흔히들 사랑이 식었다고 하고 사소한 다툼으로 갈라서기도 한다.

그러나 꽃을 피우는 것만으로 나무의 역할이 끝나는 것은 아닌 것처럼 생리적인 연애 감정만이 사랑의 전부는 아니다. 꽃이 지고 나면 새잎이 나오고 열매를 맺듯 사랑도 그런 연애 감정에 이어서 다음 단계로 성장을 해가야 한다. 잠깐 피었다 시들어버리는 꽃에서 끝나는 것이 아니라 그 후에 이어지는 신록과 녹음과 결실과 단풍의 과정을 거치면서 성장을 하고 성숙해지는 것이다. 작고 여린 것으로 시작하지만 장차 무성한 계절을 향한 출발이요 보다 성숙한 모습으로의 성장이다. 비바람을 견디며 태양 아래 우뚝 선 여름나무와 열매를 맺고 단풍이 드는 가을의 나무가 어찌 꽃보다 못하겠는가.

남녀 간의 만남도 연애도 갈수록 자유로워지면서 사랑에 대한 생각도 경박해지는 것 같다. 내 사춘기 시절만 해도 사랑의 감정은 뭔가 일생일대의 운명적이고 장중한 느낌이었다. 그래서 시작도 끝도 간단하지가 않았다. 요즘처럼 유치원 아이들부터 노인에 이르기까지, 연인들은 물론 가족이나 친구에까지 사랑한다는 말을 입에 달고 사는 것은 상상도 할 수 없는 일이었다.

사랑이야 많을수록 좋은 것이지만 사랑한다는 말을 너무 흔하게 입에 올리다 보니 오히려 천박해진 느낌이 없지 않다. 신중하고 진지하기보다는 가볍고 말초적인 인스턴트식 사랑이 되어가는 것 같다. 어쩌다 마음이 끌리는 사람을 보아도 그 사람을 다시 볼 길조차 막연하고, 오랜 날을 열병을 앓으며 마음을 전하지 못해 밤새워 편지를 썼다가는 찢어버리는 괴롭고 안타까운 과정들이 요즘은 사라져버렸다. 좋으면 좋다고 말을 해보고 아니면 말면 된다는 생각들이 대부분인 것 같다. 서로가 마음이 통해서 만났다가도 시들해지면 미련 없이 헤어지는 것이 요즘 말로 '쿨'하다는 것이다. 우리말을 놔두고 함부로 남의 말을 끌어다 쓰는 것조차 못마땅한 나 같은 사람에게는 그것이 시원스럽기는커녕 경망스럽고 천박하게만 보인다. 수천 년을 이어져 온 종교나 사상이 오늘날에도 유용할 수 있는 것처럼 사람의 생리구조가 근본적으로 변하지 않은 이상 변할 수가 없는 본질적인 가치도 있는 것이다.

설레고 안타까운 연애감정의 시작은 이른 봄의 꽃망울과 같다. 아직은 겨울의 차가움이 다 가시지를 않아 불안하고 초조하기도 하다. 그러나 오는 봄을 누가 막으랴. 마침내 활짝 꽃을 피우듯 서로를 향해 격정의 불길이 타오른다. 한바탕 꽃샘추위가 몰아친다 한들 그 불길을 끌 수는 없다. 절정으로 만개한 꽃의 황홀함은 그야말로 '의식이 아득히 비어가는 감정의 백열상태'가 된다. 그러나 그런 상태가 오래갈 수는 없는 법이다. 마침내 꽃은 지고 봄날은 가는 것이다.

꽃에 가려 보이지는 않지만, 사실 그 순간에도 새잎을 피우기 위한 작용은 부지런히 진행되고 있다. 원래는 가지마다 꽃눈과 잎눈이 함께 준비되어 있는 것이다. 대부분의 봄꽃들이 잎눈에 앞서 꽃눈이 개화를 하는 것뿐이다. 물론 잎이 먼저 피고 꽃이 나중인 나무도 없지 않다. 먼저 정이 깊어진 후에 사랑으로 발전하는 경우라 하겠다.

사랑의 새잎은 상대에 대한 성의(誠意)를 자양으로 자란다. 연애 감정이 만개한 도취와 격정의 시간이 지나고 나면 어느새 새잎이 파릇하게 돋아나 있음을 발견하게 된다. 사랑의 새잎이 자라나게 하는 성의란 끊임없는 이해와 배려이다. 그것은 상대에 대한 성실함이요, 그런 성실함은 참되고 따뜻한 품성에서 나온다. 옹졸하고 이기적인 사람에게서는 결코 기대할 수 없는 덕목인 것이다. 그런즉 사랑은 아무나 하는 것이 아니라는 얘기다.

신록이 자라서 녹음이 되듯이 성의가 쌓이면 신뢰가 된다. 그것은 상대의 인간성에 대한 믿음이요 나를 향한 애정에 대한 믿음이다. 뿌리가 깊은 나무는 녹음이 무성한 법이고 녹음이 무성한 나무는 가뭄과 홍수를 견디고 태풍에도 쉽사리 꺾이거나 뽑히지 않는다. 그동안 서로에게 기울인 끊임없는 성의가 사랑이라는 나무의 튼실한 뿌리가 되고 무성한 잎이 되었기에 고난과 역경을 견디고 불신과 의혹의 바람도 이겨낼 수 있는 것이다. 끊임없는 성의의 축적이 없이 감정이나 기분에만 의존하는 사랑이란 온실에서만 자란 연약한 화초와 같다. 작은 어려움에도 곧잘 시들고 불신의 바람 앞에서는 쉽사리 뿌리째 흔들리고 만다.

지극한 성의는 감동을 낳는다. 사랑의 나무가 아름다운 것은 바로 그런 감동 때문이다. 진정으로 아름다운 사랑의 모습, 지속가능한 사랑이란 서로에게 기울이는 성의가 일으키는 감동의 연속으로 가능한 것이다. 잎을 피우지 않는 나무는 죽은 나무이듯 감동이 없는 사랑은 사랑이 아닌 것이다.

어둠에 대하여

해가 져도 도시에는 밤이 오지 않는다. 인공의 불빛에 쫓겨 어둠이 깃들지 못한다. 어둠에 묻히지 않은 밤은 밤이 아니다. 일식이 아닌데 낮이 어두워진다면 재앙이고 이변인 것처럼 밤인데도 어둡지 않는 것은 분명 정상이 아니다. 불야성을 이루는 도시의 불빛은 밤을 갉아먹는 해충들이다. 낮과 밤은 엄연한 자연현상이다. 낮은 밝고 밤은 어두운 것이 자연이다. 땅과 물과 공기처럼 어둠도 자연환경인데, 환경의 오염과 파괴를 걱정하는 사람들도 웬일인지 어둠에는 별로 관심이 없는 것 같다.

어둠을 부정적으로 인식하는 것은 서양문명의 영향인 것 같다. 빛과 어둠을 선과 악으로 구분하는 기독교적 사고가 침윤한 때문일 것이다. 하지만 동양에서는 빛과 어둠은 양과 음의 현상일 뿐 거기다가 선과 악의 개념을 갖다 대지는 않았다.

낮과 밤, 빛과 어둠을 선과 악으로 구별하는 것은 분명 잘못된 생각이다. 그것은 자연현상의 양면일 뿐 분리나 대립의 양상일 수는 없는 것이다. 음과 양은 따로 떨어져서 존재할 수는 없는 상대적 개념일 뿐이다. 어둠이 없이 빛이 있을 수 없고 빛이 없는데 어둠이란 개념이 생겨날 수 없기 때문이다.

지구상의 생물들은 보통 낮에 활동하고 밤에는 잠들거나 휴식을 하지만 야행성인 동식물도 적지가 않다. 박꽃이나 달맞이꽃처럼 밤에만 피는 꽃도 있고 모기나 나방들처럼 밤에 활동하는 곤충도 있다. 올빼미, 부엉이 같이 야행성 조류도 있고 박쥐, 늑대처럼 야행성인 포유도 있다. 그들에게는 낮보다는 밤의 어둠이 활동하기에 적합한 환경이다.

사람은 원래 야행성이 아니었다. 어둠 속에서 사물을 식별할 수 있는 능력을 갖지 못했기 때문이다. 어두워지면 동굴 같은 은신처에서 쉬거나 잠을 자는 것이 생체리듬에 맞는 생활이었다. 그래서 요즘처럼 밤에도 대낮같이 불을 밝히고 부산을 떠는 것은 자연스러운 행동이랄 수가 없는 일이다.

사람은 자연의 질서에 순응하는 것에 만족하지 못하고 문명(文明)을 만들었다. 그러나 문명은 풍요와 안락을 주는 대신 삶을 복잡하게 만들었다. 자연에서 먹이를 구하는 일 말고는 별로 할 일이 없었던 원시의 생활에서 갈수록 복잡다단한 삶의 형태로 바꾸어 갔다. 밤에도 불을 밝히고 해야 할 일이 많아진 것이다.

인류의 문명은 빛에 편향된 현상이다. 문명이 발달할수록 사람들은 어둠에서 멀어졌다. 그러나 사람들은 그것을 두고 빛과 어둠의 균형과 조화를 깨는 빛의 과잉현상으로 보기보다는, 어둠에서 밝음으로 나아간다는 발전이나 진보의 개념으로 인식했다. 어둠은 불온하고 유해한 것으로 치부하고 빛의 확장에 박차를 가해온 것이다.

그렇게 자연의 조화와 균형을 파괴하는 대가로 풍요와 자유와 안락을 신장해왔다는 문명옹호론자들의 생각과는 달리 인류는 지금 파국을 향해 치닫고 있다는 우려도 적지가 않다. 문명에 의한 파괴와 오염으로 지구 생태계는 종말을 향한 카운트다운이 시작된 지 오래라는 것이다. 온난화현상으로 기상이변이 속출하고, 극지방의 얼음이 급속도로 녹아내리고, 멸종하는 생물들이 급격히 불어나고 있다.

온갖 쓰레기와 농약 등으로 토양이 오염되고 각종 오·폐수가 수질을 오염시키고 가정과 공장과 자동차의 매연으로 대기가 오염되었듯이 인공의 불빛에 어둠이 오염되었다. 앞의 세 가지가 주로 물질적 환경의 오염이라면 어둠의 오염은 보다 정신적 환경의 오염이라 할 수 있을 것 같다. 어둠이 오염된 세상은 유현(幽玄)함을 상실한 각박하고 삭막한 세상인 것이다.

밤에는 사물의 형체가 잘 보이지 않는 대신 소리가 잘 들린다. 어둠 속에선 청각이 더 예민해진다. 봄밤에는 처마에서 낙숫물 듣는 소리도 들리고 먼 들의 개구리 소리도 잘 들린다. 천지를 뒤집을 듯 몰아치는 태풍의 밤에는 가랑잎 같은 마음으로 그 소리를 듣고, 가을밤의 귀뚜라미 소리와 낙엽 구르는 소리는 정서를 한결 맑고 높고 쓸쓸하게 한다. 대밭에 눈 쌓이는 소리도 어둠 속에서만 들을 수가 있다. 밤은 그렇게 우주의 숨결에 귀를 기울이는 시간이었다.

낮에도 그늘이 있듯이 밤이라고 빛이 아주 없는 것은 아니다. 차고 기울면서 밝기를 달리하는 달빛이 있고 어두울수록 더 영롱해지는 별빛이 있다. 그런 빛들은 무공해 자연산이라 어둠에도 해롭지가 않다. 막히고 닫힌 흑암이 아니라 깊고 그윽한 밤이게 한다.

마방에 모깃불을 피워놓고 멍석에 누워 별을 헤는 밤이 있었다. 유성이 길게 꼬리를 끌며 어둠 속으로 사라지고 그 환생인 양 반딧불이가 깜박이며 날아다니는 밤이었다. 야삼 어둠 속에서 부엉이가 울면 초가지붕에 하얗게 박꽃이 피는 밤이었다. 무궁한 우주의 저 끝으로 한 뼘씩 영혼의 키를 키워가는 아름답고 기름진 밤이었다. 다시 그 밤으로 돌아가기에는 문명이라는 이름의 전차를 타고 우리가 너무 멀리 와버렸다.

사물의 격(格)

모든 사물에는 격(格)이 있습니다. 동물이나 식물은 물론 무생물까지도 저마다의 격이 있지요. 이때의 격이란 사물이 가진 고유의 성격(性格)을 말합니다.

사물의 격에는 본래 우열(優劣)이나 귀천(貴賤)이 없습니다. 소나무와 대나무 사이에도 우열이 없고 난(蘭)이나 잡초 사이에도 귀천은 없습니다. 코끼리나 호랑이라고 해서 하루살이 날벌레보다 우월하고 귀한 존재가 아닌 것이 자연의 이치지요.

하지만 사람들은 흔히 필요나 기호에 따라 우열을 가리고 귀천을 따지기 좋아합니다. 물론 살아있는 동식물들은 모두가 생존을 위해 선택을 해야 하지요. 초식동물들에게는 제 입에 맞는 풀이나 열매가 있고 곤충이나 육식동물도 저마다 먹잇감이 다르지요. 몸에 해로운 것을 잘못 먹어서는 생명이 위태로울 수도 있기 때문에 먹잇감을 선택하는 능력은 생존을 위한 필수적인 본능이기도 합니다. 그러나 초식동물은 풀을 먹고 육식동물은 다른 동물을 먹이로 하는 먹이 사슬에도 우열이나 귀천이 있는 것은 아닙니다.

인간사회에 두드러지는 우열과 귀천은 생존본능을 넘어서는 욕심에서 비롯됩니다. 그런 욕망이 문명을 만들어 인류의 생존과 안락에 혁신을 가져오기도 했지만, 그 때문에 끊임없는 불화와 전쟁이 있었고 마침내는 자연생태계 전체를 위협하는 지경에까지 이르렀습니다.

사람이 사물의 품격(品格)을 따지는 것은 어디까지나 문명의 산물입니다. 일찍이 중국의 식자(識者)들은 매화와 난초, 국화, 대나무를 가장 품격이 있는 식물이라 하여 사군자(四君子)로 칭하기도 했지요. 이른 봄 눈 속에서도 꽃을 피우는 매화의 그윽한 향기, 단아하고 청초한 잎과 꽃의 자태를 지닌 난초, 늦가을 서리를 맞고 피는 국화, 사철 곧고 푸른 대나무에의 고결한 기품과 드높은 기개를 칭송했지요. 하지만 사군자니 품격이니 하는 것도 배부르고 한가한 사대부들과 선비들에게나 통하는 것이고, 고달프고 배고픈 백성들에겐 한 줌의 곡식이나 한 단의 땔감에 비할 바가 아닌 것도 사실이지요.

만물의 영장이라는 사람에게도 당연히 격이 있습니다. 사물이 갖는 고유한 성격 말고도 상당히 복잡다단한 것이 인격(人格)이지요. 거기에는 문명의 산물인 선악미추의 다양한 스펙트럼이 있습니다. 동서고금에 걸쳐 축적이 된 학문과 사상과 종교와 예술이 사람의 품격을 결정하는 요인이 된 까닭이지요. 하지만 무슨 논리와 명분에도 불구하고 좋은 인격이란 결국 인류에 보탬이 되는 것일 수밖에 없습니다.

인격의 기본은 사람다움이지요. 그리고 그 사람다움의 기본은 다른 사람에게 해가 되지 않고 덕이 되는 품성입니다. 우열이나 귀천이 따로 있는 것이 아니라, 남에게 얼마나 해가 되고 덕이 되느냐에 따라 선악과 미추(美醜)를 따지고 우열과 귀천을 매겨야 마땅한 것이지요. 학벌이나 권세, 재물 따위가 인격을 결정하는 요소가 아니라는 것을 흔하게 봅니다. 매스컴에 자주 오르내리는 재벌가족들의 패악한 갑질, 권력자들의 부정과 부패, 최고 학벌을 가진 자들의 비열한 행태에서 얼마든지 확인할 수 있는 일이지요.

고도한 문명의 산물인 예술작품일수록 꼼꼼하게 품격(品格)을 따지기 마련이지요. 예술품의 분석과 비평을 전문으로 하는 비평가가 예술가들 못지않은 대접을 받는 것도 그래서고요. 예술작품의 격이란 복잡 미묘하고 심원한 것이어서 현란할 정도로 다양한 이론과 평가가 존재하지만, 그것 역시 기본적인 기준은 사람에게 해악을 끼치느냐 덕이 되느냐가 될 수밖에 없을 것입니다. 예술이 인간에게 끼치는 덕이란 정신적 카타르시스나 미적 감동을 주는 것을 주로 합니다. 그리고 그 영역은 음악이나 미술, 문학에서부터 연극, 영화, 무용에 이르기까지 다양하고 광범위 하지요.

한 편의 수필에도 격이 있습니다. 문학작품이니만치 형식의 격과 내용의 격으로 나눌 수가 있을 것입니다. 형식의 격이란 겉으로 드러나는 문장과 구성의 수준에 따라 결정이 되지요. 타고난 언어감각과 얼마나 철저한 장인정신으로 언어를 절차탁마했느냐에 따라 문장의 격이 결정되고, 고도로 숙련된 예술적 감각과 안목이 구성의 묘를 잘 살리겠지요. 내용의 격이란 주제의 깊이를 의미하는 것이고 그것은 작자의 인격에서 나온다고 할 수 있지요. 얼마나 맑고 깊고 섬세한 감성과 진실한 마음을 가진 인격이냐에 따라 수필의 격이 좌우되니까요.

인격보다는 오로지 재주만으로 쓴 작품이 오히려 높은 평가를 받는 경우가 적지 않은 게 현실이기도 합니다. 하지만 눈이 밝은 독자라면 그런 작품에서는 어딘가 사(詐)나 사(邪)가 끼어있다는 걸 발견할 수가 있지요. 솜씨에 따라서는 생화보다도 더 화려하고 진짜인 것처럼 보이는 조화를 만들 수는 있겠지만 그것에다 생명을 불어넣을 수는 없는 일이지요. 그러므로 어떤 문학 장르보다 작자의 인격이 반영되는 수필에서 사특함이란 결정적 흠결이랄 수밖에 없지요.

중국의 사서삼경 중 〈대학〉에 격물치지(格物致知)란 말이 있지요. '사물의 이치를 연구하여 앎에 이른다'는 뜻인데, 여기서 격물(格物)이란 사물의 본성에 닿는다는 의미로 받아들여도 될 것 같습니다. 격(格)이란 꾸미거나 조작하는 게 아니라 본성에서 우러나는 것이라는 생각입니다. 탐진치(貪瞋癡)에 오염되거나 왜곡되지 않은, 잘 발현된 본성이 진정한 사물의 격이라는 것이지요. 인격 역시 꾸며서 만드는 게 아니라 그렇듯 순수하고 진솔함에서 비롯되는 것이고요.

예술은 사기다

세계적인 아티스트의 명성을 얻은 백남준이 귀국했을 때, "예술은 사기다"라는 말을 해서 사람들을 놀라게 했다. 한국이 낳은 세계적인 예술가인 그에게서 뭔가 그 명성에 걸맞은 격조와 품위를 기대했던 사람들에게는 '사기꾼'을 자처한 그 말이 적잖은 충격이었을 것이다.

'산은 산이고 물은 물'이라는 성철스님의 법어처럼 '예술은 사기'라는 그의 말은 한동안 세간의 화두(話頭)가 되었다. 특히 예술계에 밥줄을 대고 있는 사람들은 졸지에 도매금으로 사기꾼이 된 셈이니 심기가 유쾌하지는 않았을 것이다. 별 볼 일 없는 사람이 한 말이면 얼빠진 소리로 치부해버리면 그만이겠지만 백남준은 바로 세계가 알아주는 예술가가 아닌가.

그의 비디오아트가 대중성을 본질로 하고 있으면서도 대중들이 접근하기 어려운 점이 있다는 지적에 대하여 그는 "아방가르드 예술이란 원래 이해가 되지 않는 것에 그 아방가르드적 성격이 있다. 우리는 관객들을 이해시키려고 노력하지 않는다. 좀 아리송한 데가 있어야 돈이 벌리는 것이다. 우리 예술가들은 사람들을 겁준다. 그러니까 예술가들처럼 가짜들이 없다. 그런데 가짜들끼리 쳐다보면 저건 분명 가짜인데 잘 먹고 산다. 그러니 예술이 가짜 아닐 수가 있겠는가?"라고 했다는 보도다.

1992년 8월 백남준의 서울 공연이 있었을 때, 문예대극장 공연장은 국내 문화계의 내로라하는 인사들뿐만 아니라 국제적으로 명성이 있는 구미 평론가들까지 모여들어 대성황을 이루었다고 한다. 그런데 그날 공연 내용은 무용가 김현자가 무용을 하는 동안 백남준은 작은 비디오카메라로 피아노 건반을 훑기도 하고 자신의 목과 머리털을 비쳐주는가 하면 피아노에 못을 박기도 하는 등 특유의 퍼포먼스로 한 시간 만에 끝냈다. 누가 왜 그렇게 빨리 끝내느냐는 질문에는 "뭘 그렇게 지루한 걸 오래 해, 빨리 끝내는 게 좋지."라고 했단다.

공연을 본 소감을 묻는 기자에게 국악인 황병기는 "우리가 얼마나 부질없는 인습과 고정관념에 부자연스럽게 살고 있는지를 너무도 강렬하게 반영해주는 천재"라고 극찬을 했는가 하면, 철학자 김용옥은 "백 씨의 경력을 고려하지 않는다면 이건 완전히 미친 짓일 뿐"이라고, 어이없고 부아가 치미는 듯한 표정을 지었다는 보도가 있었다. 그리고 연출가 정진수는 "백남준 씨나 김현자 씨의 퍼포먼스 그 자체에 대해서는 할 말이 없으나 그 두 개의 퍼포먼스가 한 무대 위에 같이 있어야 하는 아무런 의미나 커넥션을 발견하지 못

하겠다" 했고, 친구 손진책은 "백남준예술이라는 게 우리가 예술이라는 것에 대해 가지고 있던 통념, 무대 위의 배우는 뭔가 잘 꾸며 보여야 하고 무대 밑의 관객은 방관자로서 그걸 잘 쳐다봐야 한다는 그런 통념을 깨어버린다는 역사적 맥락, 우리 예술인들이 예술로서 해탈했다고 말은 하면서도 예술이라는 행위에 가장 구속되어 있는 존재라는 현실을 적나라하게 펼쳐 보이는 맥락 속에 그 일차적인 의미가 있을 것이다. 그는 우리를 바보스럽게 만듦으로써 우리를 편안하게 하고 해방시켜 준다. 바로 그런 해방의 일면성 이상을 부여하는 것은 금물이다."고 했다.

김용옥이 전하는 백남준의 말을 더 들어보면, "일본에서 음악공부를 좀 하다가 진력이 나서 진짜 음악공부 해봐야겠다고 독일로 갔거든. 그런데 독일 가서 보니까 몇몇을 제외하고는 작곡가들이란 게 전부 엉터리들이더라구. 미술두 그래. 난 옛날에 일본 놈들이 근사하게 인쇄해놓은 것만 봤잖아. 그래서 굉장한 것으로 생각하고 동경했지. 그런대 직접 가서 보니까 허름한 캔버스에 나달나달한 페인트들이 형편없더라구. 뭐 인상파다 르네상스예술이다 루벤스다 하는 것 직접 가서 보니까 형편없었어. 비싼 거다 하니까 대단해 보였던 거야. 난 정말 실망했지. 이따위 것 가지고 내가 그렇게도 동경했던가 하고 말이야."

예술은 사기다. 백남준은 예술가다. 그러므로 백남준은 사기꾼이다. 사기꾼은 자기가 사기꾼이라고 말하지 않는다. 자기가 사기꾼이라고 말해버리면 사기가 성립하지 않는다. 백남준은 자기 예술이 사기라고 말했다. 고로 백남준은 사기꾼이 아니다.

'예술은 사기다'라고 말해버림으로써 백남준의 예술을 사기가 아닌 것이 되고, 사기라고 하지 않은 다른 모든 예술가들은 사기꾼이 되어 버린다. 그러나 그것은 결국 백남준이 사기꾼이라는 얘기가 된다. 왜냐하면 그의 말처럼 예술은 사기인데 예술가인 그 자신은 사기꾼이 아닌 것이 되었기 때문이다. 그러니까 백남준은 사기꾼이 아니면서 사기꾼이다.

예술을 대단한 것으로만 생각하는 사람들에게는 백남준의 언행이 엄청난 기행(奇行)으로 보일 것이다. 그리고 그의 명성에 압도되어 그 기행에다 대단한 의미부여를 하고 싶어 할 것이다. 그 자신이 그것을 기행이라고 생각하고 그런 퍼포먼스를 한다면 기행이 되겠지만, 그런 의식이 없는 자유로운 발상이라면 그것은 무구하고 천진한 행위가 되는 것이다. 백남준은 적어도 자신의 행위를 기행이라고 하고 싶진 않았을 것이다.

예술의 본령은 인간정신의 해방과 자유에 있어야 한다. 삶의 무게에 억눌리고 찌들어서 굳어지고 무뎌지고 오염된 정신을 깨끗하게 하고 말랑말랑하게 하는 것이 예술의 역할이다. 그런데 사실은 오랜 옛날부터 위대한 예술일수록 억압적인 것으로 인식되어왔다. 특히나 예술을 지망하는 사람들은 위대한 예술가들의 천재성에 짓

눌려 고뇌하고 절망하는 신세가 되기 십상인 것이다. 그리고 예술 작품에 상품적 가치가 적용되면서 본질과는 까마득히 멀어져 갔다. 그러다 보니 먹을 것이 없어 빵부스러기와 바꾼 모딜리아니의 그림이 수십억을 호가하는가 하면 생전에는 단 한 점밖에 팔리지 않던 고흐의 그림이 수백억 원에 팔리기도 하는 기현상이 벌어지는 것이다.

자유로운 정신이란 어떤 권위에도 기죽지 않고 어떠한 통념에도 함몰되지 않는 정신을 말한다. 물론 세상에는 범인들은 엄두도 못 낼 엄청난 일을 해낸 사람들이 많다. 나 같은 둔재로서는 흉내도 못 낼 천재들이 얼마든지 있다. 나보다 힘 있고 잘나고 많이 가진 자들이 내 삶의 억압구조로 작용하는 것이 현실이다. 그러나 그 때문에 기죽고 좌절하느냐 않느냐는 오로지 나의 몫이다.

무엇이든 최선을 다해 노력하는 것은 바람직한 일이겠지만, 인간이 만들어낸 빈부귀천의 벽에 갇혀서 마음마저 초라하고 옹색해져서는 좋을 게 없는 것이다. 그렇다고 무조건 아무것도 인정하지 말자는 얘기가 아니다. 큰 것은 큰 것이고 작은 것은 작은 것으로 있는 그대로 인정을 하되 그것에 너무 얽매이지는 말자는 것이다. 금고 가득 쌓아놓은 억만금보다 책꽂이에 꽂힌 몇 권의 시집이 우리의 정신을 더 풍요롭게 할 수 있다는 사실을 의심할 필요는 없는 것이다.

내일이 입춘이다. 골목 담장 밑 흙먼지가 쌓인 곳에 가냘픈 숨결로 냉이꽃이 피어있다. 장미나 모란처럼 크고 화려한 꽃에 비해서는 꽃이랄 것도 없는 너무나 작고 보잘것없는 모습이지만 모진 겨울을 견디며 꽃을 피운 생명력에 어찌 경이로움이 없을 것인가. 무릇 모든 생명이란 그 자체가 신비요 존엄인 것이고, 우열과 귀천이란 인간의 탐진치(貪瞋痴)가 만들어낸 미망에 불과할 뿐이다.

어린이날에

삼십여 년 전 첫 아이를 얻었을 때, 산부인과 간호사가 건네주는 아이를 받아 안고 나는 문득 원시의 동굴로 돌아가고 싶다는 생각을 했다. 수렵과 채취를 하면서 동굴 속에서 살았을 원시시대, 그때 그 동굴에서 태어났던 아이와 지금 내가 안고 있는 이 핏덩이가 무엇이 다를까 하는 생각이었다. 하지만 지금 갓 태어난 내 아이는 수천 년이란 세월 동안 인간이 쌓아올린 문명의 벽을 단숨에 뛰어넘어야 하는 운명이 아닌가. 그게 왜 그렇게 막막하게 느껴졌던 것일까. 늦은 나이에 내 핏줄로 태어난 아이를 얻었다는 감격보다는, 이십세기 말이라는 문명세상에서 아이를 낳아서 키운다는 사실에 불안하고 착잡한 마음이 앞서던 까닭이 무엇이었을까.

원시의 동굴에서 태어난 아이나 최첨단시설을 갖춘 산부인과에서 태어난 아이나 처음 세상에 나온 모습은 다를 것이 없을 것이다. 그러나 그 후로 두 아이는 전혀 다른 세상을 살아가게 된다. 전자는 오직 자연 속에서 자연 그대로의 모습으로 자라게 되는 반면, 후자는 태어나는 순간부터 온갖 문명의 산물과 조우하게 된다.

다행이 모유를 먹게 되는 경우라도 엄마의 젖가슴 외에는 모두가 자연이 아닌 인공적인 환경이다. 그리고는 끊임없이 문화적인 것들에 길들여지는 과정을 밟게 된다.

원시의 아이가 성년이 될 때까지 배우고 익히는 것은 지극히 단순한 것들이었을 것이다. 자연의 동식물 중에서 먹을 수 있는 것과 먹어서는 안 되는 것들을 구별하는 능력과, 맹수의 위협이나 자연의 재난을 피하는 방법, 수렵이나 채취 등으로 먹잇감을 구하는 능력을 학습하는 것 등이 고작였으리라. 그런 것들은 물론 학교나 과외가 필요 없이 부모를 통해서 형제들과 함께 자연스럽게 배우게 되는 기능이다.

그와 비교를 해보면 요즘 아이들이 성년이 되기까지 학습해야 하는 것들이 얼마나 많고 복잡한 것인지를 새삼 깨닫게 된다. 태어나자마자, 아니 뱃속에 있을 때부터 자신의 아이에게 보다 많은 정보를 주입하려고 온갖 수단과 방법을 동원하며 안달을 하고 난리를 치는 것이 요즘 부모들의 일반적인 모습이다. 그렇게 혹사를 당하면서 기어코 쟁취해야 하는 문명의 열매라는 것이 과연 사람에게 무슨 의미가 있는 것인지는 생각해보려 하지도 않고.

날아라 새들아 푸른 하늘을
달려라 냇물아 푸른 벌판을
오월은 푸르구나 우리들은 자란다
오늘은 어린이날 우리들 세상

내가 어렸을 때만 해도 그런 분위기였다. 수십 호 정도의 마을에선 라디오나 자전거를 가진 집이 한둘에 불과했으니 기계문명의 혜택이란 거의 없는 형편이었다. 학교를 파하면 농사일을 돕거나 산으로 들로 돌아다니며 노는 것이 아이들의 일과였다. 집채만 한 소를 몰고 나가서 풀을 뜯기고 꼴을 베는 것이 내가 할 일이었는데, 소가 풀을 뜯는 동안 잔디에 누워서 흘러가는 구름을 쳐다보는 한가로움도 있었다.

복숭아꽃 살구꽃 아기 진달래가 피어 울긋불긋 꽃대궐을 이루는 산골이거나, 엄마가 섬 그늘에 굴 따러 가면 아기가 혼자 남아서 집을 보다가 바다가 불러주는 자장가에 스르르 잠이 드는 섬마을이거나, 날 저무는 둑길로 휘파람 날리며 소를 몰고 돌아가던 추억이거나 … 동요 속의 세계가 그대로 현실의 삶이었던 시절이었다.

요즘 아이들은 동심(童心)을 잃었다고 한다. 온통 콘크리트 구조물인 아파트 단지를 옮겨 다니면서 과외에 찌들고 컴퓨터오락에 빠진 아이들의 심성에 동심이 남아있을 여지가 없다는 것이다. 동심을 잃은 아이들이 동요를 좋아할 까닭이 있겠는가. 보고 듣고 접촉하는 것이 대부분 자연이었던 아이들과, 온통 인위적 문명의 환경 속에서만 부대껴야 하는 아이들의 정서가 어떻게 같을 수가 있겠는가. 그들은 결코 동요의 가락과 가사에 가슴이 뭉클하고 코허리가 시큰해지는 세대일 수가 없는 것이다. 동요가 생소하고 어색한 대신 인기 가수들의 말초적이고 선정적인 노래에는 열광을 하는 아이들, 동심의 시절이 생략된 소위 신인류(新人類)의 모습이다.

옛날과는 비교도 안 되게 풍족하고 안락한 환경에서 살고 있다고는 하지만, 그때의 아이들과는 비교도 안 되게 혹사당하고 있는 것은 아닐까. 갈수록 치열해지는 경쟁사회에서 살아남기 위해서는 잠시도 한눈을 팔아서는 안 된다고 한다. 태교다 원정출산이다 조기교육이다 과외다 해외연수다 … 가능한 수단은 무엇이든 다 동원하게 되고, 그래야만 자식들의 장래를 위해서 헌신하고 정성을 쏟는 것이라고 생각하는 부모들이 대다수인 것 같다. 그래서 얻게 되는 부나 권세나 명예가 과연 어린 시절에 동심으로 누려야 할 자유와 즐거움을 대신할 만한 가치가 있는 것인지를 생각해보는 사람은 물론 많지가 않은 것 같고.

열 살짜리 여자 아이가 쓴, '학원에 가기 싫은 날은 가장 고통스럽게 엄마를 씹어 먹고 삶아 먹고 구워 먹고 눈깔을 파먹고 이빨을 다 뽑아 버리고 머리채를 쥐어뜯어 살코기로 만들어 떠먹고 마지막으로 심장까지 먹고 싶다'는 내용의 글이 항간에 물의를 빚고 있다. 부모의 말로는 특별히 문제가 있는 아이는 아니라고 하니, 요즘 아이들 정서의 일면을 보는 것 같아 소름이 끼친다. 물론 아이의 잘잘못을 따지기 전에 아이를 그 지경으로 만든 어른들의 책임을 물어야 할 일이고, 그런 글을 동시(童詩)라고, 입에 피칠을 한 채 심장을 먹고 있는 그림과 함께 책으로 만들어 낸 어른들의 일그러진 심성에도 경악을 할 노릇이다.

더욱 기막힌 것은 그 아이의 엄마라는 사람이 "처음에는 저도 상당히 충격을 받았지만 아이 얘길 듣고 보니 요즘 유행하는 엽기물이나 괴담만화에 익숙해진 초등생들은 잔인하기보다는 재밌는 표현이라고 보는 것 같았다."고 했다는 것이다. 육십 평생을 산 사람에게도 소름 끼치는 말이 요즘 아이들에게는 재미있게 들린다는 것이다. 하기야 이제는 자식이 부모를 죽이는 일쯤은 별로 놀라운 뉴스거리도 아닌 세상이니 미구에는 오락 삼아 부모를 살해하는 일이 벌어질지도 모를 일이다.

어린이날이라고, 오늘 하루 아이들에게 무얼 사 주고 어디로 데려갈까를 생각하는 것만으로 부모나 어른의 구실을 다 하는 것은 아닐 것이다. 온갖 폭력적이고 선정적인, 무질서와 비인간적인 환경 속에서 우리의 아이들이 갈수록 정체불명의 인종으로 변해가고 있는데, 우려와 경각심을 가지기는커녕 어른들이 오히려 부추기고 조장하는 일이라도 없기를 간절히 바라는 마음이다.

자연과 기적

신앙의 유무를 막론하고, 살아가면서 한 번도 기적을 바란 적이 없는 사람은 아마 없을 것이다. 사랑하는 가족이 불치의 병으로 죽어간다거나, 사업에 실패하여 파산지경에 처했다거나, 진퇴양난의 위기에 처할 때마다 좌절하고 체념하기에 앞서 기적이라도 일어나 주었으면 하는 마음이 어찌 없겠는가.

어떤 일이 상식적으로는 납득이 가지 않는 결과를 빚었을 때, 즉 자연의 법칙을 초월하는 일이 일어났을 때 사람들은 그것을 '기적(奇蹟)'이라고 한다. 그리고 그 기적에는 주로 종교적 의미가 부여되는데, 자연의 질서에 종교적 가치로서의 '성스러움'이 개입되었다는 것이다. 자신이 신앙하는 초월자〔神〕의 능력이 자연법칙의 일부를 바꾸어 놓은 것이라고 믿는 것으로, 그런 신념이 바로 대부분의 종교인들이 내세우는 신앙의 내용이 아니겠는가.

나에게도 사춘기 시절 열심히 교회에 나간 경험이 있는데, 그때 내내 풀리지 않던 숙제가 바로 '영적체험'이라고 일컬어지는 '기적'에 관한 문제였다. 종교적 신비라고 해야 할 그 영적체험이, 날마다 새벽 기도를 나가고 부흥회란 것도 열심히 쫓아다녔는데도 영 실감으로 다가와 주지를 않았다. 대다수 종교인들이 소위 '성령을 받는다'고 하는 그 영적체험이야말로 기독교 신앙의 본질이라고 믿기 때문에, 누가 기도를 해서 병을 고쳤다거나 사업이 잘되고 시험에 붙었다는 식의 기복신앙에 골몰하기 마련이었다. 나로서도 당시에는 꽤나 실망스럽고 좌절감에 빠지기도 했던 것인데, 교회를 떠난 오랜 후에야 비로소 그 해결(?)의 실마리를 찾을 수가 있었다.

가령, 누가 사고로 손가락 하나를 잃었는데 열심히 기도를 했더니 그게 다시 생겨났다고 한다면, 종교계는 물론 일반 매스컴에까지 기적이 일어났다고 비상한 관심을 보이며 난리를 칠 것이다. 종교적인 입장에서는 그야말로 신의 놀라운 역사(役事)요 은총이 되는 것이니 어찌 신의 존재를 믿지 않고 찬양과 경배를 올리지 않을 수 있겠는가.

하지만 손가락 하나가 그토록 엄청난 기적의 산물이라면, 그 사람의 몸뚱이 전체는 무엇인가. 고작 손가락 하나 따위와는 비교도 안 되게 놀랍고 엄청난 기적이요 신의 역사가 아니겠는가. 그런데도 왜 사람들은 자신의 몸뚱이 전체에 대해서는 별다른 감동이 없다가 잘려나간 손가락 하나가 다시 생겨난 것에 대해서는 그토록 호들갑을 떨고 난리를 칠 것인가. 이것이 바로 대부분의 종교인들이 가진 신앙의 맹점이 아니겠는가.

내가 알아본 기적이란 바로 그런 것이었다. 나의 몸뚱이를 포함한 우주 삼라만상은 지극히 평범한(?) 것이고, 손가락 하나는 그렇게 엄청난 기적이 되는 것이었다. 사과나무에 사과가 열리는 것은 너무나 당연한 일이고 어쩌다가 호박이나 참외가 열리면 기적이라는 얘기다. 기독교 구약성서에는 모세가 홍해를 가르고 여호수아가 태양을 멈추게 했다는 기록이 나온다. 아아, 야훼신은 하늘의 태양조차도 멈추게 했으니 얼마나 위대하고 신령스러운가.

과연 그런가. 태양이 서쪽에서 뜨고 포도나무에 호박이 열리면 위대하고 신령한 기적인가. 그렇게 뒤죽박죽 무질서와 혼란이 기적이란 것인가. 태양이 날마다 지구와 일정한 거리를 유지하며 동쪽에서 떠서 서쪽으로 지는 것은 하나도 놀라울 게 없는 사소한 일인가. 태양을 향한 지구의 기울기가 조금 기울어졌다는 것만으로도 여름에는 불볕더위에 허덕이고 겨울에는 천지가 얼어붙는 혹한에 떨어야 하면서도 그렇게 말할 수가 있는가. 만약에 누군가가 기적을 일으켜 저 태양을 지구 쪽으로 끌어온다든가 더 멀어지게 한다면 어떻게 되겠는가. 말할 것도 없이 지구라는 행성은 불덩어리가 되거나 얼음덩어리로 변해버릴 게 아닌가. 그것이 바로 기적과 자연의 차이가 아닌가.

이 우주의 삼라만상이야말로 이루 형언할 수 없는 불가사의요 무궁무진한 신비가 아니고 무엇인가. 그에 비한다면 인간들이 기적이네 뭐네 호들갑을 떨어대는 것들이 얼마나 하찮은, 부스럼딱지만도 못한 병적 현상에 불과한 것인가. 도대체 죽었던 사람이 몇 몇 살아났다고 한들 그게 뭐 그리 난리를 칠 대수인가. 하루에도 수많은 사람이 죽고 태어나는 것이 세상이고, 70억 인구가 미어터지게 바글거리는 것이 지구인데, 죽었던 사람까지를 되살려서 무얼 어쩌겠다는 것인가. 물론 천지를 다 주어도 자기 목숨과는 바꿀 수 없다는 이기적 관점이 있겠지만, 그렇다고 그것을 세계의 진면목이랄 수는 없는 일이다.

밤하늘에 밀가루를 뿌린 듯한 은하수가 사실은 태양과 같은 항성(恒星)들이 모여서 성운(星雲)을 이룬 것을 안다면, 천체의 그 일사불란한 운행에 우리가 어찌 무한한 경외감을 갖지 않을 수가 있겠는가. 그중 단 하나라도 자리를 이탈해서 태양계로 진입해 온다면 이 지구 따위는 한낱 티끌처럼 타버리고 말 것이다. 그러고 나서 과연 무엇이 남겠는가.

세상이 복잡다단해지고 인심들이 피폐해질수록 온갖 혹세무민하는 것들이 판을 치게 마련이다. 조잡하고 불순한 것들이 오히려 득세를 하고 사람들은 또 그것을 쫓아서 갈팡질팡하고 우왕좌왕할 것이다. 삶이 아무리 고단하고 어렵더라도 가끔씩은 저 밤하늘의 별이라도 바라보면서 광대무변한 우주를 향해 마음을 열어보자. 그리고 철 따라 천변만화하는 산천초목과 금수 미물에도 마음을 열자. 그러면 자승자박한 인간세의 질곡에서 벗어나는 자연스러움을 조금이라도 누릴 수가 있지 않겠는가.

상품화시대

야구선수 박찬호의 전성기 연봉은 180억 원이 넘었다고 한다. 일당 5만원짜리 당시 노동자의 1000년간 임금에 맞먹는 돈이다. 야구라는 것이 없었던 시절에 태어났더라면 박찬호는 그저 팔매질 잘하는 사람에 불과했을 것이다. 팔매질을 기막히게 잘해서 돌멩이로 나는 새도 떨어뜨린다고 한들, 그게 뭐 그리 돈이 되거나 출세의 수단이 되었겠는가. 그 팔매질 솜씨로 사냥꾼이 되었다면 그럭저럭 먹고 사는 것은 해결이 되었을지 모를 일이지만.

박찬호가 그렇게 엄청난 액수의 연봉을 받은 것은 그가 가진 상업적 가치 때문이다. 그에게 그만큼을 주고도 오히려 남는 것이 있어서 충분히 장사가 된다는 얘기다. 바로 그 상품성 때문에, 그는 막대한 돈뿐만 아니라 국민적 영웅이라는 찬사를 받고 청소년들의 우상이 되기도 한 것이다.

이 시대를 움직이는 가장 강력한 힘은 누가 뭐래도 상업주의 위력이다. 정치권력이나 이데올로기나 종교까지도 이제는 대부분 상업주의의 영향권을 벗어날 수 없게 된 것이다. 21세기를 특징짓는 글로벌시대니 정보화시대니 하는 것도 상업주의의 부산물에 지나지 않는다. 도대체 상업성이 없다면 누가 앞다투어 신소재를 만들어내고 정보의 경쟁에 박차를 가하겠는가. 오늘을 살아야 하는 우리들로서는 상업주의가 지배하는 이 시대가 앞으로 어떤 양상으로 전개될 것이며 어떤 부작용을 일으킬 것인지 생각해보지 않을 수 없다.

상업주의가 갖는 속성 중 우선으로 꼽을 수 있는 것은 '경쟁의 논리'다. 공산주의가 몰락하고 세계가 하나의 시장으로 변해버린 지금, 보다 나은 상품가치를 창출하기 위한 경쟁은 그야말로 사활을 건 전략이요 투쟁이 되었다. 이제는 국가든 기업이든 개인이든 상업적 경쟁력이 없이는 살아남기가 어렵게 된 것이다.

그런데 이런 경쟁이란 각 분야에 진보와 발전을 가져온다는 긍정적 측면도 있지만 과도한 경쟁으로 야기되는 부작용이 더 큰 후유증으로 남을 거라는 생각이다. 경쟁에는 승자가 있으면 반드시 패자가 있게 마련이고, 소수의 승자들이 얻게 되는 이득보다는 대다수의 패자들이 떠안게 되는 손실과 불이익이 인류사회에 훨씬 더 큰 부담으로 작용하기 때문이다. 그러다 보면 승자 역시도 그 부하(負荷)를 떠맡지 않을 수 없게 되어 결국에는 승자든 패자든 공멸로 가게 될 거라는 예측을 하게 된다.

그러나 보다 심각한 것은 상업주의가 가치관의 전도(顚倒)나 왜곡을 초래한다는 측면이다. 사람들은 이제 삼라만상에다 모조리 가격표를 붙여 놓고 그 값의 고하에 따라 일과 사물의 등급이나 순위를 매기고 싶어 한다. 상품으로서의 가치, 즉 경제적 가치야말로 모든 가치의 척도가 되고 최상위의 가치개념이 되는 세상에선 사물의 고유하고 본질적인 가치는 관심 밖으로 밀려날 수밖에 없는 일이다. 산이나 들은 부동산이 되고 계절이나 기후까지도 상품이 된다. 자연 생태계 역시도 그 자체의 중요성이 아니라 상품으로서의 가치를 먼저 따지게 된다. 이제는 정치, 종교, 예술, 학문, 그리고 사람까지 어느 것 하나 상품이 아닌 것이 없는 세상이다.

상업주의의 속성 중에서 '광고 효과'라는 것도 빼놓을 수가 없다. 상업주의란 물론 상품의 생산을 근간으로 하고, 상품이란 어디까지나 사고파는 것을 전제로 한다. 그런데 상품의 판매를 위해서는 광고의 힘을 빌리지 않을 수가 없게 되었다. 광고의 힘이 아니고는 아예 어떤 상품도 제대로 상품가치를 가질 수가 없는 게 현실이다. 그리고 기왕의 상업주의를 끊임없이 부추기고 가속화하는 것도 바로 이 광고의 힘이다.

광고라고 하면 먼저 각종 매스컴이나 전단, 벽보, 간판 등을 떠올리겠지만 사실은 대부분의 상품 그 자체가 이미 구매욕을 자극하게끔 고안된 광고물인 셈이다. 옛날에는 편리와 기능이 위주인 상품이면 되었지만, 지금은 그것만으로는 결코 경쟁력을 가진 상품이 될 수가 없다. 내용물보다도 소비자로 하여금 좀 더 강한 구매충동을 일으키도록 하는 디자인이나 포장에 더 많은 공력을 쏟아야 할 형편인 것이다. 문제는 이 광고효과란 것이 단순히 상품의 판매량을 늘이는 것에만 작용을 하는 것이 아니란 데 있다. 물론 광고효과에 의한 소비촉진이 결국에는 자원의 고갈과 공해의 발생 등으로 자연환경을 황폐화한다는 것이 일차적인 폐해가 되겠지만, 그것이 인간성까지를 파괴하여 비인간화(非人間化)를 초래한다는 것에 더 큰 심각성이 있는 것이다.

지금의 대다수의 인류는 태어나자마자 각종 광고물이 내놓는 정보의 홍수에 휩쓸리게 된다. 그 정보들은 상업적 목적을 위해서는 얼마든지 과장되고 왜곡되거나 폭력적이고 선정적이 될 수 있는 것이고, 그러한 정보들이 하나의 거대한 가상현실이 되어 끊임없이 인간을 자극하고 세뇌하고 있다. 이러한 정보의 홍수 속에 태어난 아이들이 과연 어떤 인격을 형성해갈 수 있을지 우려하지 않을 수 없는 일이다.

불과 반세기 전만 해도 우리나라 대다수 아이들은 자연 속에서 뛰놀며 성장을 했다. 자연환경이 주는 정보가 아이들의 심성과 정서의 바탕이 되었다. 보고 듣는 대부분의 사물과 현상이 자연이었던 것에 비해 요즘 아이들은 온갖 선정적이고 폭력적이고 말초적인 상업적 정보에 무방비로 노출이 되고 있다.

인성이란 특히 성장기에 받아들이는 정보에 따라 천양지차로 달라지게 마련이다. 갓난아이를 늑대가 키우면 늑대와 흡사한 행동양식을 가지게 되는 것이 그 좋은 예다. 하루의 대부분을 자연 속에서 지내는 아이들과 자연과는 거의 단절된 도시에서 온갖 인공 정보물에 빠져서 살아가는 아이들의 정서와 성품이 얼마나 다를 것인지는 짐작이 가고 남는 일이다.

인류의 미래에 대해서 낙관을 한다는 사람들은 인간의 양식과 과학기술에 대한 희망을 얘기하지만, 인간성이 파괴되어가는 마당에 과학기술이 어찌 인류를 구원할 이기(利器)가 되기를 기대하겠는가. 과학기술 역시 상업주의의 위력에 예속될 수밖에 없고, 그것은 돈이 되는 것이면 무엇이든 할 사람들에게 칼자루를 쥐어주는 꼴이니 오히려 파괴와 재앙을 초래할 흉기가 되고도 남을 일이 아닌가.

조금만 주의를 기울여도 우려했던 상업주의 폐해가 도처에 속출하고 있는 현상을 발견할 수가 있다. 갈수록 도를 더해가는 반인간적 범죄와 온갖 중독현상과 정신질환 등이 뚜렷한 징후로 나타나고 있는 것이다.

상업주의적 발상이 각종 미디어의 발달을 가속화하고, 미디어의 발달이 상업주의를 더욱 부채질하는 악순환 속에서는 인간은 갈수록 물질의 노예, 소비를 위한 기계, 자연성이 제거된 비인간화로 되어갈 수밖에 없다는 것을, 조금만 눈여겨 주위를 둘러보아도 얼마든지 그 징후를 읽을 수가 있는 것이다.

아무리 문명이 발달해도 인류가 지구생태계의 일부라는 생물학적인 조건을 떠날 수는 없다. 그리고 자연의 일부인 사람이 자연을 떠나서는 건강하고 정상적인 생명활동을 할 수가 없는 일이다. 인간조차도 상품이 되게 하는 이 상품화시대의 끝은 과연 어디일까?

이 죄를 어찌할꼬

'도덕적, 법률적, 종교적 규범에 위반되는 모든 행위'를 '죄(罪)'라고 한다. 죄에 대한 사전적 풀이다. 한마디로 인간으로서 해서는 안 되는 짓을 하는 것이 죄인 것이다. 또한 마땅히 해야 할 짓을 하지 않는 것도 죄에 속한다. 그런데 그 '해서는 안 되는 짓'이나 '마땅히 해야 할 짓'에 대한 구분은 사회에 따라서 다르고 시대를 따라 변해왔다. 지역과 시대에 따라 삶의 형태가 다르고 종교적 규범이 다르기 때문이었다.

인류에게 죄에 대한 개념이 생긴 것은 아마도 종교의 성립과 뿌리를 같이 하는 것이 아닐까 싶다. 인류가 사회를 형성할 때부터 종교적 규범이 곧 인간 삶의 질서체계였고, 그에 따라 옳고 그름에 대한 판단이나 규정이 생겨났으리라는 추측이다. 중세를 지나도록 대부분 문명의 발달은 종교의 발달과 궤를 같이했다. 윤리적 사고의 발전도 종교적 교리를 떠나서는 있을 수 없는 일이었다. 종교적 규범이 곧 사회 질서를 위한 규율이었고 삶의 의미나 지향성에 대한 가치이고 도리였다. 그에 따라서 죄의 개념이나 인식도 확고해져 갔다.

근대 이후 과학문명의 발달 등으로 종교의 권위와 세력이 약화되자 각 문명권의 윤리적 규범도 많이 인본주의적이고 보편화 되었다. 기독교나 이슬람은 여전히 신에 대한 숭배를 최상위의 윤리로 삼고 있고, 불교에서는 모든 동물의 살생까지를 금하고 있기는 하지만, 일반적으로 죄의 개념은 '사람이 사람에게 저지르는 잘못'으로 규정하고 있다. 그러니 무인도에서 혼자 살아가는 사람에게는 종교를 떠나서는 선악의 규범을 적용할 수가 없는 것이다.

죄에는 반드시 그에 상응하는 대가가 따른다는 것이 수천 년 동안 인류가 견지해온 가치관이다. 종교적인 계율을 어기는 사람은 종교적인 규제나 심판을 받을 것이고, 사회적인 규율을 어긴 범법자는 사회에 의한 제재를 받게 된다. 그리고 도덕적인 죄를 지은 사람은 죄의식, 즉 양심의 가책이라는 대가를 치러야 한다는 것이다.

고대 사회에서는 자연재해나 질병 등의 불가항력적인 위협에 대해서는 종교적인 해결책을 찾을 수밖에 없었다. 종교적인 신념이 그런 재앙들을 직접 막아주는 것은 아닐지라도 불안과 공포로부터의 위안을 받을 수는 있었던 것이다. 그런데 문명이 진보함에 따라 그런 종교적인 역할은 상당 부분 과학기술에게로 넘어갔다. 이제 웬만한 자연재해나 질병은 예측, 예방, 극복, 치료가 가능하게 된 것이다. 하지만 과학기술이 인간의 모든 문제를 해결해주는 것은 아니어서 여전히 종교의 몫은 따로 남아있기도 하다.

21세기에 들어선 오늘, 인류는 죄에 대한 새로운 개념을 정립을 할 수밖에 없다. 이제 인류에게 위협이 되는 것이 인간이 인간에게 직접으로 끼치는 해악만이 아니기 때문이다. 지금 인류에게 가장 크고 확실하게 위협이 되는 것은 문명의 발전에 따른 각종 공해의 발생과 그로 인한 자연환경의 오염과 파괴다. 이대로 가다가는 머지않아서 인류는 물론 자연생태계까지 치명적인 위협에 놓이게 되리라는 전망이다. 지금에 와서 환경을 오염시키고 자연을 파괴하는 것보다 인류에게 더 큰 위협이 없는 것이니, 그것이야말로 가장 큰 죄악이 될 수밖에 없는 것이다.

인류의 과잉 번식과 더불어 '악마의 피'라고 할 수밖에 없는 석유에너지가 환경의 오염과 파괴의 주범이라는 사실을 부인할 사람은 없을 것이다. 난방이나 자동차의 연료 등 생활의 필수 에너지인 석유나 석탄의 연소과정에서 발생하는 이산화탄소가 대기층에 온실효과를 가져오고, 그것이 엘리뇨현상 등의 급격한 기후 변동과 남북극의 빙하를 녹여 해수면을 높이는 역할을 한다는 것도 주지의 사실이다. 거기다가 끊임없이 쏟아져 나오는 비닐이나 플라스틱 등 석유화학제품이라는 가공할 인공물질이 시시각각 산천을 황폐화하고 있다.

뿐만 아니라 인구 팽창에 따른 식량자원의 증산을 위해 농수산물에 마구잡이로 뿌려지는 농약과 비료와 항생제에다 지구 표면을 갈가리 찢어놓는 난개발이 지구생태계를 급속도로 파괴하고 있다. 연간 지구상에서 멸종하는 생물만도 수백 종에 이른다고 한다. 도처에서 파국을 예고하는 징후들이 나타나고 있고 환경단체들의 끊임없는 경고에도 불구하고 이미 돌이킬 수 없는 지경으로 접어든 인류는 별다른 대책을 내놓지 못하고 있다.

종교에서 신의 뜻을 거스르는 것을 죄라고 하듯이, 자연의 섭리를 거스르는 것이야말로 인류의 존속을 위협하는 이 시대의 가장 중대한 범죄인 것이다. 하루하루 먹고 입고 거처하는 일이 다 죄업이고, 집집마다 골목마다 넘쳐나는 생활쓰레기가 다 죄의 부산물이다. 인류가 구가해마지않는 찬란한 문명의 성과들이 모조리 죄의 산물이고 문명의 이름으로 행해지는 온갖 안락과 편리가 죄를 바탕으로 하지 않는 것이 없다.

인류의 문명 자체를 송두리째 죄로 규정하는 이런 논리에 동조하고 싶은 사람은 아마도 많지 않을 것이다. 하지만 이것은 기독교에서 말하는 신에 대한 원죄(原罪)처럼, 현생 인류가 인류이기 때문에 가질 수밖에 없는 원죄인 것이다. 그래서 이 원죄에서 벗어나 구원에 이르는 길은 인류가 더 이상 지금과 같은 인류이기를 포기하는 수밖에 없는 것이다. 가령 지금의 십분지일 이하로 인구를 줄이고 일체의 문명생활을 포기하는 등, 자연환경이나 생태계에 해를 주지 않는 생활로 돌아가는 것 외에는 대안이 있을 수 없다. 그러나 그것은 모든 인류가 종교적 구원에 이르는 것을 기대하는 것만큼이나 불가능한 일이다.

마지막 남은 희망이라면, 파국을 막을 수는 없더라도 그 시기를 연장시킬 수는 있다는 것뿐이다. 환경파괴나 공해 발생을 조금이라도 줄이기 위해 우리의 삶을 가급적이면 간소화하는 것이다. 종교인들이 날마다 죄를 회계하고 자기성찰을 하듯이, 이제 인류의 삶은 속죄하는 삶이 되어야 한다. 풍요와 안락을 향해서만 치달아갈 것이 아니라, 소박하고 청빈한 것에서 삶의 가치와 보람을 찾아야 할 것이다.

자연의 질서를 거스르고 파괴하는 것이 곧 인간성의 파괴와 오염에 직결된다는 것도 부인할 수 없는 사실이다. 문명의 발달이 급속해질수록 인간성의 황폐화도 가속화된다는 사실을 갈수록 혼란과 투쟁을 더해가는 이 시대가 극명하게 보여주고 있다. 글로벌시대, 정보화시대가 야기하는 무한경쟁은 살아남기 위한 만인에 대한 만인의 투쟁이 될 수밖에 없을 것이고 최소한의 인간성마저도 말살하는 지경이 될 것이다.

아직은 인류가 축적해온 문명의 역량이 위기를 모면하고 활로를 열어가고 있는 것처럼 보일 것이다. 그러나 그것은 결국 동족방뇨요, 제 꼬리를 잘라먹는 미봉책에 지나지 않는다. 인류가 생존을 위해 문명의 발달을 가속할수록 그만큼 파국을 재촉하는 일이 되는 것이다. 인류의 파국은, 인류가 가장 번창하고 꿈에 부풀어 있을 때 결정적으로 카운트다운이 시작되는 것이다. 그러니 산꼭대기에다 방주를 만들며 다가올 재앙을 예고하는 노아의 말 따위가 먹혀들 리가 있겠는가. 어쨌거나 21세기를 시작하는 인류의 공통된 화두(話頭)는 오직 이것뿐이다.

"이 죄를 다 어찌할꼬?"

사람이 너무 많다

미국 상무부 산하 조사통계국은 2018년 말 현재 세계 인구가 75억을 넘은 것으로 추정한다고 밝혔다. 이는 1960년보다 두 배나 증가한 것이고, 1900년에 비해서는 무려 4배나 불어난 수치라고 한다. 그야말로 기하급수로 증가해온 것인데, 이런 추세라면 2050년엔 100억을 상회할 것이라는 전망이다.

지구라는 한정된 조건 속에서 인류는 과연 이렇게 무한히 증식해도 되는 것일까? 지구상의 모든 생물들은 먹이연쇄라는 유기적인 관계로 생태계를 이루고 있다. 물론 그 생태계의 존속을 위해서는 각종 생물들이 일정한 개체수를 유지해야 한다. 먹이연쇄의 불균형은 곧 생태계의 파괴를 초래하기 때문이다. 그것을 위해 생태계는 참으로 정치한 시스템의 조절기능을 가지고 있다. 천재지변 등으로 생태계의 일시적인 파괴와 혼란이 있을 수 있지만, 그때마다 왕성한 복원력으로 균형을 회복하곤 한다. 물론 오랜 세월에 걸친 생태계의 진화론적인 변화에 대해서는 또 다른 고찰이 있어야겠지만.

수렵과 채취로 살아가는 원시상태의 인류가 한반도 내에서 생존할 수 있는 적정 수는 어느 정도일까? 수천에서 수만을 넘지는 못할 거라는 설이 있는데, 호랑이나 곰 등 먹이사슬의 정점에 있는 다른 동물들과 비교해서 일리가 없는 말은 아닌 것 같다. 그렇다면 남북을 합쳐 7천만이 넘는 지금의 인구는 정원을 무려 만 배나 초과한 셈이 된다. 따라서 인류라는 종(種)의 이러한 폭발적 증가가 생태계의 균형을 파괴할 수밖에 없다는 것은 당연한 귀결이다.

한 세기 전만 하더라도 인구의 증가는 식량의 부족이라는 인류만의 문제였다. 그러나 그때는 상상도 못 했으리만치 삶의 형태가 변한 지금은 인구 증가가 지구생태계 전체를 위협하는 문제로 대두되었다. 식량의 증대를 위한 비료 사용이나 농약살포로 인한 부작용 이상으로 생활양식의 변화가 초래한 환경 파괴와 오염은 날로 심각성을 더해가는 실정이다. 인류로 인해 지구생태계 전체가 종국을 향한 카운트다운에 들어간 것이다.

우리나라의 경우 1910년에는 남북을 합쳐 1313만이던 인구가 지금은 남한만도 5000만을 넘는다. 그것도 1960년대 이후 정부가 나서서 적극적으로 산아제한 정책을 편 결과다. '아들 딸 구별 말고 둘만 낳아 잘 기르자' '무턱대고 낳다가는 거지 꼴을 못 면한다', '잘 키운 딸 하나 열 아들 안 부럽다' 등의 구호에서 보듯이 당시 정부의 인구 억제 의지가 꽤나 강하고 절박했다는 것을 알 수가 있다.

그러던 것이 이제는 정부가 나서서 온갖 시책을 내세워 출산을 장려하고 있으니 참으로 금석지감을 금할 수가 없다. 저출산으로 인한 인구 감소와 급속도로 진행되는 고령화 사회가 생산력 감소와 소비저하를 초래해 국가경쟁력이 떨어질 것이라는 우려의 목소리가 높은 것이다. 눈앞의 이해득실을 따진다면 틀린 말이 아니겠지만, 그러나 그것은 동족방뇨(凍足放尿)식의 임시변통은 될지언정 근본적인 대책이 될 수는 없다는 것을 외면하는 처사다.

부지런히 낳아서 많이 소비하고 많이 생산해서 경기를 활성화하고 국가경쟁력을 높인다고 치자. 그러면 그 다음은 또 어떻게 되겠는가. 자원은 더 고갈되고 환경은 더 오염되고 생태계는 더 파괴될 것이 명약관화(明若觀火)한 일이 아닌가. 인구는 더 늘어나고, 인류로 인해 병든 자연생태계는 지금 암세포와 같은 인류를 몰아내기 위해 처절한 몸부림을 하고 있다. 근자에 와서 부쩍 늘어나는 기상이변 등의 자연재해와 조류독감이니 광우병이니 하는 신종 바이러스의 창궐이 그것이다. 인류는 또 온갖 기술 수단을 동원해서 그것과 맞서고 있으니, 자연생태계의 입장에서는 인류란 온갖 극약처방에도 내성을 가지고 살아남아 창궐하는 악성종양이 아니겠는가.

악성종양이란 숙주에 기생해 살면서도 숙주를 파괴하는 생리를 가지고 있다. 자연생태계가 아니면 생존할 수 없으면서도 생태계 파괴를 일삼는 인류가 바로 암(癌)적 존재가 아니고 무엇이겠는

가. 암세포는 숙주의 생명을 파괴하면서 창궐하지만 숙주가 파멸하면 결국 암세포의 생명도 끝이다. 그것이 바로 인류의 운명이다.

인류의 당면과제는 출산장려가 아니라 오히려 급격한 산아제한이다. 길게 살아남으려면 우선 개체수를 줄여야 한다. 가장 바람직한 것은 지금의 만분지 일 정도로 인구를 줄이는 것이겠지만, 인류의 기술을 감안한다면 십분지 일 정도로도 생존이 가능할 것 같다. 먹이사슬의 정점에 있는 인류가 지구상에 7억이나 살아간다는 것도 결코 적은 수가 아니다. 그러니 인류여, 이제부터라도 자식을 낳지 말자. 산 사람을 죽일 수는 없으니 산아제한을 하는 수밖에 없지 않은가. 다행히 인류는 아무런 부작용 없이 아이를 갖지 않을 수 있는 기술을 가지고 있다. 남한 인구가 적어도 4백만 이하로 줄 때까지 아이를 낳지 말자. 그래야 숙주인 지구생태계가 살고 인류도 생존을 계속할 수가 있다. 그것이 바로 지속 가능한 삶의 길이다.

인류의 종말

인류(人類)가 처음 지구상에 나타난 것을 약 200만년 전쯤으로 보는 것이 학자들의 일반적인 견해인 것 같다. 그리고 구석기시대가 끝난 시점이 지금으로부터 약 1만년 전후라고 하니, 인류는 등장해서 거의 대부분을 구석기시대의 모습으로 살아온 셈이다. 그것은 곧 돌을 깨뜨려서 그 날카로운 단면을 도구로 사용한 타제석기에서 그것을 다시 갈아서 사용한 마제석기로 넘어가는 데만도 무려 백만년 이상의 세월이 걸렸다는 것을 의미하기도 한다. 백만년 동안이나 생활 도구의 변화가 거의 없었으니, 당시의 인류에게는 문명이니 진보니 하는 개념 자체가 있었을 리 만무한 일이다.

농경사회가 시작되어 정착생활이 가능해지면서 인류는 비로소 '문명의 시대'로 접어들게 되었다. 그렇게 시작한 '농경문화'는 차츰 활기를 띠고 번성해서 '산업화 시대'가 오기 전까지 수천 년 동안 그야말로 찬란한 문명의 금자탑을 쌓아왔다. 그러나 아직 변화나 진보의 속도를 사람들이 실감할 수 있는 단계는 아니었다. 아버지의 농사법이 그대로 아들에게 전수되고 그것이 다시 그 손자에게 이어지는 시기였기 때문에, 변화가 가져오는 영향력보다는 장유(長幼)에 대한 위계와 권위가 존중되는 시대이기도 했다. 우리나라 시골의 경우 불과 수십 년 전까지만 해도 그런 모습의 삶을 유지하고 있었다. 빈곤과 궁핍은 절실했지만 '공해(公害)'라는 개념은 아직 없던 시절이었다.

서구의 산업혁명은 그야말로 인류문명에 하나의 기폭제가 되었다. 인간의 힘 대신 기계적인 동력(動力)을 발명해냄으로써 인류는 지금까지와는 전혀 다른 존재로 등장하게 된 것이다. 그 결과 지난 백여 년 동안 실로 엄청난 변화가 일어났다. 라이트형제의 글라이더가 우주왕복선이 되었고, 석유에너지와 원자력을 이용한 전기에너지가 인류의 삶의 양상을 완전히 바꾸어 버렸다. 1, 2차 세계대전과 이데올로기의 충돌로 엄청난 살상을 거쳤음에도 인구는 급격히 증가하였고, 그로 인해 자원의 고갈과 환경의 오염이나 파괴가 심각한 문제로 대두되었다.

21세기가 시작된 지금, 인류는 또다시 새로운 국면으로 접어들고 있다. 각종 최첨단 과학기술과 정보통신의 혁신적 발달로 이제 인간사회는 시시각각 변화를 거듭하고 있다. 이것은 단순히 진보나 발전의 개념이 아닌, 폭발이라고밖에 할 수 없는 사태에 직면하게 된 것이다. 비상(飛翔)을 위한 질주가 아니라, 끝없는 나락으로 곤두박질치는 듯한 이 엄청난 가속도 위에서 이제 인류는 아무것도 돌이키거나 예측할 수가 없게 되었다. 그야말로 브레이커가 없는 차를 타고 급경사 길을 내닫는 형국이니, 급전직하의 가속도에 편승해서 갈 데까지 가보는 수밖에 달리 도리가 없어진 것이다. 아니 속도감이나 위기감을 감지할 기능조차도 이미 상실해버렸다는 것이 더 정확한 표현일는지 모른다.

인류의 문명이 어디까지 갈지는 모르나, 인간이 이 지구 생태계의 일부로 살아야 할 생물학적 조건을 떠날 수는 없을 것이다. 그리고 지구상의 생명체는 반드시 그 천적(天敵)에 해당하는 것이 있어서 한 종(種)의 과잉번식으로 오는 불균형을 방지하려는 것이 생태계의 자동조절 기능이다. 예를 들면 사바나의 초식 동물들에게는 반드시 육식동물이라는 천적이 공존해서 그 수를 조절해주지 않으면 지나친 번식으로 초원이 고갈되고 마침내는 멸종할 수밖에 없는 것처럼.

그런데 인류는 문명이라는 꾀로 천적을 거의 없애버렸다. 질병이라는 것이 그런대로 천적의 구실을 해온 셈이었지만 역부족이었고, 그것도 유전자조작 기술까지 동원해서 물리치겠다고 호언장담하고 있으니 과잉번식으로 인한 자멸만이 남았을 뿐이다.

이 지구상에서 인류의 생존이 지속 가능한 것이 되기 위해서는, 외부의 천적을 다 없애고 나면 인류 자신이 바로 천적이 될 수밖에 없다는 사실을 깨닫지 않으면 안 된다. 인류야말로 인류의 종말을 불러오는 재앙이 되는 것이기 때문에. 오래 전에 이 지구상에서 멸종해버린 공룡이 그 한 예가 될 것이다. 천적이 없다 보니 너무 번성하고 비대해져서 스스로 재앙을 초래하고 끝내 자멸할 수밖에 없었을 것이다.

새로운 세기가 시작되었다고 온 세계가 기대와 흥분으로 축제의 분위기였던 새천년의 벽두에, 나는 문득, 인류가 과연 이 21세기를 무사히 넘길 수 있을까? 하는 의구심을 가질 수밖에 없었다. 그래서 그 해답을 찾아보려 백방으로 기웃거려 보았다.

나는 특정 종교를 신봉하거나 무슨 예언 같은 것을 믿는 입장이 아니다. 그래서 시중에 나도는 각종 예언서들이나 일부 종교단체에서 주장하는 종말론 따위에는 별 흥미가 없다. 다만 인류의 삶이 과연 이 지구 생태계에서 지속 가능한 것인가에 대한 의구심과 위기감을 떨쳐버릴 수가 없는 것이다.

앞에서 인류의 등장이 200만년 전쯤이라고 했지만 지금과 같은 모습의 인류, 그러니까 '호모사피엔스사피엔스'가 나타난 것은 불과 5만년 전후라고 한다. 그 5만년 동안의 인류의 궤적을 더듬어 볼 때, 시시각각 가속도를 더해가는 지금의 위기감의 정체를 짐작하고 남음이 있는 것이다. 중국 고사(故事)에 기(杞)나라 사람이 하늘이 무너질 것을 걱정했다고 해서 기우(杞憂)라는 말이 생겨났다지만, 나의 이 위기감도 한낱 기우에 지나지 않는 것이라고 웃을 사람이 많을 것이다. 나 역시 그랬으면 하고 바라는 입장이니까.

나는 인류의 종교적 구원에 대한 기대나 신뢰도 갖고 있지 않다. 설령 어떤 종교에 의해 인류의 일부가 구원(?)된다고 할지라도 거기서 제외된 대다수 인류에겐 아무런 의미가 없는 것이 아니겠는가. 절대다수의 인류가 제외된 구원이 어찌 진정한 의미의 구원이 될 수가 있겠는가.

영혼의 구원이야 어쨌거나, 인류의 삶이 지속 가능한 것이 되게 할 방법이 아예 없는 것은 아니다. 그것은 그냥 자연(自然)의 법칙에 따르는 것이다. 그러자면 이미 너무 멀리 와버린 길을 되돌아가야 한다. 산아제한을 해서라도 인구를 대폭 줄이고 생활을 최소한으로 간소화해야 한다. 불필요한 욕심과 경쟁을 버리고 서로 싸우고 죽이는 일도 그만두어야 한다. 그리고 무엇보다 그렇게 살아가는 삶이 가장도 자연스럽고 올바른 삶이라는 깨달음이 있어야 한다.

인류는 지금부터라도 풍요와 안락에 대한 탐욕을 버리고 이제까지 파괴하고 오염시킨 자연에 대해서 참회하는 자세로 살아야 한다. 인류란 도대체가 지구생태계에 대해서 무엇을 누리고 즐길 자격이 없는 탕자요 죄인임을 명심해야 하는 것이다.

그러나 그런 일들이 가능하리라고 믿는 사람은 아마 없을 것이다. 인류는 이미 돌이키기엔 너무 멀리 잘못된 길을 와버린 때문이다. 각성과 노력에 따라 그 기한을 다소 늦출 수 있을지는 몰라도 인류가 종말을 향해 치닫고 있다는 사실에 변함이 있을 것 같지는 않다.